行政法 [第2版]
ADMINISTRATIVE LAW

著・野呂　充
　　野口貴公美
　　飯島淳子
　　湊　二郎

有斐閣ストゥディア

第2版はしがき

　本書の初版を刊行してから約3年が経ち，幸い多くの読者を得て，このたび第2版を送り出すことになりました。

　改訂にあたっては，この間の法改正や判例の動きに対応して内容を更新するほかにも，以下のような見直しを行っています。まず，第4章（行政行為），第10章（行政訴訟）などにおいて，講義テキストとして必要と思われる論点・判例をできるだけもれなく取り上げるようにする一方で，旧行政不服審査法に関する説明をカットしたりコラムを整理したりして，全体の分量を増やさずにバランスのとれた内容となるように努めました。次に，内容上の大きな変更がない部分についても，すべての文章を見直し，より正確かつ平明な説明となるように改善しています。なお，以上の作業は，初版と同様，執筆者全員で意見交換をしながら行いました。したがって，第2版も，初版と同様に，4名の執筆者の共同作業の成果といえるものです。

　本書の基本的なねらいは初版のはしがきで述べたところから変わりはありません。第2版もまた，多くの読者の皆さんが，行政法の基本的な考え方を学び，また，より発展的な学習への基礎を築くために活用していただくことを，心から願っています。

　今回の改訂作業においては，初版の読者の方々から寄せていただいたご意見にも大いに助けられました。また，有斐閣編集部の佐藤文子さん，三宅亜紗美さんにお世話になりました。この場を借りて御礼を申し上げます。

　2020年1月

執筆者を代表して
野　呂　　充

初版はしがき

　大学の法学部などで初めて行政法を学ぶ皆さんに手にとって欲しい，新しいテキストができました。

　本書の執筆にあたって，私たちは，第1に，読者の皆さんが目の前にいると思って，語りかけるように，順を追ってわかりやすく正確な説明をするよう心がけました。また，しばしば，CASE や QUESTION による問いかけをした後で，それに対応する解説を加えています。私たち執筆者と対話をしているようなつもりで読み進めていただければと思っています。

　第2に，行政法規や行政法の理論が現実にどのような役割を果たしているのかをイメージしやすいように，具体例や判例を豊富に用いました。特に，CASE では，読者の皆さんが身近に感じられるようなフレッシュな事例を使って考えていただくようにしました。

　第3に，本書のような1冊のコンパクトなテキストで細かい知識まで網羅することはできませんが，その代わり，以下のような工夫をしました。まず，基本的な法制度や理論については，そもそもそれらが何のために存在するのかというところから説明すること，次に，法制度・理論の構造を図表によってビジュアル化し，頭を整理しやすくすること，さらに，判例の取り上げ方として，多数の判例の結論だけを紹介するのではなく，重要な判例の事実関係や考え方を具体的に説明するようにすることです。

　本書により，読者の皆さんが，行政法・行政法理論の骨格と基本的な思考方法を無理なく身につけられるものと信じています。また，法学部生の皆さんのみならず，ロースクールで初めて行政法を勉強する未修者の皆さん，学部やロースクールで行政法の勉強がある程度進んでいるけれども全体像がみえにくいと感じている人やもう一度基礎固めをしたいと考えている人，さらには独学で行政法を学ぼうとする方にも，本書はよきパートナーとなるでしょう。

　本書は，各執筆者が自分の得意とする分野を担当する形式になっています。しかし，私たちは，14回もの執筆者会議を行い，加えて，電子メールでの意見交換もして，すべての原稿について全員で率直な議論を重ねて本書の内容を練り上げました。その結果，本書の完成までに，当初の目標よりもずいぶん長い時間がかかってしまいましたが，ボジョレ・ヌーヴォとは違う，熟成を経たボルドーワインのような味わいが出ていることを願っています。

本書の執筆にあたっては，有斐閣書籍編集部の佐藤文子さん，清田美咲さん，奥山裕美さん，栗原真由子さんに大変お世話になりました。厚く御礼を申し上げます。また，モニターとして原稿を読んで貴重な意見を出していただいた法学部生および法科大学院修了生の皆さんにも心から感謝します。

　2016 年 12 月

執筆者を代表して

野　呂　　充

著 者 紹 介

野呂　充 (のろ みつる)　　　　　　　　　　担当　序，第 **2**, **12**, **13** 章

1993 年　京都大学大学院法学研究科博士後期課程研究指導認定退学

現　在　大阪大学大学院高等司法研究科教授

主　著

「住民訴訟における違法性論の再検討」芝池義一先生古稀記念『行政法理論の探究』
（有斐閣，2016 年），『事例研究行政法〔第 3 版〕』（共編著，日本評論社，2016 年），
『ケースブック行政法〔第 6 版〕』（共編著，弘文堂，2018 年）

> 読者へのメッセージ
>
> 　法律学は，概念の厳密な定義や論理性を重視するため一見堅苦しく見えますが，それ
> を人々の幸福や公正な社会の実現のために駆使するところに醍醐味があります。

野口　貴公美 (のぐち きくみ)　　　　　　　担当　第 **3**, **4**, **補**, **8** 章

1999 年　一橋大学大学院法学研究科博士課程修了（博士（法学））

現　在　一橋大学大学院法学研究科教授

主　著

『行政立法手続の研究──米国行政法からの示唆』（日本評論社，2008 年），『安全・安
心の行政法学』（共編著，ぎょうせい，2009 年），『行政法 Visual Materials』（共著，
有斐閣，2014 年）

> 読者へのメッセージ
>
> 　日本で一番わかりやすい教科書を目標に，野呂先生以下 4 名で魂をこめて書いた本
> です。行政法を「読む」ことの楽しさを感じてみてください。

飯島　淳子（いいじま じゅんこ）　　　　　　　　　　担当　第 1, 5, 6, 7, 9 章

2003 年　東京大学大学院法学政治学研究科博士課程修了
現　在　東北大学法学部教授
主　著
「地方自治と行政法」磯部力＝小早川光郎＝芝池義一編『行政法の新構想 I』（有斐閣，2011 年），『事例から行政法を考える』（共著，有斐閣，2016 年），「『社会』改革と行政法理論」小早川光郎先生古稀記念『現代行政法の構造と展開』（有斐閣，2016 年）

> 読者へのメッセージ
> 　行政法の研究・教育に一生をかけている（行政法大好き！な）私たちから，学び始めるときのあの気持ち，にわずかでも届くものがあればと願っています。

湊　　二　郎（みなと じろう）　　　　　　　　　　　担当　第 10, 11 章

2003 年　京都大学大学院法学研究科博士後期課程研究指導認定退学
現　在　立命館大学大学院法務研究科教授
主　著
「義務付け訴訟・差止訴訟の法定と発展可能性」芝池義一先生古稀記念『行政法理論の探究』（有斐閣，2016 年），『事例研究行政法〔第 3 版〕』（共著，日本評論社，2016 年），『都市計画の裁判的統制――ドイツ行政裁判所による地区詳細計画の審査に関する研究』（日本評論社，2018 年）

> 読者へのメッセージ
> 　行政法は，公務員だけでなく，市民生活や企業活動にも関係があります。行政法の学習は，皆さんが今後どの分野に進んだとしても役立つはずです。

目　次

行政法

CHAPTER 0　序章　行政・行政法・行政法理論　　1

行政・行政法の存在理由と行政法理論の役割

1　行政・行政法の具体例と存在意義 ･･･････････････････ 1

1 影が薄い行政と行政法？ (1)　**2** 私人の自由を規制する
行政──行政と行政法の具体例① (2)　**3** 私人の生活や事業
を援助する行政──行政と行政法の具体例② (3)　**4** 必要な
金や物を調達する行政──行政と行政法の具体例③ (3)
5 肥大化する行政・行政法と規制緩和・民営化 (4)

2　行政法の範囲と種別 ･･･････････････････････････････ 5

3　「寄せ集め」としての行政法と行政法理論の役割 ････････ 6

1 多種多様な法令の寄せ集めとしての行政法 (6)　**2** 行政
法理論を学ぶ意義 (7)　**3** 行為形式論 (8)

4　行政と私人との間の法的関係──2面関係と3面関係 ･･････ 10

第1部　行政法総論

CHAPTER 1　行政組織法　　14

行政の組織を作り，組織として動かすための法

1　行政組織法総論 ･･････････････････････････････････ 15

1 行政主体 (15)　**2** 行政組織を構成する単位 (17)
3 行政組織を動かすための法的ルール (21)

2　国の行政組織に関する法 ･･･････････････････････････ 24

1 国家行政組織の編成 (24)　**2** 縦割り行政の克服──中
央省庁改革 (25)

vi

3 地方自治法 ・・・・・・・・・・・・・・・・・・・・・・・・・・・・・・・・・・・・・・ 27

1 地方自治行政組織の編成（27）　**2** 真の自治体に向けて
——地方分権改革（30）

CHAPTER 2　行政活動の一般的規制原理　32

行政が常に従わなければならない大原則

1 法治主義——行政は法に従って行われなければならない ・・・・・・ 33

1 行政と法（33）　**2** 法治主義とは何か（39）　**3** 法律の
留保の原則（40）

2 信頼保護原則——行政は私人の信頼を裏切ってはいけない ・・・・ 43

1 行政の誤った言動に対する信頼の保護（43）　**2** 行政の
継続性に対する信頼の保護（46）

CHAPTER 3　行政立法　49

自らの活動の「基準」をつくる行政活動

1 法規命令 ・・・ 50

1 法規命令とは（50）　**2** 法規命令の実体的統制（53）
3 法規命令の手続的統制（55）

2 行政規則 ・・・ 56

1 行政規則とは（56）　**2** 行政規則と司法審査（59）

CHAPTER 4　行政行為　61

私人の権利義務や法的地位を，権力的・具体的に変動・確定させる行政活動

1 行政行為 ・・・ 62

1 行政行為とは（62）　**2** 行政行為の分類（65）　**3** 行政
行為の効力（67）　**4** 附　款（72）

2 行政裁量
——行政行為をするにあたって行政に認められる判断の幅 ・・・・ 74

1 行政裁量はどのような場合に認められるか（74）　**2** 裁
量行為の法的統制（76）

目　次　● vii

3 行政行為の瑕疵 ･･･ 82

　　1 瑕疵ある行政行為（82）　**2** 行政行為の無効（88）

CHAPTER 5 行政契約　　　　　　　　　　　　　　　　92

合意手法を用いた行政活動の広がり

1 行政契約はどのような特徴を有しているか ････････････････ 93

　　1 契約と行政行為との違い（93）　**2** 近年における行政契
約の重要性の増大（93）

2 行政契約の類型と機能 ･･････････････････････････････････ 94

　　1 調達契約（94）　**2** 給付契約（97）　**3** 規制契約（99）
4 現代的契約（101）

CHAPTER 6 行政指導　　　　　　　　　　　　　　　　103

事実と法，非権力と権力の間の "武器"

1 行政指導の機能 ･･ 104

　　1 行政指導の種類と機能（104）　**2** 地方公共団体における
要綱行政──行政指導はどのように活用されてきたか（106）

2 行政指導の法的統制 ････････････････････････････････････ 107

　　1 何が問題なのか（107）　**2** 実体的統制（108）　**3** 手続
的統制（111）

CHAPTER 7 実効性確保手段　　　　　　　　　　　　114

行政目的の実現を担保するための最後の手段

1 行政上の強制執行 ･･････････････････････････････････････ 115

　　1 行政上の強制執行手段にはどのようなものがあるか（115）
2 行政代執行はどのように行われるか（117）　**3** 司法上の
強制執行は可能か（119）

2 行政上の義務違反に対する制裁 ･･･････････････････････････ 120

　　1 行政罰（120）　**2** 行政罰以外の制裁手段にはどのような
ものがあるか（124）

viii

3 即時強制 ·· 126

    1 即時強制の法的性質（126）　**2** 即時強制の法的統制
（127）

補章　行政計画 129

行政目的の達成に向けた諸活動のとりまとめ

1 行政計画 ·· 130

    1 行政計画とは何だろうか（130）　**2** 様々な行政計画
（132）

2 行政計画の法的統制 ································ 137

    1 計画裁量の統制（137）　**2** 行政計画に対する救済（138）

CHAPTER 8　行政手続 140

行政活動はどのような手続を通じて行われるのか

1 行政手続 ·· 141

    1 行政手続とは何か（141）　**2** 憲法における適正手続の保
障の要請と行政手続の整備（142）

2 行政手続法 ·· 144

    1 行政手続法の制定とその概要（144）　**2** 行政処分の手続
（144）

3 行政手続の違法を理由とする処分の取消し ········· 148

    1 行政手続に違法がある場合の問題（148）　**2** 行政手続の
違法と行政手続法（150）

CHAPTER 9　行政による情報の収集・管理・利用・開示 152

情報という観点からみた行政と私人との関わり

1 行政調査制度 ······································ 153

    1 行政調査とは何か（153）　**2** 行政調査の法的統制（154）

2 情報公開制度 ······································ 157

目　次　● ix

1 情報公開制度のコンセプト（157）　**2** 情報公開制度の基本構造（159）

3 個人情報保護制度 ･････････････････････････････････････ 164

1 個人情報保護制度のコンセプト（164）　**2** 個人情報保護制度の基本構造（165）

第**2**部　行政救済法

CHAPTER**10** 行政訴訟　　　　　　　　　　　　　　170
行政活動に特有の訴訟

1 行政訴訟にはどのようなものがあるか ･･････････････････ 171

1 処分取消訴訟──行政訴訟の代表例（171）　**2** 処分取消訴訟以外の行政訴訟（172）

2 取消訴訟 ･･･ 175

1 取消訴訟の訴訟要件（175）　**2** 取消訴訟の訴訟要件①──取消訴訟の対象となる処分（処分性）（176）　**3** 取消訴訟の訴訟要件②──取消訴訟を提起することができる資格（原告適格）（183）　**4** 取消訴訟の訴訟要件③──訴えの客観的利益（狭義の訴えの利益）（191）　**5** その他の訴訟要件──審査請求前置，出訴期間，被告適格，管轄（193）　**6** 取消訴訟の審理と判決──取消訴訟が提起された後の展開（197）

3 取消訴訟以外の抗告訴訟 ･･････････････････････････････ 202

1 無効等確認訴訟──取消訴訟の出訴期間経過後に利用できる訴訟（202）　**2** 不作為の違法確認訴訟──申請に対する応答がない場合のための訴訟（205）　**3** 義務付け訴訟──一定の処分を求めるための訴訟（206）　**4** 差止訴訟──一定の処分を予防するための訴訟（210）

4 抗告訴訟以外の行政訴訟 ･･････････････････････････････ 214

1 当事者訴訟──法律関係の当事者が原告・被告となる訴訟（214）　**2** 民衆訴訟・機関訴訟──原告の権利利益の救済を目的としない訴訟（216）

5 仮の救済──判決が確定するまでの間における権利利益の保護 ･･ 220

1 執行停止──取消訴訟（または無効等確認訴訟）が提起された場合の仮の救済（221）　**2** 仮の義務付け──義務付け訴訟が提起された場合の仮の救済（223）　**3** 仮の差止め──差止訴訟が提起された場合の仮の救済（224）

CHAPTER 11 行政上の不服申立て 226

処分に関する不服がある者を行政機関が救済する仕組み

1 不服申立ての概要 ・・・・・・・・・・・・・・・・・・・・・・・・・・・ 227
1 不服申立ての意義と特色（227） **2** 不服申立ての種類（229）

2 審査請求の適法要件 ・・・・・・・・・・・・・・・・・・・・・・・・・ 230
1 審査請求の対象・審査請求適格・審査請求の利益（231） **2** 審査請求期間——処分についての審査請求をすることができる期間（231） **3** 審査請求をすべき行政庁——どの行政庁に審査請求をすればよいのか（232）

3 審査請求の手続 ・・・・・・・・・・・・・・・・・・・・・・・・・・・・ 233
1 審理員による審理手続——審査庁が指名する職員による審理（233） **2** 行政不服審査会等への諮問——第三者機関の関与（235） **3** 執行停止——処分についての審査請求における仮の救済（237）

4 審査請求の裁決 ・・・・・・・・・・・・・・・・・・・・・・・・・・・・ 238
1 処分についての審査請求の裁決（238） **2** 不作為についての審査請求の裁決（239）

CHAPTER 12 国家賠償 240

誤った行政活動によって私人が受けた損害の賠償

1 国賠法の存在理由と守備範囲 ・・・・・・・・・・・・・・・・・・・ 241

2 違法な公権力の行使による損害の賠償 ——国賠法 1 条による責任 ・・・・・・・・・・・・・・・・・・・・ 242
1 国賠法 1 条による責任の性質（242） **2** 公権力の行使とは——国賠法 1 条が適用される範囲（242） **3** 公務員——国賠法上の「公務員」とは誰のことか（244） **4** 職務関連性——公務員の加害行為が職務行為でない場合でも国家賠償責任が生じるか（246） **5** 故意・過失——防ぐことができなかった損害については国家賠償責任は生じない（247） **6** 違法性（248） **7** 加害公務員の個人責任（255）

3 公の営造物の設置・管理の瑕疵による賠償 ——国賠法 2 条による責任 ・・・・・・・・・・・・・・・・・・・・ 256
1 「公の営造物」の「設置又は管理」——国賠法 2 条の適用

目　次 ● xi

　　　　対象（256）　**2** 設置または管理の「瑕疵」（258）

　4 賠償責任の主体
　　　　——複数の行政主体が損害に関わっている場合の国賠請求の相手方‥262

 **損失補償**　　　　　　　　　　　　　　　　　　　　266
　　　　　　　　公益のために私人が被った不平等な損失の補塡

　1 損失補償とは何だろうか——国家賠償との違いと共通性‥‥‥267

　2 補償規定のない法律に基づく財産権侵害に対する救済の方法‥268

　3 損失補償の要否の基準
　　　　——どのような場合に憲法29条3項により補償が義務づけられるか‥269
　　　1 補償の要否の基準としての「特別の犠牲」（270）　**2**「特別の犠牲」を基準とした補償の要否の判断（270）

　4 損失補償の内容
　　　　——どのような補償であれば憲法29条3項の「正当な補償」といえるか‥272
　　　1 相当補償説と完全補償説（272）　**2** 土地収用による補償（273）　**3** 土地利用規制による補償（275）

　5 国家補償の谷間
　　　　——国家賠償でも損失補償でも救済が困難な損害をどうするか‥275

事項索引（277）
判例索引（285）

Column●コラム一覧

❶ 行政法学の新潮流　8

❷ 理論上の概念と実定法上の概念が異なる二つの例　19

❸ 都構想　29

❹ 法治主義，信頼保護原則以外の一般的規制原理　47

❺ 入札や談合をめぐる政治的・社会的動向　96

❻ 要綱行政の変容　113

❼ 宝塚市パチンコ店建築中止命令事件のその後　120

❽ 民商事件　156

❾ 公文書管理制度　158

❿ 特定秘密保護法　159

⓫ 大量請求の問題　163

⓬ 個人情報の利活用　166

⓭ 都市計画争訟制度の構想　182

⓮ 処分によって第三者の権利が侵害される場合とは？　187

⓯ 団体訴訟制度　190

⓰ 公権力の行使に関わる民事差止訴訟の制限　213

⓱ 内閣総理大臣の異議の制度　222

⓲ 行政不服審査法の制定と改正　228

⓳ 行政不服審査裁決・答申検索データベースと行政不服審査会の答申　236

⓴ 神奈川県警共産党幹部宅盗聴事件　256

㉑ 防災から減災へ　262

㉒ 大規模な公共事業と生活権（生存権）補償　274

本書で用いる略語 ─────────────────────────────── ●

●法令名略語

　　本文中の（　）内の条文引用は，原則として有斐閣六法全書の「法令名略語」によった。主な略語は下記の通り。

行審	行政不服審査法	国公	国家公務員法
行政個人情報	行政機関の保有する個人情報の保護に関する法律	自治	地方自治法
		収用	土地収用法
行政情報公開	行政機関の保有する情報の公開に関する法律	税通	国税通則法
		代執	行政代執行法
行訴	行政事件訴訟法	地公	地方公務員法
行組	国家行政組織法	都計	都市計画法
行手	行政手続法	独禁	私的独占の禁止及び公正取引の確保に関する法律
金商	金融商品取引法		
建基	建築基準法	墓埋	墓地，埋葬等に関する法律
国財	国有財産法		
国賠	国家賠償法		

●裁判例・判例集等略語

　　判例については，下記の略語を用いて，裁判所名・言渡日・掲載判例集（代表的なもの）を示した。

最大判（決）	最高裁判所大法廷判決（決定）
最判（決）	最高裁判所判決（決定）
高判（決）	高等裁判所判決（決定）
地判（決）	地方裁判所判決（決定）

民（刑）集	最高裁判所民事（刑事）判例集		
集民	最高裁判所裁判集　民事		
行集	行政事件裁判集	判時	判例時報
訟月	訟務月報	判タ	判例タイムズ

　　［　］内の数字は，行政判例百選ⅠⅡ〔第7版〕（2017年）の事件番号を指している。

CHAPTER

序　章

行政・行政法・行政法理論
行政・行政法の存在理由と行政法理論の役割

QUESTION

①行政とは，大雑把にいえば，国や地方公共団体（都道府県・市町村など）の公務員が行っている仕事のうちの，立法や司法以外のものである。もし行政が存在しなくなったら，あなたの生活にどのような変化が起きるだろうか。1日の生活を思い浮かべながら，考えてみよう。

②行政活動をコントロールするための法が行政法であるが，憲法，民法，刑法などと違って，「行政法」という名前の法律はなく，無数の法律の集まり（例えば，道路交通法，都市計画法，廃棄物の処理及び清掃に関する法律〔廃棄物処理法〕，生活保護法，所得税法など）が行政法と称されている。行政法を学ぶ際には，多種多様な法律の内容を全部勉強しなければならないのだろうか。

1 行政・行政法の具体例と存在意義

1 影が薄い行政と行政法？

　行政は，立法・司法とならぶ3権の一つであるが，立法・司法と異なり，行政の具体的な中身は何かといわれても，すぐに思い浮かばない人が多いのではないだろうか。また，行政法は，行政活動をコントロールするための法であるが，憲法，民法，刑法という基本3分野に比べるとやや影が薄く，公務員になりたい人が勉強する法律というイメージもあるかもしれない。

1　行政・行政法の具体例と存在意義 ● 1

もし行政と行政法がなかったら，国家の法的運営は，最高法規である憲法を頂点にして，国会が民事・刑事の立法を行い，民事・刑事の司法手続を通じて法が実現されるということになる。しかし，これだけで十分だろうか。実際には，私たちの日々の生活は，毎日，朝起きてから夜寝るまで，さらに寝ている間も，常に行政と行政法に支えられている。いくつかの身近な例を挙げ，行政と行政法にしか果たすことのできない独自の役割を指摘していこう。

2　私人の自由を規制する行政——行政と行政法の具体例①——●

自動車やバイクを運転するためには，運転免許がなければならない。運転免許の付与や，違反者の免許の取消しは，道路交通法に基づいて都道府県公安委員会が行っている行政活動である。もし運転免許制度がなかったら，運転技術がない人や飲酒運転の常習者でも運転してよいということになり，危なくておちおち外出もできなくなるだろう。また，行政は，飲食店について食品衛生法上の営業許可制度により衛生状態などをチェックし，医療機関について医師法上の医師免許の制度や医療法上の病院開設許可の制度などによって医師の能力や病院の施設などをチェックしている。私たちがレストランや居酒屋で顔も名前も知らない人が作った料理を食べ，初対面の医師に診察や治療をしてもらうときに，食中毒や医療ミスについて，あまり神経質になる必要がないのは，行政による事前のチェックがなされているからである。もちろん，行政に過度に依存するべきでなく，自分で自分の身を守ることも必要であるが，私たちが，常に警戒心の固まりになって生活する必要がないのは，行政のおかげである。

交通事故，食中毒，医療ミスなどが生じた場合は，民法・刑法によって責任を問うことができるが，民法・刑法の対処の仕方は，基本的には，被害が起こってからの損害賠償や加害者の処罰である。しかし，健康や生命が害されてからでは取り返しがつかないし，賠償の交渉をしたり訴訟をしたりする負担もばかにならない。そこで，行政は，許可制度などにより，あらかじめ社会のなかの危険を減少させ，被害やトラブルを防止しているのである。以上のような行政は，個人や企業など（以下，本書では，あわせて「私人」という）の活動の自由を規制することにより，一定の目的を達成しようとするものであることから，**規制行政**といわれている。

ところで，規制行政は，安全のために行われているものだけではない。貴重な原生林の伐採や，重要な歴史的建造物の破壊は，具体的な被害者がいなくても望ましくないことであるから，行政は，自然公園法や文化財保護法などに基づいて，地権者や建物の所有者の行為を規制することができる。また，個別的にみれば問題のない土地利用であっても，各人の自由に任せておくと，全体として困った状態になることがある。住宅と工場が隣り合わせになって，住民と事業者がいがみ合うようなことになれば，お互いに不幸である。さらに，道路，学校，上下水道などの社会基盤が十分整備されていない郊外の地域が無秩序に開発されると，基盤の整備のために余計な税金が必要になったりする。こういったまちづくりの問題に対処するため，行政は，都市計画法や建築基準法に基づいて，都市計画を定めるとともに土地利用を規制し，都市全体として土地利用が合理的，効率的に行われるようにしている。以上のような，具体的な被害者のいない問題や，一つ一つをとってみれば非難できない行為が無秩序に行われることによって生じる弊害についても，被害の発生を前提とする民法や反社会的・反道義的行為を処罰対象とする刑法は，あまり役に立たないだろう。

3　私人の生活や事業を援助する行政──行政と行政法の具体例② ─●

　行政は，規制行政だけでなく，市民生活や企業の活動の基盤となる施設やサービスを提供したり，社会的弱者を支援したりする仕事もしている。これらは**給付行政**といわれている。例えば，道路法に基づいて道路を建設し，安全な状態で管理すること，水道法や下水道法に基づいて上下水道のサービスを提供すること，廃棄物処理法に基づいてゴミを収集して処理すること，消防法に基づいて火事を消し止めること，生活保護法に基づいて生活の苦しい人に金銭などを給付することなどを挙げることができる。給付行政には，民間の企業や団体でもできそうな仕事もかなり含まれているが，生活道路の建設・管理や生活保護のように，民間だけではうまくいかない仕事も多い。

4　必要な金や物を調達する行政──行政と行政法の具体例③ ─●

　最後に，規制・給付の行政を行うための手段を確保することも，行政の重要な活動であり，**調達行政**といわれる。所得税法・法人税法・消費税法などに基

づいて私人から税金を取ることがその代表的なものである。国家財政を私人からの寄付でまかなうことは不可能だろうから，行政のみならず，立法や司法の活動を支えるためにも，調達行政とそのための法は不可欠である。それ以外にも，道路の建設などのために必要な土地を土地収用法などによって取得すること，様々な行政活動の前提となる情報の収集，さらに，公務員の採用などの人事行政もここで挙げてよいだろう。

以上で挙げてきた行政と行政法の実例は，膨大かつ多様な現代の行政のほんの一部にすぎない。QUESTION ①についてもう一度考えてみよう。行政が存在しない社会は想像できないのではないだろうか。

図表 序.1 行政活動の三分類

行政活動の分類	具体例
規制行政	紛争や被害の予防（自動車運転免許，原子炉設置許可など） 具体的な被害者がいない問題への対処（自然保護，文化財保護など） 個別的には非難できない行為が無秩序に行われることによる弊害の防止（都市計画など）
給付行政	多くの人の生活や経済活動の基盤となる施設・サービスの供給（道路，上下水道，ゴミの収集・処理など） 社会的弱者の保護（生活保護，障害者支援など）
調達行政	金銭の調達（租税行政），土地の取得（土地の任意買収，収用），情報収集，人的スタッフの確保（公務員の人事）

5 肥大化する行政・行政法と規制緩和・民営化 ─────●

人間の社会が，かつての農村型の自給自足社会から，近代における都市型の工業社会・分業社会へと変化し，また，科学・技術が高度化するにつれて，行政活動の必要性が増し，肥大化してきた。人々が，都市という人工的な空間に密集し，相互に依存しながら生活・活動していると，火災等の災害や病気の流行などの危険が高まるし，**2**で例示したような様々なトラブルが多発する。また，科学・技術が発達すると，医薬品の副作用や食品添加物の発がん性のように，素人では判断のつかない危険が増えてくるし，原子力発電所のように，事故が起こってからでは取り返しのつかない巨大技術も現れる。これらの問題に民法・刑法だけで対処することは非現実的であり，規制行政による対処が必要

になる。また，農村型社会では大家族や地域共同体が，病気や障害を抱えた個人を助けてくれるが，そのようなつながりが希薄な都市型社会では，行政が福祉を担わなければならず，このため，給付行政が必要になる。

こうした事情から，行政と行政法はだんだん肥大化してきたが，ここ数十年は，規制緩和・民営化などの行政をスリム化しようとする動きや，行政が私人の力を借りて行政活動を行う「公私協働」といわれる現象が目立っている。その背景としては，自由競争により経済を活性化させるために規制を撤廃すべきだという経済界の要求，福祉や公共事業の費用の増大による国家財政の危機，社会や経済が発展途上であった時代には国家が行う必要があった事業（例えば鉄道や郵便）を民間でも担えるようになってきたこと，高度な科学・技術に関わる領域などでは行政が十分な専門知識を有しない場合があること，行政の非効率性やサービスの悪さを改善するために民間のノウハウを取り入れる必要があると考えられていることなど，様々な事情が挙げられる。

行政が何を行うべきか，また，それが効率的に行われているかどうかは，常に問われなければならない。しかし，これまでの説明からも明らかなように，現代社会において行政の果たすべき役割がなくなることは，まずないだろう。そして，国民の意思を反映し，また，国民の権利を尊重した行政が行われるようにするためには，行政を法によってコントロールすることが不可欠である。

 行政法の範囲と種別

行政は，法に従って，また，法を使って行われているが，行政活動に関わる法がすべて行政法だというわけではない。例えば，地方自治体が道路の拡幅のため私有地を取得したいとき，土地収用法に基づいて強制的に土地所有権を奪うこともできるが，それは最後の手段であり，通常は民法上の売買契約によって任意買収している。また，企業や地域団体などに対する補助金も，民法上の贈与契約によって支給されている場合が少なくない。行政法は，**行政活動に特有の法**だけをその範囲としており，行政活動に適用される法であっても民法などは含まれない。

行政法のなかで一番重要なのは，１で述べられた規制・給付・調達といった

活動の内容や手続について定める法である。これは，**行政作用法**といわれている（第**2**～**9**章）。しかし，行政作用法だけでは行政活動はできず，前提として，行政を行う組織について定める法，すなわち**行政組織法**が不可欠である（第**1**章）。国家行政組織法や地方自治法がその例である。さらに，行政活動によって侵害された私人の権利・利益の救済のための法，すなわち，**行政救済法**も重要である（第2部第**10**～**13**章）。行政救済法のなかには，違法な行政活動の是正や防止などを求める訴訟などの手続を定める行政争訟法（第**10**・**11**章）と，行政活動によって損害・損失を被った私人がその補塡を求めるための要件などを定める国家補償法（第**12**・**13**章）がある。

３ 「寄せ集め」としての行政法と行政法理論の役割

1 多種多様な法令の寄せ集めとしての行政法 ●

憲法，民法，刑法などと違って「行政法」という名前の法律はない。行政法は，行政活動に関わる多種多様な法の寄せ集めである。いくつかの法律をまとめて一つの法分野ないし授業科目とする例は，商法，経済法，労働法，環境法など，たくさんあるが，行政法の大きな特徴は，対象とされる法律の数が膨大であり，その内容もバラエティに富んでいることである。すでにいくつかの行政法規の名前を出してきたが，それらはほんの一部にすぎない。2000近くある日本の現行法律の大部分は行政法規であるといわれているから，すべての行政法規の内容を一つ一つ学ぶことは不可能というほかない。では，行政法をどうやって学べばよいのだろうか。

まず，多くの行政活動に適用される通則的な法律がいくつかあるので，その内容を学ぶことが近道である。通則的法律とは，様々な法律に基づいて行われる行政活動に横断的に適用される共通の法的ルールを定める法律である。行政作用法

図表 序.2 行政法の三分類と通則的法律

行政法の分類	通則的法律
行政作用法	行政代執行法 行政手続法
行政組織法	国家行政組織法 地方自治法
行政救済法	行政事件訴訟法 行政不服審査法 国家賠償法

の分野では，行政代執行法（第7章）や行政手続法（第8章）がある。行政手続法を例にとって説明すると，食品衛生法による営業許可の取消しのような，私人の権利・利益を侵害する行政決定（行政手続法では「不利益処分」と称されている）を行政が行うときには，どの法律に基づく決定であっても，原則として，行政手続法により，事前に相手方の意見を聴く意見陳述手続や，決定の理由を通知する理由の提示などの手続が義務づけられている。行政救済法の分野は，おおむね，行政事件訴訟法（第10章），行政不服審査法（第11章），国家賠償法（第12章）といった通則的法律でカバーされている。

2 行政法理論を学ぶ意義

多くの個別法律を理解できるようになるためには，通則的法律を学ぶだけでは不十分である。特に行政作用法の分野では，通則的法律によってカバーされている部分はごく一部にとどまるので，個々の法律の共通する要素を抽象化して組み立てられた理論も学ぶ必要がある。では，どのような抽象化が行われるのだろうか。以下の三つの文章は，抽象化される前の具体的な行政活動を表したものである。

①道路交通法に基づき，都道府県の公安委員会が，違反者の運転免許の効力を停止する。
②廃棄物処理法に基づき，都道府県の知事が，廃棄物処理業者に，産業廃棄物処理施設の設置を許可する。
③生活保護法に基づき，市町村の福祉事務所長が，保護を要しなくなった被保護者について保護の廃止決定をする。

これらを，行政法理論の抽象化された概念で表現すると，「行政主体に属する行政機関が，私人に対して，行政行為を行う」ということになる。

そして，具体的な概念が，行政法理論のどの概念にあたるかが分かれば，様々な法的問題の解答を得ることができる。例えば，行政作用法のレベルでは，ある行為が行政行為であることが分かれば，行政がどのような手続を踏む必要があるか，行政行為に従わない私人に対してどのような強制措置をとることができるか，などを明らかにする手がかりが得られる。また，行政救済法のレベルでは，行政行為に不満がある者は，どのような訴訟をいつまでに起こせばよいか，といった問題を解決することができる。以後の各章では，このような行

3 「寄せ集め」としての行政法と行政法理論の役割　● **7**

政法理論のより詳しい内容を学ぶことになる。以上が QUESTION ②の答えである。

図表 序.3 行政法理論の概念と具体的行政活動

	行政法規	行政主体	行政機関	私人	行政行為
①	道路交通法	都道府県	公安委員会	違反者	運転免許の効力の停止
②	廃棄物処理法	都道府県	知事	廃棄物処理業者	産業廃棄物処理施設の設置許可
③	生活保護法	市町村	福祉事務所長	被保護者	保護の廃止の決定

Column ❶ 行政法学の新潮流

　従来の行政法理論は，行政法を，主に，行政権の違法な行使から国民の権利・利益を保護するための裁判規範という側面から研究してきた。つまり，違法な行政活動によって権利を侵害された私人が訴訟を起こして救済を受けることを念頭に置いた理論であった。

　これに対し，近年では，行政法を，行政組織を動かし，それを通じて社会をコントロールして，一定の目的を実現するための法，という角度からも研究すべきという意見も有力になっている。例えば，良好な住環境や自然環境の保護のための規定が法律で置かれていても，実際には様々な理由から執行が難しく，違法行為が事実上野放しになっている場合も少なくない。そこで，法制度をどのように改善すれば，私人の権利を不当に害することなく，環境保護などの目的を達成できるかを，行政組織のあり方を含めて，立法論を中心に研究対象にすべきというものである。

3 行為形式論

　従来の行政法理論のなかで中心的位置を占めてきたのは，行政作用法における行為形式論といわれるものである。行為形式論については，第 **3** 章から第 **7** 章までで詳しく説明するが，ここで概要を説明しておこう。

　行為形式論とは，様々な行政活動を，その具体的な目的（例えば，食品の安全，環境保護，生活保護等々）に目をつぶって，法的形式のみによって，「行政行為」などの複数の行為形式に分類するものである。行為形式の分類は，主には，法

行為か事実行為か，また，権力的行為か非権力的行為か，という二つの基準の組み合わせによって行われる。具体的には**図表 序.4**のようになる。なお，一つのマスのなかに二つの行為形式が入っている場合もあるが，それらの区別については，各章のなかで説明する。

図表 序.4 行為形式による行政活動の分類

	法行為	事実行為
権力的行為	行政立法（第**3**章） 行政行為（第**4**章）	行政上の強制執行（第**7**章） 即時強制（第**7**章）
非権力的行為	行政契約（第**5**章）	行政指導（第**6**章） 公表（第**7**章）

　法行為か事実行為か，権力的行為か非権力的行為かという二つの分類基準について，もう少し詳しく説明しておこう。**法行為**とは，私人の権利や義務を変動させる効果を有する行為であり，**事実行為**とは，単に物理的に行われる行為である。例えば，道路上に無許可で放置された物件の撤去命令は，法行為である行政行為の一種であり，このような命令が発されると，物理的変動がなくても，命令の相手方に，「当該物件を撤去しなければならない」という法的義務が発生する。相手方がこの義務を自ら履行しない場合，行政は，事実行為である行政上の強制執行の一つである行政代執行により，義務者に代わって物件を撤去することができる。行政代執行は，私人の権利義務を変動させるのではなく，物件の移動という物理的変動のみをもたらす。

　次に，**権力的行為**にあたるのは，私人の同意なしに，行政が一方的に私人の権利義務を変動させる法行為や，私人の身体や財産に物理的な実力行使をしたりする事実行為である。これに対し，**非権力的行為**にあたるのは，私人の同意に基づいて権利義務を変動させる法行為や，私人の権利義務を変動させず，物理的強制を加えることもないため，私人の同意なしに行うことができる事実行為などである。

　行為形式論を学ぶ上で忘れてはならないことは，現実の行政は行為形式の複雑な組み合わせや使い分けによって目的を達成しているということである。最も典型的な行政活動は，民事司法の［法律→判決→強制執行］というプロセスに類似した［法律→行政行為→行政上の強制執行］という3段階で行われると

いわれることがある。これを3段階構造モデルという。しかし，現実の行政はより複雑多様である。

　第1に，法律と行政行為との間で，行政が法律を段階的に具体化していく行為が存在することが多い。行政法の分野における法律（行政法律）は，多くの場合，大まかな内容だけを定め，細目は，行政機関が制定する行政立法（第**3**章）によって具体化されているし，法令と行政行為の間で，法令の内容をさらに具体化するため，行政計画（補章）等の一般的基準を行政が定めることも少なくない。第2に，行政行為が可能であってもそれ以外の行為形式が用いられることがある。例えば，行政行為によって土地を強制的に収用することが可能な場合であっても，ほとんどは，契約（第**5**章）による任意買収という穏便な手段が用いられている。さらに，私人による山林の違法な開発に対して，中止や原状回復を命ずる行政行為を発することができる場合でも，まずは行政指導（第**6**章）により任意の改善を求めることが一般的であり，行政行為権限の発動に至らないケースも多い。第3に，行政行為なしに義務が課される場合や，強制執行以外の強制手段が用いられる場合もある。例えば，行政行為を通さずに行政法規が直接私人の義務を発生させるケース，また，行政行為ないし直接法律によって私人に課された義務につき，行政上の強制執行ではなく，義務違反に対して刑罰を科すことにより履行を確保する仕組みになっているケースなどである（第**7**章②）。以下の章で，各行為形式に関する解説や判例を読むときには，当該行為形式が行政活動のプロセスのなかでどのような役割を果たしているかにも注意すると，理解が深まるだろう。

4 行政と私人との間の法的関係

▶ 2面関係と3面関係

　行政法の重要な役割は，行政活動に伴って行政主体と私人との間に生じる関係を，法関係（権利義務関係）として把握し，そこで争いが起こった場合に訴訟で解決するための基準（裁判規範）を提供することにある。

　行政主体と私人との関係には様々なものがあるが，伝統的な行政法理論は，行政主体と私人との1対1の関係（2面関係）を中心に組み立てられてきた。

10 ● CHAPTER **0** 行政・行政法・行政法理論

例えば，事業者が，都道府県知事に飲食店の営業許可を申請したところ不許可の処分を受けて営業が認められなかった場合や，食中毒事故を起こして営業許可を取り消す処分を受ける場合においては，都道府県と不許可処分や許可取消処分の相手方との間で1対1の関係が生じている。不許可処分の相手方が，違法に不許可処分を受けたと考えれば，不許可処分の取消訴訟などを提起して救済を求めることができるし，許可取消処分を受けた者も，その処分の取消訴訟によって救済を求めることができる。

ところで，飲食店の営業許可や許可取消処分は，その相手方以外の第三者の利益と無関係ではない。不衛生な飲食店に対して違法な営業許可がされたり，営業許可が取り消されずに放置されたりした場合，そこで食事をした第三者は食中毒などの被害を受けるおそれがある。しかし，伝統的な行政法理論は，原則として，行政主体と行政活動の相手方との間の2面関係のみが法関係であると考えてきた。そして，第三者の利益は，社会全体の公益の一部として保護されているにすぎず，行政主体と第三者との関係は法関係ではないので，第三者が行政主体に対して営業許可の取消訴訟や営業許可取消処分の義務付け訴訟を提起して救済を求める権利はないと考えられてきたのである。この場合，第三者に生じた被害の救済は，事業者と第三者との私法上の関係に関する訴訟，すなわち，損害賠償等を求める民事訴訟で実現されることになる。

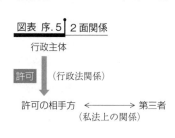

図表 序.5 2面関係

しかし，行政の活動が拡大し，また，社会の行政に対する依存が強まるにつれて，行政活動の第三者と行政主体との関係は，すべてではないにせよ，法関係として捉えられるようになっている。例えば，都道府県知事が事業者に対して産業廃棄物処理施設の設置許可をした場合，設置許可が違法であり健康被害を受けるおそれがあると主張する周辺住民は，事業者に対して民事訴訟を提起することができるだけでなく，都道府県を相手取って，許可の取消訴訟を提起でき，また，仮に許可が適法であっても，その後違法な操業がされていると考える場合には，知事による改善命令や許可の取消しを求める義務付け訴訟を提起できると考えられている。このように，行政活動の第三者を含む行政法関係

を，3面関係という。

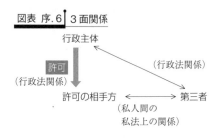

もっとも，行政活動の相手方以外の第三者は，不特定多数かつ利害関係も様々であるため，いかなる範囲の第三者にどのような法的地位を認めるのかは難しい問題であり，今日の行政法理論の最も重要な検討課題の一つとなっている。

第**1**部

行政法総論

PART **1**

CHAPTER **1** 行政組織法
2 行政活動の一般的規制原理
3 行政立法
4 行政行為
5 行政契約
6 行政指導
7 実効性確保手段
補 行政計画
8 行政手続
9 行政による情報の収集・管理・利用・開示

CHAPTER

第 1 章

行政組織法

行政の組織を作り，組織として動かすための法

行政法は，何よりも，行政と私人との関係を対象とし，行政の活動に対して私人の権利利益を守る法として発展してきた。ではそもそも，私人に対する行政活動は，誰がどのような組織を用いて行っているのだろうか。

本章では，まず，行政活動の主体（行政主体）としてどのようなものがあるのかを学び，次に，行政主体が行政活動を行うために有する組織がどのような単位から構成され，また，これらを一体として機能させるためにどのような法的ルールが設けられているのかを学ぶ。その上で，国レベル・地方レベルの行政組織に即して，わが国の行政組織の骨格を把握するとともに，それぞれが直面している課題とその解決に向けた改革の動きについて解説する。

1 行政組織法総論

1 行 政 主 体 ————————————————●

QUESTION

　ゴミ処理は，すべての人にとって不可欠な行政活動の一つで
ある。私たちが毎日の生活のなかで出すゴミ（一般廃棄物）は，市町村が処理してい
る。これに対し，事業活動に伴って生じたゴミのうち法令で定められた一定の種類の
もの（産業廃棄物）は，排出した事業者が自らの責任において処理しなければならな
いが，排出事業者は他の事業者に委託することもできる。ただし，この事業者は，都
道府県知事から産業廃棄物処理業の許可を受けた者でなければならない。さらに，東
日本大震災の原子力災害によって放射性物質に汚染された廃棄物は，国（環境大臣）
が処理することになっている。
　ここに出てきた市町村，都道府県，国は行政主体と呼ばれるが，これらの行政主体
は廃棄物処理活動にどのように関わっているといえるだろうか。また，市町村，都道
府県，国以外に，行政主体はあるのだろうか。

　廃棄物処理という行政活動に関しては，市町村が一般廃棄物を自ら処理する
責任を負うのに対し，都道府県知事は，排出事業者自身（または処理を委託され
た事業者）による産業廃棄物の処理が適切に行われるよう，規制・監督する立
場に立っている。また，放射性物質により汚染された廃棄物の処理という例外
的で重大な行政活動については，国（環境大臣）が直接に責任を負っている。

　ここに登場した市町村，都道府県および国は，**行政主体**と呼ばれる。行政主
体とは，行政を行う権能を与えられた法主体（権利義務の主体）であって，私人
との間の行政法関係の当事者となる。他方，**2**で学ぶ通り，都道府県知事は都
道府県という行政主体の，また，環境大臣は国という行政主体のために働く一
機関であって，これらは行政主体ではない。

　国と**普通地方公共団体**（都道府県・市町村）は，一定の区域（日本国全体，東京
都，武蔵野市等）に住む人々の利益を実現するのに必要な行政活動を原則とし
てすべて行う，最も重要な行政主体である。地方公共団体には，上記の普通地
方公共団体に加えて3種類の**特別地方公共団体**もあるが（自治1条の3第3項），

1　行政組織法総論 ● 15

これらについては３ 1 ⑵で説明する。

　そして，国や地方公共団体では量的・質的に処理しきれない事務を担う組織として，以下のような**政府関係法人**が創設され増加してきた。まず，特別の法律により特別の設立行為をもって設立される**特殊法人**が，税制面や資金調達面での柔軟性を活かして大きな役割を果たした。しかし，特に国が設立した特殊法人は，組織運営の不透明性，公金の無駄遣い，天下りなどの様々な問題を抱えるようになり，改革の対象となった。特殊法人改革の結果，廃止されたり民営化されたりしたものも多い。例えば，鉄道事業は，1948 年の日本国有鉄道法に基づく特殊法人である日本国有鉄道（国鉄）が担ってきたが，政治家の要求により不採算路線を建設させられたことなどによる赤字問題や現場サービスの低下などが批判され，1987 年に，労働組合の抵抗や債務の清算業務を引きずりながら，特別の法律により設立される政府出資の株式会社（特殊会社）である JR グループとして分割・民営化された。

　他方，特殊法人の事業のうち民間に委ねた場合には適切に実施されないおそれがあるようなものについては，1999 年の独立行政法人通則法に基づく**独立行政法人**への移行が進められた。学生に奨学金を貸与するなどの事業をしている独立行政法人日本学生支援機構は，特殊法人（日本育英会）の独立行政法人化の一例である。もっとも，独立行政法人は，本来は，特殊法人改革の受け皿として構想されたわけではない。この制度は，企画立案機能と対比される実施機能を担う部分を国から切り離すことによって，国の行政組織の減量化を図ると同時に，独立の法人組織による自主性・効率性を活用しようとするものである。例えば，貨幣の製造を担う造幣局や国立印刷局は，財務省から切り離された（ただし，その重要性に鑑み，例外的に職員が公務員としての地位を保持する行政執行法人に位置づけられている）。

　国立大学も独立行政法人化が検討されたが，大学の自治に照らし，通常の行政組織とは質的に異なる保障を与えられなければならないことから，特別な扱いをされ，独立行政法人とは別個の**国立大学法人**という固有の制度の下で，学問の自由への一定の配慮を伴ったコントロールに服することになった。

2　行政組織を構成する単位

(1) 行政機関

　行政主体は，行政活動を，多数の公務員からなる行政組織を用いて行っている。行政組織を構成し，様々な行政活動を分担・実行する単位が**行政機関**である。課税処分を例にとって行政機関の役割を説明してみよう。国が私人から税金を取るため，課税処分を行う場合，国自体は，生身の人間のように考えたり話したりすることはできず，課税処分という行為を行うこともできない。そこで，国の行政機関である税務署長が，国のいわば手足として行動する。税務署長というポストには，生身の人間が配置されており，この人が意思を決定し表示することによって，課税処分を行うことになる。行政機関としての税務署長は権利義務の主体ではなく，税務署長が私人に対して課税処分の権限を行使することにより，国が当該私人に対する租税債権を取得するという権利義務関係の変動が生じる。

　このように，国（**行政主体**）が行政活動を行うためには，手足となる税務署長（**行政機関**），そして，当該機関のポストに配置される自然人（(2)で見る通り，**公務員**と呼ばれる）を必要とする。ある公務員の行為が行政主体の行為として評価され，その効果が行政主体に帰属するためには，その公務員が，組織法（組織規範）に基づき，行政機関に任命されていることが前提条件となる。

　行政機関は，その役割によっていくつかの種類に分類されている。①課税処

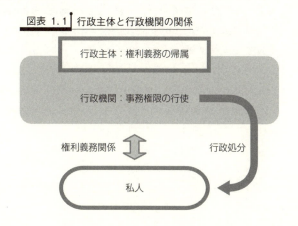

図表 1.1　行政主体と行政機関の関係

分を行う税務署長は，私人に対し，行政主体を代表して，その意思を決定し表示する権限を有する行政機関ということができ，**行政庁**と呼ばれる。②ただし，税務署長は，調査の実施から処分の決定・執行までを一人で行っているわけではない。税務署長は，税務署に所属する自らの部下に指示を出して調査を実施させ処分を検討させた上で，意思を決定し表示しているのである。行政庁の指揮監督の下で内部的に補助する行政機関を**補助機関**という。③また，税金を滞納している者がいる場合にその者から金銭を強制的に徴収するなど，行政目的の実現のために物理的強制を行う行政機関を**執行機関**という（その他，典型的な執行機関として，消防職員や警察官がある）。④さらに，行政庁が一定の権限を行使する際に，行政庁から諮問を受けて，他の行政機関が法的拘束力のない答申を行う場合がある。この行政機関は**諮問機関**と呼ばれる。例えば，財務省が保有する情報の公開請求に対する不開示決定を受けた者がこれを不服として財務大臣に不服申立てをした場合には，財務大臣は，情報公開・個人情報保護審査会という諮問機関への諮問・答申を経た上で，不服申立てに対する決定を行う（第**9**章**2 2**(2)参照）。⑤諮問機関の答申が法的拘束力を有しないのに対し，法的拘束力を有する答申を行う行政機関は**参与機関**と呼ばれる（電波監理審議会，司法試験考査委員会など）。⑥会計検査院や地方公共団体の監査委員など，他の行政機関の事務を監査する権限をもつ行政機関を**監査機関**という。

図表 1.2 行政機関の種類と役割

行政機関の種類	役　割	例
①行政庁	私人（外部）に対して行政主体の意思を決定し表示する	税務署長
②補助機関	行政庁の指揮監督の下で内部的に補助する	税務署員
③執行機関	行政目的の実現のために物理的強制を行う	国税徴収職員
④諮問機関	行政庁からの諮問に対して法的拘束力のない答申を行う	情報公開・個人情報保護審査会
⑤参与機関	行政庁からの諮問に対して法的拘束力のある答申を行う	電波監理審議会
⑥監査機関	他の行政機関の事務を監査する	会計検査院

Column ❷ 理論上の概念と実定法上の概念が異なる二つの例

　本文で説明した行政機関の概念は，私人に対してどのような行政を行うのかという観点から設けられた理論上（学問上）の概念であり，**作用法的行政機関**概念といわれる。この行政機関概念は，日本の行政法理論において重視されてきたが，実定法である**国家行政組織法**は，これとは異なる行政機関の概念を用いている。国家行政組織法は，外交に関わる事務は外務省に，原子力利用に関わる事務は原子力規制委員会に，税の賦課徴収等に関わる事務は国税庁にといった具合に，国全体の行政事務を各省・委員会・庁に大くくりに配分した上，これらの**省・委員会・庁**を「行政機関」と称している。国税庁などの庁や委員会は，財務省などの省の**外局**として設置され，省から一定程度の独立性を有する組織である。なお，国税庁の内部組織として各地域に設置された国税局と税務署は，行政機関ではなく，**地方支分部局**と呼ばれる。このように，国家行政組織法においては，私人に対して意思の決定・表示を行う税務署長ではなく，国の税財政に関わる行政事務を配分された組織体である財務省や国税庁が行政機関とされている。これは，作用法的行政機関と対比して，**事務配分的行政機関**と呼ばれている。

　また，執行機関の概念についても，地方自治法において，作用法的行政機関としての執行機関の概念とは異なる意味が与えられている。作用法的行政機関概念においては行政庁または監査機関である，長（都道府県知事や市町村長）・委員会（教育委員会，公安委員会など）・委員（監査委員）が，地方自治法においては執行機関と呼ばれている。作用法的執行機関が，私人に対して物理的強制力を行使する機関という意味合いを有するのに対し，**地方自治法上の執行機関**は，議事機関である議会の議決を執行する機関という意味合いを有している。このように，学問上の概念と一部の実定法で用いられている概念がずれていることは珍しくない。同じ概念でもどちらの意味で用いられているのか注意しよう。

⑵ 公務員

　行政機関としての税務署長は一人の公務員が担当するが，行政機関と公務員は同じものだろうか。行政機関としての税務署長は，ある自然人を，行政主体である国の機関として課税処分などの権限を有するという面から捉えたもので

ある。これに対し，現実に行政組織を構成し働いている自然人を，行政主体との間の雇用関係から捉えた概念が**公務員**であり，公務員は労働者としての権利義務を有する。一人の自然人が，行政組織（作用）法が適用される関係においては行政機関と呼ばれ，公務員法という広義の労働法が適用される関係においては公務員と呼ばれるのである。

　税務署長のように，一人の公務員が一つの行政機関として行動する場合に，このような行政機関を**独任制行政機関**という。これに対し，複数の公務員が一つの行政機関として行動する**合議制行政機関**も存在する。代表的なものは，合議制の行政庁である**行政委員会**である。また，すでに説明した諮問機関（および参与機関）の多くは合議制であり，その場合には**審議会**といわれる。

　行政委員会は，合議制の行政庁であると同時に，原則として非常勤の委員によって構成されることや職権行使の独立性を有するところに特徴がある。例えば，地方公共団体に置かれる行政委員会の一つである教育委員会は，政治的中立性を保障する必要性の高い教育行政について，地方公共団体の長を頂点とするピラミッド構造に組み込むのではなく，長とならぶ執行機関として設置されている。ただし，いじめ問題への不適切な対応等に対する批判を踏まえて，長が任命した教育長が教育委員会を代表し，また，長と教育委員会からなる総合教育会議を設置するなど，長の影響力を強める方向での改正が 2014 年に行われた。

(3) 私人による行政

　行政活動は，以上のように行政主体を構成する行政機関と公務員によって担われているが，それだけではない。例えば，QUESTION で取り上げたゴミ処理は，行政にしか行えないものではなく，私人も行いうる活動である。ゴミの収集は，契約に基づいて行政から民間企業に委託され，民間企業によっていわば肩代わりされることが多い。このような古くからの事象に加え，近時は，本来ならば行政が担うべき公権力の行使であっても，民間の能力や資源を活用するのが望ましい行政活動については，私人に担わせる事例が増えている。例えば，私人の建築計画の法令適合性をチェックする行為である建築確認は，もともとは，都道府県や市町村に置かれる建築主事という行政機関の権限であった。こ

20 ● CHAPTER **1**　行政組織法

れが，1998年の建築基準法改正により，国または都道府県の指定を受けた**指定確認検査機関**という私的主体によっても行われるようになり，実際には指定確認検査機関による建築確認が圧倒的割合を占めるに至っている。

このように，現在では，私人が行政活動において相当の役割を果たしている。**私人による行政**は，第一義的には行政組織法の問題に属するが，私人に行政事務を委託するために契約的手法が用いられることが多いため，行政契約論を発展させる原動力ともなっている。また，行政事務を担当する私人が第三者に損害を与えた場合に，誰が賠償責任を負うのかといった問題も生じている（第**12**章②参照）。

3 行政組織を動かすための法的ルール ─────────●

QUESTION

　大規模な災害が発生した際，被災した人々を救助する組織として，消防，警察，そして自衛隊が思い浮かぶだろう。これらの組織はそれぞれ，異なる行政主体に属している。消防は市町村，警察は都道府県，そして自衛隊は国である。これらの組織は，任務もまた異なる。消防は国民の生命・身体・財産の火災からの保護，警察は公共の安全・秩序の維持，そして自衛隊はわが国の防衛を主たる任務としている。だが，災害の現場においては，それぞれの組織が一丸となって自らの任務を遂行しなければならず，同時に，三つの組織が相互に連絡・協力して被災者の救助という共通の目的に向かって行動しなければならない。組織が組織として機能し，また，他の組織と連携するために，どのような法的ルールが設けられているだろうか。

(1) 上級機関の下級機関に対する指揮監督関係

　行政組織は，行政庁をトップとするピラミッド型の階層構造の下，上下関係の連鎖のなかで，末端レベルに至るまで，徹底的に統一性が確保される必要がある。多数の行政機関にそれぞれの役割を割り当てつつ，一個の主体として行動させるための第1のルールは，行政組織内部において下級機関は上級機関の指揮監督に従わなければならないというものである。

　上級機関は下級機関を，次のような手段を用いて指揮監督することができる。すなわち，①報告を徴したり，書類帳簿を閲覧したり，実地検査したりする**監視**，②権限の行使を指示する**訓令**（行組14条2項。なお，狭義の訓令が個別的な命

1 行政組織法総論 ● 21

令の形をとるのに対し，**通達**は規範の形をとったいわゆる行政規則であるが〔行政規則の概念について，第3章②参照〕，両者をあわせて広義の訓令という），③権限の行使について事前に上級機関の許認可を受けることを求める**認可**，④下級機関の行為の取消し・停止，⑤下級機関に代わって権限を行使する**代執行**（代行）である。これらの権限は，当然に，行政組織法上の上下関係に基づいて個別の法律の根拠なしに行使できるとは限らない。取消し・停止について学説上争いがあるほか，代執行については，法令によって下級機関に配分された権限を上級機関が行使することになるから，その旨の法令の根拠が必要であるという見解が有力である。

┃ (2) 公務員としての上司と部下との関係 ┃

上級機関と下級機関の関係に重ねて，公務員としての上司と部下の関係がある。公務員は，「その職務を遂行するについて，法令に従い，且つ，上司の職務上の命令に忠実に従わなければならない」（国公98条1項。地公32条にも同趣旨の規定がある）。この職務上の命令（**職務命令**）には，制服の着用等，行政機関としての権限行使と無関係な，公務員としての労務に関する命令もあるが，行政機関としての行政権限の行使に関する命令（訓令）も，同時に，職務命令としての性格を有すると解されている。なぜなら，**訓令**や**通達**は，行政機関の権限行使に係る命令であって，本来は職務命令ではないが，公務員としての労働を必然的に伴うので，職務命令としての側面も有するからである。職務命令に違反した公務員は，公務員法上の懲戒の対象となるため，ある行政機関が訓令・通達に違反した場合には，公務員として懲戒処分（免職，停職，減給または戒告）を受けることになる。訓令・通達自体は服従義務を確保する手段をもたないが，このようにして指揮監督関係が担保されているのである。

┃ (3) 行政組織相互間の調整関係 ┃

以上のような一つの行政主体内部における行政機関相互間のタテの関係に加え，国土交通大臣が都市計画を決定する際に，環境保全の見地から環境大臣が勧告するというように，一つの行政主体に属する組織間のヨコの関係もある。さらに，市町村消防，都道府県警察そして国の自衛隊といった，異なる行政主

体に属する組織間のヨコの関係も重要である。消防と自衛隊，および，警察と自衛隊の間においては，阪神・淡路大震災での教訓を踏まえて，相互協力に関する協定が締結されている。これらのヨコの関係においては，それぞれの権限と責務を互いに尊重しつつ，協議，共助，勧告・要請など，様々な形態をとって調整が行われている。

┃(4) 行政機関相互間の権限行使上の関係 ┃

わが国の行政法規は，私人に対して許認可や命令等を行う権限を，大臣や都道府県知事・市町村長など，行政組織のトップに集中させる傾向があるが，こうした権限のすべてを組織のトップが自ら行使することは到底できない。このような現実の必要に鑑み，行政機関相互間においては，自らに与えられた権限を自ら行使するという原則を修正するルールが発達している。

権限の**委任**とは，法律によって権限を与えられた行政機関（委任機関）が，当該権限を他の行政機関（受任機関）へ移譲するものであって，受任機関は，自らの名において自らの権限として当該権限を行使する。委任は，このように法律による権限配分自体に関わるものであるから，法律の根拠を要する。これに対し，**代理**とは，法律によって権限を与えられた行政機関（被代理機関）の長期出張中や病気のときなどに，他の機関（代理機関。通常は被代理機関の補助機関）が代わってその権限を行使するものである。代理は，権限の所在を変更するものではなく，代理機関は被代理機関の代理者であることを示して当該権限を行使する。

これらのフォーマルな手法に対し，対外的には法律上の権限者が権限を行使する形式をとりつつ，少額の支出や機械的に判断できる事項などについて，補助機関に権限行使の決定をさせる手法がある。これは，**専決・代決**と呼ばれる。日本の行政組織の内部においては，当該事務に関わる職員が下から順番に書類を回覧し押印する稟議（りんぎ）という方法で意思決定が行われているが，その際，権限者であるトップの行政庁までいかずに，特定の補助機関の押印があれば最終的な決定（「決裁」と呼ばれる）がなされたものとされる。決裁権限を下級機関に移譲する専決・代決という手法は，トップがトップとして決断しなければならない案件にきちんと注力するためにも，実務上不可欠な手法なのである。

1 行政組織法総論 ● 23

国の行政組織に関する法

1　国家行政組織の編成

QUESTION　国の行政組織は，一国の行政活動を担う存在として，複雑化・多様化・高度化する膨大な行政活動を処理している。そのトップには，内閣総理大臣，内閣官房長官，総務大臣，国土交通大臣といった政治家たちがいる。政治家たちも組み込まれている国家行政組織は，どのように編成されているのだろうか。

(1) 内　閣

　まずは，国家権力を構築する法＝憲法をみてみよう。国の行政権を規定する憲法第5章は，「行政権は，内閣に属する」(65条)，「内閣は，法律の定めるところにより，その首長たる内閣総理大臣及びその他の国務大臣でこれを組織する」(66条1項) と定めている。すなわち，国の行政権については，内閣総理大臣と国務大臣からなる内閣がトップにあって責任を負うこととされている。

　内閣という組織のあり方については，内閣法という法律が憲法を具体化するものとして制定されている。内閣法3条は，「各大臣は，別に法律の定めるところにより，主任の大臣として，行政事務を分担管理する」と定めている。この**分担管理原則**は，内閣府設置法および国家行政組織法と各省設置法によって具体化され，内閣府および各大臣をトップとする総務省，国土交通省等の各省が設置されている。

(2) 内閣府

　内閣府は，内閣の重要政策に関する内閣の事務を助けることを任務とし (内閣府3条1項)，行政各部 (おおむね各省を意味する) の施策の統一を図るために必要となる事項の企画・立案・総合調整に関する事務をつかさどる (4条1項・2項)。内閣府は，内閣を助ける「知恵の場」として機能しうるよう，内閣総理大臣または内閣官房長官を議長とし，関係大臣と有識者を構成員とする重要政

策会議を擁している（経済財政諮問会議，中央防災会議，男女共同参画会議等）。だが同時に，内閣府は，行政各部と横並びで，行政機関としての役割をも果たしている。「市民活動の促進」，「行政手続における特定の個人を識別するための番号等の適正な取扱いの確保」など，他省庁の所管には収まりきらない事務を次々に担わされる内閣府は，"ゴミため"といわれることもある。任務のこのような二重性もまた，内閣府に独自の特徴である。

▌(3) 各省などの行政組織 ▌

　各大臣をトップとする，内閣府以外の行政組織は，以下のような編成をとっている。例えば，国土の利用，開発および保全，社会資本の整備，交通，観光，気象ならびに海上の安全等に関わる事務を担当する**省**として，国土交通省が設置され，その外局として，観光庁，気象庁，海上保安庁といった**庁**や，運輸安全委員会という**委員会**が設置されている。また，省自体は，都市局，水管理・国土保全局，道路局，鉄道局，自動車局など10を優に超える内部部局，地方レベルの組織である地方整備局等からなっている。このうち，省と委員会・庁は，内閣の統轄の下に置かれる**国の行政機関**として，国家行政組織法の適用を受ける（3条）。省の内部部局としては，水管理・国土保全局→水資源部→水資源政策課／水資源計画課というラインのように，所掌任務を第一次的に分担する基幹的な組織である官房や局が置かれ，その下に部，課・室が置かれる。行政の最高機関である内閣を頂点として，府，省，官房・局，部，課・室というように，国の行政事務を分担管理する組織単位を下降分割的に設置していくというのが，国の行政組織の標準的編成なのである。

2　縦割り行政の克服──中央省庁改革────────────●

QUESTION

　国の行政組織は，東京の霞が関に所在する本省を司令塔として動いているが，「省あって国なし」と称される縦割り行政が批判の的になってきた。縦割り行政とは，行政組織法的な観点から，どのように捉えられるのか。この仕組みは，そもそもなぜ採用され，何が批判され，どのように変えられようとしているのか。

　　　　　　　　　　　　　　　　　　　　　　　　2　国の行政組織に関する法　● 25

(1) 縦割り行政の意味とその弊害

縦割り行政とは，複数の対等な行政組織が，行政を分担して行うことを意味する。内閣を構成する主任の大臣が行政事務を分担管理するという原則（内3条）こそが，縦割り行政の正体であるといえる。

分担管理原則自体は，当然の事柄を定めているにすぎないようにもみえる。複雑化・多様化・高度化する膨大な行政活動は，内閣を構成する各大臣とその率いる専門分化した行政組織に分担させざるをえないからである。各省がそれぞれ，法律によって割り当てられた任務と所掌事務を果たすことを通じて，国という一つの行政主体が機能する仕組みになっているのである。また，一つの組織体に権限を集中させることは，権限の過度の強大化への危険をはらむ。したがって専門性の確保という技術的側面においても，権力分立という原理的側面においても，分担管理原則は合理性を欠くものではない。

だが，こうした意義があるにもかかわらず，縦割り行政は厳しい批判にさらされている。それは，各省庁が，自らの任務と所掌事務に執着し，積極的・消極的いずれの意味においても"縄張り争い"を繰り広げ，行政の硬直化・非効率化を招いているからであろう。例えば，補助金は，各省が自らの施策に資するように地方公共団体を誘導するための手段として用いられるが，地方公共団体が，補助金につられて不必要なハコモノ（文化ホールや厚生施設などの公共施設）を作り，しかも，複数の省から補助金を受けるために，同じ設備を複数設置する羽目になることもありうる。そこで，このような行政活動の無駄や重複を防ぎ，国全体の組織を組織として機能させるべく，中央省庁改革（一般に，1998年の中央省庁等改革基本法を中心とした前後の改革過程を指す）が行われた。

(2) 中央省庁改革の意義

中央省庁改革によって，建設省・運輸省・北海道開発庁・国土庁を統合した国土交通省や，総務庁・自治省・郵政省を統合した総務省をはじめ，組織の大くくりな接合が行われ，1府22省庁から1府12省庁体制に改められた（国務大臣を長とする庁〔防衛庁（当時）〕・委員会〔国家公安委員会〕を含む）。再編の基本方針が単なる数合わせであると批判されたり，再編後の組織運営がなお縦割り

行政に縛られているなどの課題はあるものの，組織内部の再編や旧省庁の垣根を越えた人事交流などを通して，新たな組織編成が定着しつつある。

また，各省庁の施策を統合する任務が，**政治主導**の名の下に強化された。すなわち，内閣が――国家行政組織法に服する行政＝官の側ではなく――政治の側に位置づけられ，内閣の補佐機関としての内閣官房が強化されたほか，総理府に代わって内閣府が，各省庁の上位に位置づけられ，国家行政組織法の適用に服さない別格の組織として設置された。

このように，中央省庁改革は，**省庁再編**によって分業の機能を正常化させるとともに，**内閣機能の強化**によって統合の機能を回復しようとしたのである。

地方自治法

1 地方自治行政組織の編成

> **QUESTION**
> 日本を含め世界の主な国々において，国の行政組織のみならず，地方公共団体およびその行政組織が設けられている。地方公共団体は，なぜ国とは別個に設けられているのか。地方公共団体の組織は，その存在意義に照らし，どのような考え方に基づいてどのように編成されているのか。

(1) 地方自治の本旨――住民自治と団体自治

地方自治は，明治憲法下では，憲法上の保障を与えられておらず，法律によって左右される存在であったが，日本国憲法は，一つの章を地方自治にあてた（第 8 章 92 条～95 条）。地方自治が住民の意思に基づいて行われるという**住民自治**と，地方自治が国からある程度独立した団体に委ねられ，団体自らの意思と責任の下でなされるという**団体自治**からなる**地方自治の本旨**が，憲法上の要請に引き上げられたのである。地方公共団体は，国全体の統治機構の一環に据えられつつ，より身近な公権力へのコントロールを通して国民主権を実質化し，国と私人との中間に立って，国に対する防波堤として私人の権利保障に仕えるという独自の役割を担っている。

3 地方自治法 ● 27

このうち住民自治が地方自治の究極の目標であるとされ、地方レベルにおいては国レベルに比べて**直接民主主義**的制度が強化されている。市町村や都道府県の住民は——ハードルは高いものの——一定数の署名を集めれば、条例の制定・改廃を請求したり、監査委員に対して事務の監査を請求したり、さらには、議会の解散や長・議員の解職を請求したりすることができる（自治12条、13条、74条～88条）。また、たった一人でも、違法な公金支出が行われたことを主張して、当該支出を行った職員に損害を賠償させることなどを求める住民訴訟を提起することができる（242条の2。第**10**章**4 2**参照）。さらに、原子力発電所、産業廃棄物処理施設、在日米軍基地などの設置や公共事業の実施の可否をめぐり、各地方公共団体の条例等に基づいて住民投票が実施されることがある。住民投票は、法的な拘束力を有しないものの、政治的に大きな意味を有している。

▌(2) 自治組織権 ▐

団体自治の要素は、独立した法人格を有する行政主体である地方公共団体について、他の法主体、とりわけ国との関係において、その自主性・自立性を保障することを要請している。自主性・自立性を徹底するならば、自らの組織は自らが設計すべきことになろう。だが、地方公共団体の組織のあり方は、憲法および地方自治法をはじめとする法令によって極めて詳細に規律されている。

まず、地方公共団体の種類について、地方自治法は、**普通地方公共団体**（都道府県、市町村）と**特別地方公共団体**（特別区、地方公共団体の組合、財産区）に限定している（自治1条の3）。住民が自ら自治体を作ることは認められない。

特別地方公共団体は、特別の必要に基づいて普通地方公共団体に設置される。特に重要なのは**特別区**である。特別区とは、大都市行政の有機的・効率的運営という都制度に特有の必要から設けられた法人格を有する特別地方公共団体であり、東京都の23区（千代田区や渋谷区など）のみがこれにあたる。これに対し、例えば横浜市の青葉区や鶴見区は、特別区とは異なり、指定都市の内部を行政上の便宜から区分した、法人格を有さない行政区であり、地方公共団体ではない。特別区制度はもともと、戦時中に、旧東京府と旧東京市が戦時法令である旧東京都制の施行に伴って合併し、東京都が設置されたことに起因しており、帝都体制の骨格を引きずった経緯から、都の内部団体にすぎないと解されてい

28 ● CHAPTER 1 行政組織法

た。その後，区長公選制の定着や都からの段階的な権限移譲を経てようやく，特別区は，市町村と同様に，基礎的地方公共団体として位置づけられた。

　また，憲法自身が，議会の議員のみならず長（都道府県知事や市町村長）をも住民の直接公選に委ねている（93条2項）。この**二元代表制**は，国レベルの議院内閣制とは異なり，"行政権までの民主主義"すなわち議会を通さない自治を認めるものであるが，アメリカのシティマネージャーのような選挙によらない首長の存在を許さないなど，地方自治組織の編成のあり方を厳格に拘束するものである。さらに，地方自治法は，議会の議員定数・委員会・事務局等や執行機関の編成のあり方等，内部組織の骨格を詳細に規定している。

Column ❸　都構想

　日本の地方制度は一律の組織形態を建前としているが，市町村については，その規模に応じてより多くの権限を担わせるべく，大都市制度が設けられている。なかでも，**指定都市**制度は，人口50万人以上の主要な大都市を対象とするものであって，都道府県に匹敵する権限を与えられ，それゆえに，例えば，道府県と指定都市が同様の公共施設を設置運営するといった非効率的な**二重行政**が批判されてきた。大阪でわきあがった**都構想**もまた，大阪府と大阪市の二重行政の解消を掲げて，指定都市である大阪市を解体し，その区域に設置される特別区からなる「都」に変えようとするものである。なお，二重行政の解消は，都構想とは逆向きに，道府県の機能を指定都市に集約しようとする**特別自治市構想**等においても掲げられている。

　もともと「都」という地方公共団体の種類は東京都に限られたものではない。ただし，特別区を設置する手続がなかったことから，上記のような「都構想」を実現するためには新たな法律が必要とされた。2012年に制定された「大都市地域における特別区の設置に関する法律」は，関係道府県および関係市町村の間での特別区設置協議会による協定書の作成，協定書の関係道府県・関係市町村議会による承認，関係市町村の住民投票による賛成，そして，総務大臣による特別区の設置という手続を定めた。もっとも，一国に二つの都は必要ないという意見があり，東京都以外の道府県が特別区を設置しても「都」を名乗ることは認められていない。大阪の「都構想」は2015年に住民投票によって否決されたが，再度手続が進められている。

3　地方自治法　● 29

2 真の自治体に向けて——地方分権改革 ●

QUESTION

地方自治の保障という憲法上の要請に基づき，「上下主従から対等協力へ」を標語として，国（行政権・立法権）と地方公共団体との関係を組み替える地方分権改革が続けられている。この改革は，どのような目的と手法によって実行され，また，どのような制度上の変化をもたらしたのだろうか。

(1) 国との関係での自治権の拡充

かつて，地方自治を大きく妨げていたのは，**機関委任事務**制度であった。機関委任事務制度とは，地方公共団体の機関を，国などの他の行政主体の機関として，他の行政主体の事務を管理執行させる仕組みである。その典型は，国の事務を地方公共団体の長（都道府県知事・市町村長）が機関委任事務として管理執行するものである。この場合には，地方公共団体の長は主務大臣の下級機関としての立場に立たされるため，国の強い監督が及ぶことになり，しかも，機関委任事務とする必要がないような事務（例えば都市計画の決定）まで法律が広範に機関委任事務としていたことが問題視されていた。

第一次地方分権改革（一般に，2000 年地方自治法改正に結実した 1990 年代の改革過程を指す）は，機関委任事務制度の廃止を最大の目玉とするものであった。現在では，機関委任事務に代わる事務類型としての**法定受託事務**（「国が本来果たすべき役割に係るものであつて，国においてその適正な処理を特に確保する必要があるもの」〔自治 2 条 9 項 1 号〕）と，より自主性が尊重されるべき事務類型である**自治事務**という二類型に再編されている。法定受託事務（国政選挙の事務，旅券交付，生活保護など）は，機関委任事務よりもはるかに少ない。さらに，法定受託事務は，当該事務を処理する地方公共団体の事務と位置づけられ，国の行政機関による通達は法的拘束力をもたないことが確認された。国が地方公共団体に対して個別にコントロールを行うには法令の定めによらなければならず，このコントロールをめぐって争いが生じた場合には，最終的に裁判所が裁断する係争処理制度が整備されている。

その後，改革の重点は，財源の移譲や，立法権の問題に移っている。後者に

30 ● **CHAPTER 1** 行政組織法

ついては，例えば，保育所の設備・運営に関する基準は，従来は児童福祉法に基づいて国の省令が全国一律に規定していたが，同法の改正により，地方公共団体が，国の基準を参酌しながら，地域の実情に応じて条例で定めることが可能となった。例えば東京都は，乳児室の面積を調整することで，大都市部の待機児童対策を行っている。

以上の改革は，地方公共団体の行政権能と立法権能に対する国のコントロールを縮減することを通じて，地方公共団体の自由度を拡大するものである。

(2) 受け皿論

いわゆる**受け皿論**とは，国から権限を移譲するのに十分な規模・行財政能力を地方公共団体が持てるようにしようという議論である。受け皿論を背景にして，平成の**市町村合併**は，10年足らずで，3000以上あった市町村数を半分にまで減らした。この大合併は，第一次地方分権改革が打ち出した総合行政主体観（基礎的地方公共団体である市町村は，地域における行政を自主的かつ総合的に実施する役割を担うとする考え方。自治1条の2）に基づいて，国が，財政優遇措置をはじめとする様々な手段を駆使して押し進めたものであった。また，この大合併は，市の規模・行財政能力を拡大させ，都道府県の役割の小さくない部分を市に委ねさせることで，都道府県の空洞化を招くものでもあった。こうして，都道府県に代わる広域的地方公共団体として**道州**を設置しようとする議論が誘発され，都道府県の廃止の是非，区域割り等について様々な主張がなされた。

CHECK

① 行政主体・行政機関・公務員とはどのようなものか，相互に関連づけながら整理してみよう。
② 中央省庁改革は縦割り行政の弊害をどのように克服しようとしたのだろうか。
③ 地方分権改革によってどのような変化が生じているのだろうか。

CHAPTER

第2章

行政活動の一般的規制原理

行政が常に従わなければならない大原則

　行政は，私人の安全の確保，社会の基盤となる施設・サービスの供給，社会的弱者の支援，税の賦課・徴収などを目的とする，様々な行政活動を行っている。こうした行政活動の多くは社会にとって不可欠なものであるが，行政活動に伴って私人の権利利益が不当に侵害されたり，国民の意思を離れた恣意的な行政によって税金が無駄遣いされたりするようなことがあってはならず，そのために様々な法的統制が行われている。

　本章では，行政活動の法的統制のなかでも，最も基礎にある，行政が常に従わなければならない不文の一般的規制原理を取り上げる。このような規制原理のうち，最も重要なものは法治主義の原則であり，まず，この原則の内容がどのようなものかを学ぶ。次に，信頼保護原則を取り上げる。これは，行政の言動を信頼した私人が不当な不利益を被らないようにするための原則であり，この原則が適用される要件について学ぶ。

1 法治主義

▶ 行政は法に従って行われなければならない

1 行政と法 ●

(1) 法とは何か

　法治主義の原則とは，一言でいえば，行政は法に従って行われなければならない，という原則であるが，その前提となる「法」とは，そもそも何だろうか。これは実は難しい問題で，法哲学や法社会学などの基礎法学においては，法の概念について長年議論がされている。本書は，法を哲学的・社会学的に考察することを目的とするのではないので，この問題には深入りせず，法とは，**裁判規範**，すなわち，裁判所が判決を下すための基準となりうる成文・不文の規範であると定義して，議論を進めることにしよう。

(2) 法源からみた法の区別

　以上で述べたような法はどのようにして生まれるのだろうか。法が成立する形式を法源といい，誰がどのような手続で法を定めるかによって区別される。以下では行政法の法源の種類について説明しよう。まず，**国際法**や**憲法**も行政法の法源となる場合があるが，行政法を学ぶ際に重要なのは，国内法のうちの，憲法より下位にある法である。そのなかでも一番重要な法源は，国の唯一の立法機関（憲41条）である国会が定める**法律**である。もっとも，特に行政法分野の法律は，基本的な事項のみを定め，技術的な細目の定めは行政機関が定める行政立法に委任することが多い。行政立法のうち，国の行政機関が制定するものを**命令**といい，その代表例は，内閣が定める政令や各省大臣が定める省令である。行政法律が制定されるとき，これを具体化するための付属法令として，政令である施行令と省令である施行規則が制定されるのが一般的である。例えば，都市計画法18条3項は，「都道府県は，国の利害に重大な関係がある政令で定める都市計画の決定をしようとするときは，あらかじめ，国土交通省令で定めるところにより，国土交通大臣に協議し，その同意を得なければならな

1 法治主義 ● 33

い」と定める。そして，このような法律の定めを受けて，政令である都市計画法施行令や国土交通省令である都市計画法施行規則が制定されている。また，公正取引委員会などの委員会や海上保安庁のような庁の長官が定める命令を外局規則という（ただし，庁の規則の例はまれである）。なお，法律と命令をあわせて**法令**と略すことが多い。行政立法の具体例や，行政立法がなぜ必要か，といった問題については，第**3**章で詳しく説明する。

法源には，地方公共団体において制定されるものもある。地方公共団体の議会が定める**条例**（自治14条）は，憲法に根拠を有し（憲94条），公選の議会が制定する法規範であるため，法律に準ずるものとして扱われている。ただし，条例には，地方公共団体が自主的に制定するもの（自主条例）だけではなく，命令と同様に，国の法律を具体化するために制定されるもの（委任条例）もある。その他，地方公共団体の行政機関が定める法規範として，地方公共団体の長（都道府県知事や市町村長）ないし委員会（教育委員会など）が定める**規則**（自治15条，138条の4第2項）がある。国と地方のこれらの法源を全部あわせて法令ということもあるが，地方公共団体の条例・規則を，国の法令と区別して**例規**と略すこともある。

さらに，民事法と同様に，行政法の世界にも，**慣習法や条理**といった不文法源が存在する。例えば，国の法令が効力を生じるためには，正式に公表されること（公布）が不可欠であるが，公布の方法については成文法に定めがなく，慣習法により，国が発行する「官報」に掲載することで公布したことになると

図表 2.1 法源の種類

法源の種類（国際法・憲法を除く）				制定機関
成文法源	国が制定するもの	法律		国会
		命令	政令	内閣
			内閣府令	内閣総理大臣
			省令	各省大臣
			外局規則	国の委員会，庁の長官
	地方公共団体が制定するもの	条例		地方議会
		規則		地方公共団体の長，委員会
不文法源	慣習法，条理			—

解されている。ただし，行政法は，権力の行使を統制する法という性質が強いため，対等な私人間の利害調整の法である民事法に比べると不文法源の比重は小さい。なぜなら，権力的な行政活動を法律に基づかずに不文法源を根拠にして行うことはできないのではないか，という問題があるし，権力の行使を制限するような内容の規範であっても，私人が権力の行使を予測し，安心して活動するためには，法をできるだけ成文化することが望ましいからである。

(3) 形式的意味の法律と実質的意味の法律

ここまでの説明では，法律という概念を，「国会が法律制定のための手続に従って制定する法規範」という意味で用いてきた。しかし，法律という言葉は，「国民の権利義務に関わる法規範」という意味で用いられることがある。そして，両者を区別するために，前者は**形式的意味の法律**，後者は**実質的意味の法律**といわれる。形式的意味の法律は，法規範を誰がどのような手続で制定するかに着目した概念であり，法規範の内容を問わないが，実質的意味の法律は，法規範の内容・効力に着目した概念であり，国会以外の機関が制定する規範も含む。実質的意味での法律は，**法規**と言い換えられることが多い。以下，本書では，形式的意味の法律は「法律」，実質的意味の法律は「法規」ということにする。

図表 2.2 形式的意味の法律と実質的意味の法律

〈形式的意味の法律〉

国会の定める法律のうち，行政内部の事務処理手続を定めるものや，法的拘束力のない政策目標の宣言にとどまるものなど

道路交通法，都市計画法，生活保護法など

道路交通法施行令・道路交通法施行規則などの命令，条例，慣習法など

〈実質的意味の法律（＝法規）〉

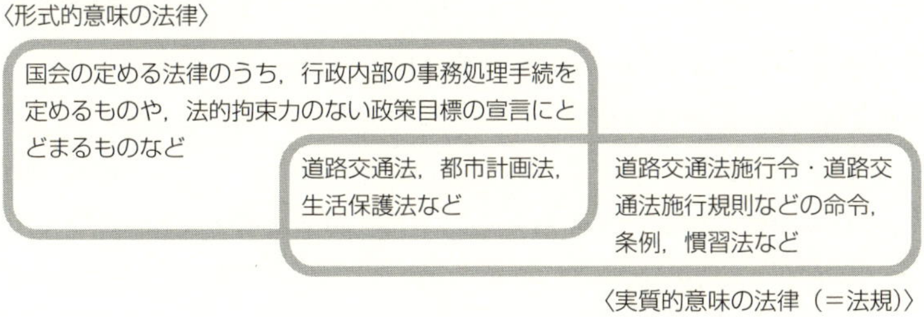

(4) 行政法は公法か？──公法・私法二分論とその批判

序章で述べたように，行政法は行政活動に特有の法であるが，かつての支配的学説は，さらに，行政法は行政活動に特有の公法であって私法は含まれない，

と説明していた。そして，公法と私法を区別する基準については，主なものとして次のような学説があった。行政主体が少なくとも一方の当事者となる関係を規律する法が公法であるとする**主体説**，行政が私人に対して優越的な地位に立って，権利・利益を一方的に変動させるような関係（権力関係）を規律する法が公法であるとする**権力説**，さらに，権力関係でなくても，道路・河川などの財産の管理や学校等の事業経営のように公益に関わりの深い関係を規律する法も公法に含まれるとする**利益説**である。そして，通説は，権力説と利益説を併用する折衷説であった。

　かつての学説が，このように公法と私法を区別するのは，法解釈上の具体的な実益があると考えていたからである。具体的には，第1に，行政上の法関係（権利義務関係）に適用される法規範を選択すること，第2に，行政上の法関係に関わる紛争の訴訟手続を決定することである。これらの実益について，かつての代表的学説であった田中二郎説に従って，もう少し詳しく説明しよう。

　第1の適用法規の選択については，基本的に，公法関係には公法，私法関係には私法が適用される。例えば，公営住宅法に基づき公営住宅を管理する地方公共団体と入居者との間の法関係は，公法関係ではなく，民間の借家と同様の私法関係であるから，利用者が家賃を滞納したときの時効については，5年の時効を定める地方自治法236条（公法）ではなく，権利を行使できる時から10年，または権利を行使できることを知った時から5年の時効を定める民法166条1項（私法）が適用される，ということになる。ただし，公法関係にも2種類のものがある。すなわち，命令・強制権限が行使される場合のように，行政主体が国民に対して優越的な地位に立つ権力関係（本来的公法関係）と，道路・河川などの財産の管理や学校等の事業経営など，権力的ではない関係であるが公益に関わりが深いために公法関係として扱われる管理関係（伝来的公法関係）である。そして，権力関係については原則として私法が適用されないが，管理関係については，私人間の関係とあまり異ならないので，上述の地方自治法236条のような公法の定めがなければ私法が適用される。

　第2の訴訟手続の決定においては，行政事件訴訟法が，上述の権力関係と管理関係の区別を念頭に置いた訴訟類型を設けていることが重要である（第**10**章**1**を参照）。つまり，権力関係についての争いは抗告訴訟（行訴3条），管理関

36 ● CHAPTER**2**　行政活動の一般的規制原理

係についての争いは公法上の当事者訴訟（4条），私法関係についての争いは民事訴訟を用いるのが原則である。例えば，公立学校の授業料滞納者から授業料を取り立てるための訴訟は公法上の当事者訴訟，公営住宅の家賃滞納者から家賃を取り立てるための訴訟は民事訴訟ということになる。

図表 2.3 田中説による公法と私法の区別

行政上の法関係の分類		適用法規	訴訟手続
公法関係	権力関係（本来的公法関係）	私法は原則として適用されない	抗告訴訟（行訴3条）
	管理関係（伝来的公法関係）	公法の特則がなければ私法を適用	公法上の当事者訴訟（行訴4条）
私法関係		私法が適用される	民事訴訟

　しかし，今日においては，公法・私法二分論に対して，否定的な考え方が一般的である。第1の適用法規の決定という実益に関しては，公法と私法の区別を前提にするのではなく，個々の法関係の性質とそれぞれの法規範の趣旨目的を具体的に検討して，法関係と法規範とをマッチングさせるべきという考え方が，学説・判例において支配的である。では，第2の訴訟手続の決定という実益についてはどうだろうか。まず，抗告訴訟は，権力関係について用いられるものであるから，公法と私法を区別しなくても訴訟の選択は可能である。他方，非権力的な法関係における紛争につき，公法上の当事者訴訟か民事訴訟かを選択するためには，その法関係が公法関係か私法関係かを区別する必要があるようにみえる。しかし，公法上の当事者訴訟と民事訴訟との間で訴訟手続の違いがほとんどなく，また，ドイツのように，行政事件を取り扱う特別な裁判所があるわけでもないから，訴訟を起こす際にどちらの訴訟かを決める必要もない。実務上は，ほとんどの場合，どちらの訴訟かをはっきりさせないまま，例えば，授業料や家賃の支払いを求める請求がなされ，これについての判決が下されている。したがって，訴訟手続の決定のために公法と私法を区別する必要性もほとんどない（訴訟法上の問題については第 **10** 章で詳しく説明する）。

(5) 行政活動へのコントロールの及ぼし方による行政法規の分類

　本書では，序章❷で述べたように，行政法規を，その内容により，大まかに，

1 法治主義 ● 37

図表 2.4 行政法規の分類

行政組織法	
行政作用法	授権規範
	規制規範
行政救済法	

行政組織法，行政作用法，行政救済法という三つに分類している。これは，法源の種類を問わない分類であり，法規範を行政活動へのコントロールの及ぼし方によって区別するものである。**2** 以下の理解の助けになるよう，行政組織法と行政作用法について，もう少し説明を加えておこう。

行政組織法は，組織を作り，また，組織の構成単位である行政機関がそれぞれ分担すべき役割の範囲（所掌事務）を示すものである。行政組織法がなければ，行政の担い手である国や地方の行政組織が存在しないことになるので，行政組織法は，行政活動を行うための不可欠の前提である。また，行政機関は，他の法律で特に認められた場合でなければ，その所掌事務を超えて活動することはできない。行政組織法を前提にして，具体的な行政活動のあり方を定めるのが行政作用法であるが，これはさらに，授権規範と規制規範とに区別することができる。**授権規範**とは，行政機関に，一定の活動を行う権限を与える規範である。例えば，建築基準法9条1項は，違法な建築工事に対する停止命令や違法な建築物の除却命令などを発する権限を行政機関に授権している。これに対し，**規制規範**とは，行政機関が一定の権限を有することを前提に，その限界や守るべき手続を定める規範である。行政組織法が車のボディだとしたら，授権規範はアクセル，規制規範はブレーキにたとえることができるだろう。なお，一つの法律のなかに，授権規範のみならず，規制規範もセットで定められることが多い。例えば，建築基準法は，行政機関が，同法9条1項による命令を行う際には，事前に相手方に通知書を交付し，意見書の提出ないし公開による意見の聴取の機会を与えなければならないという規制規範も定めている（9条2項以下）。他方，別の法律に根拠規範のある行政活動や，根拠規範なしに行いうる活動について，規制規範のみを定める法律も存在している。行政手続法がその代表例である。

2 法治主義とは何か

> **CASE**
>
> A県の海岸から約100メートルの海上で，Xが，家付きの筏を係留し，別荘として利用しはじめた。A県としては，船舶の航行や他の海岸利用者の迷惑になったり海が汚染されたりする心配があるので，真似をする人が出てこないうちに係留をやめさせたいと考えている。A県はどのような対処をすることができるだろうか。

(1) 形式的法治主義と実質的法治主義

　行政の一般的規制原理のうち，最も重要なものは，法治主義原理である。法治主義原理とは，簡単にいえば，行政が法に従って行われなければならないという原理であり，法治主義が行われている国家を法治国家という。法治主義には，形式的法治主義と実質的法治主義という2種類のものがある。**形式的法治主義**は，「法律による行政の原理」と言い換えられることもあるが，行政が形式的意味の法律（＝国会が定める法律）に従って行われるべきという原則を意味し，その法律の内容は問わないものである。かつては法治主義といえば形式的法治主義のことであった。なお，法律による行政の原理は，憲法に明確な定めがあるわけではないが，現行憲法の採用する権力分立主義や，国会を国の唯一の立法機関とする憲法41条から導かれる不文の憲法原理であると解されている。これに対し，今日の法治主義は，**実質的法治主義**へと移行したものと考えられている。これは，法律による行政の原理にとどまらず，法律の内容が憲法に適合するものであることも求めるものである。英米法でいう「法の支配」は，実質的法治主義に近い考え方である。以下では，形式的法治主義（法律による行政の原理）の内容をもう少し詳しく説明しておこう。

(2) 形式的法治主義の三つの内容

　形式的法治主義の原則は，三つの異なる内容を含むものと考えられている。第1は，行政活動が，既存の法律に違反してはならないという原則であり，**法律の優先原則**といわれる。第2に，行政は法律に違反しなければ何をしてもよ

1 法治主義 ● 39

いというわけではなく，一定の行政活動を行うためには，法律の根拠がなければならないとされている。これが**法律の留保の原則**である。伝統的には，国民の自由や所有権を侵害するような行政活動を行うためには法律の根拠が必要であると考えられてきた。なお，ここでいう法律は，**1**⑸で述べた行政法規の分類のうちの授権規範を意味しており，組織法はこれにあたらない。第3は，**法律の法規創造力の原則**である。これは，国会が国の唯一の立法機関である（憲41条）ことから生じる原則であり，命令等の行政立法によって法規（＝実質的意味の法律）を定立するためには，形式的意味の法律（＝国会が定める法律）の授権が必要であるとする原則である。この原則は，法律の留保の原則と同じ内容を繰り返しているだけのようにもみえるが，法律の法規創造力の原則は行政機関による立法行為を統制し，法律の留保の原則は立法行為以外の行政活動を統制するものとして区別することが可能である。

　三つの原則のうち，法律の優先原則と法律の法規創造力の原則は，具体的な適用の際に争いが生じることはありうるが，基本的な内容についてはあまり争いがない。これに対し，法律の留保の原則は，法律の根拠を要する行政活動の範囲について学説が対立している。以下では，法律の留保の原則に関する学説および判例について説明しよう。

3　法律の留保の原則

⑴ 法律の留保の原則に関する学説

　(a)**侵害留保説と権力留保説**　　冒頭の **CASE** において，A県は，Xに対して，筏の移動を命令したり筏を強制撤去したりすることができるだろうか。こうした，私人の権利や自由を一方的ないし権力的に侵害する行為は，侵害行政といわれる（行為形式でいうと，行政行為のうち名あて人に不利益となるもの，行政上の強制執行，即時強制等）。侵害行政について法律や条例の根拠が必要であることには争いがない。海面の管理について定める一般的な法律は存在していないため，問題の海面が港湾法等の個別の法律で規制対象とされていない場合は，地方公共団体が海面の管理に関する条例を定めている場合にのみ，命令や強制撤去が可能になる。このような侵害行政にだけ法律の根拠が必要であるとする伝統的な学説が，**侵害留保説**である。この説によれば，A県の担当者がXに対して

40 ● **CHAPTER 2**　行政活動の一般的規制原理

任意に筏を移動するよう説得するような行為は，法律の根拠がなくても可能ということになる。侵害留保説に対しては，侵害行政以外の行政活動については法律が全く不要であるとはいえないのではないか，という批判が有力に唱えられている。

　侵害行政のみならず，授益行政も権力的に行われることがある。税の減免や補助金交付決定のように，名あて人に利益を与える行政行為が典型例である。こうしたものも，行政が私人の法的地位を一方的に変動させるものであるから法律の根拠が必要であるとする説が，**権力留保説**である。もっとも，この説については以下のような批判がある。まず，税の減免のような行為を行政機関が法律に基づかずに行うことは，法律の優先原則の違反にあたるので侵害留保説であっても許されないであろう。次に，補助金の交付のような給付行為は，贈与契約という非権力的な形式で行うこともでき，法律が一方的決定という形式を付与している場合のみ権力的行為とみなされるにすぎない。つまり，権力的行為として行われる場合にはその前提としてすでに法律が存在していることになる。そうすると，権力留保説は，一見法律の留保の範囲を拡大しているようにみえて，実は侵害留保説との間で結論は変わらないということになる。

(b)全部留保説と重要事項留保説（本質性理論）　　これまでに紹介した学説は，行政が私人の権利利益に介入するためには国民の代表である議会の承認を要するものとして私人の権利を保護するとともに，行政がなしうることを事前に法律という形式で明確に定めておくことを通じ，私人の予測可能性・法的安定性を確保することを，主な目的としている。法治主義の自由主義的役割を重視するものといってもよいであろう。これに対し，法治主義には，議会の定める法律を通じ，国民の意思を行政に反映させるという民主主義的側面もあることから，行政の民主的統制のため，非権力的公行政（行政契約，行政指導，法的拘束力のない行政計画など）にも法律の留保を拡大しようとする学説もある。**全部留保説**は，侵害留保説に対し，君主制の下において行政権を有する君主と市民階級の利益を代表する議会との妥協の産物として生まれた考え方にすぎないと批判し，現行憲法の国会中心主義の下ではすべての行政活動に法律の根拠を要すると説くものである。この説に対しては，あらゆる行政活動，例えば市民の相談に対する回答のようなものにまで法律の根拠を求めることは非現実的である

し，行政権も一定の民主的正当性を有するのではないかという批判がある。そこで，今日では，全部留保説は，原則としてすべての行政活動に法律の根拠を要するという説に修正されている。他方，**重要事項留保説（本質性理論）**は，ドイツの通説・判例の立場を参考にしたものであり，原則としてすべてとはいわず，重要な事項，すなわち，民主的統制の必要が大きい活動や憲法上の権利を具体化するような活動についてのみ法律の根拠を要するというものである。両説は，出発点が異なるとはいえ，非権力的公行政についてケースバイケースで法律の根拠の要否を判断しなければならないとする点は同様である。具体的には，補助金の交付，国民生活に大きな影響を及ぼす行政計画の決定などについて法律の根拠を要するという見解が有力である。ただし，CASE のような場合に法律・条例の根拠なしに任意の説得をする程度のことは許されるだろう。

なお，物品の購入や国公立病院における医療行為等，行政が私人と同じ立場で行う活動である私経済行政については，法律の根拠が必要であるという学説はみられない。

図表 2.5 法律の留保の原則に関する学説

主な学説	権力行政		非権力的公行政	私経済行政
	侵害行政	授益行政		
侵害留保説	○	×	×	×
権力留保説	○	○	×	×
全部留保説	○	○	原則として○	×
重要事項留保説 （本質性理論）	○	○	重要なものは○	×

(2) 法律の留保の原則に関する判例

以上のように様々な学説があるが，判例の立場は侵害留保説で固まっている。法律の留保の原則の違反が訴訟の争点になることは少ないが，この点が争いになった著名な事件として，飲酒運転一斉検問事件（最決昭和 55・9・22 刑集 34 巻 5 号 272 頁 [百選 I 107]）を紹介しよう。この事件では，飲酒運転などの取締のため，警察官が一定の場所を通過するすべての車両に停止を求める一斉検問の適法性が問題になった。警察官の職務権限について定める授権規範である警察

42 ● CHAPTER 2 行政活動の一般的規制原理

官職務執行法は，2条でいわゆる職務質問について定めるが，同条の定める要件によれば，外観上不審な点がない車両を停止させて質問をすることは認められない。しかし，最高裁は，組織法である警察法2条1項が，「交通の取締」を警察の責務としていることから，交通の安全や交通秩序の維持のため強制力を伴わない任意の手段による活動を行うことは許されるとした。

　この判決を理解するために注意すべきであるのは，(1)で述べたように，組織法は法律の留保の原則でいう法律にはあたらないということである。そうすると，最高裁は，組織法によって与えられた任務の範囲内であれば，任意の手段による活動を法律の根拠なしに行ってもよい，と判断したことになる。もっとも，交通ルールを守りましょうという啓発活動などは問題ないとしても，武器を所持し逮捕権限も有する警察官が私人に停止を求めたら，建前上は任意であっても事実上の強い強制力が働くだろう。そこで，最高裁も，任意の活動であれば無制限に許されるわけではないと考えているようである。具体的には，一斉検問が適法であるとする前提として，運転者が交通取締に協力する義務を有することを指摘し，さらに，自動車の利用者の自由を不当に制約することにならない方法，態様で行われる限り，という条件を付けている。

 信頼保護原則
　　　　　　　　▶ 行政は私人の信頼を裏切ってはいけない

1　行政の誤った言動に対する信頼の保護

> **CASE**
> 　財団法人Xは，8年前に，A市内で経営する専門学校の土地・建物の固定資産税について，市税事務所長から，直接教育の用に供する不動産にあたるので非課税であるという通知を受け，固定資産税を支払っていなかった。ところが，市税事務所長は，Xが学校法人ではなかったので地方税法上非課税とすることはできず，8年前の通知は誤りであったとして，時効になっていない5年分の税を遡って賦課し，その徴収のため，Xの財産を差し押さえた。Xは，A市の固定資産税の賦課処分および差押処分は，非課税通知に対する信頼を裏切るもので違法であると主張している。Xの主張は認められるだろうか。

(1) 法治主義原則の信頼保護原則による修正の必要性

　これまでに述べてきたように，行政活動は，法治主義の原則に違反するものであってはならない。CASE のように，法律上非課税とすることができない不動産につき，市税事務所長が法律を誤解して非課税としていた場合には，速やかにそれを改め，法律に従って税を取るのが，法治主義の原則にかなうだろう。しかし，突然過去に遡って納付せよと言われても X に手持ちのお金が無いかもしれず，その場合は学校用の土地・建物を取られてしまうことになる。X は，市税事務所長の通知を信頼して固定資産税を納付していなかったのであるから，土地・建物を奪われて学校経営ができなくなってしまうとしたら，かなり気の毒である。また，早期に非課税ではないと分かっていたら，学校法人としての認可を受けて不動産を非課税とすることができたかもしれない。そう考えると，X に対する固定資産税の賦課処分および差押処分は，形式的には法律に従っているとしても，かなり問題がある。

　信頼保護原則とは，法治主義の原則には違反していないが，行政機関の過去の言動への私人の信頼を不当に害する行政活動——CASE でいえば，非課税通知に反する固定資産税賦課処分や差押処分——を違法とするための原則である。法治主義の原則が，憲法の国会中心主義や基本的人権の保障に基づく憲法原則と解されているのに対し，信頼保護原則は，民法の基本原則である信義則を，法の一般原則とみなして，行政法関係にも適用したものということができる。なお，信頼保護原則は，行政機関の言動への信頼を保護する点で，信義則から派生する法理である禁反言の法理に近い。他方，信頼保護原則は，法律の機械的適用に対して私人の人権の尊重という見地からストップをかけるという側面もある。そう考えると，形式的法治主義を実質的法治主義によって修正する原則であるということもできる。

(2) 信頼保護の要件

　信頼保護が必要であるとしても，行政機関が一度誤った見解を述べたら，それを改めることが一切許されないとするのも妥当でない。したがって，具体的にどのような場合に信頼保護原則を適用すべきか，すなわち，信頼保護の要件

が重要になる。この点についての基本的な考え方を示しているのが，最判昭和62・10・30（判時 1262 号 91 頁 [百選 I 24]）である。同判決は，まず，憲法 84条の租税法律主義により，納税法律関係においては，租税法規を納税者に平等・公平に適用すべきという要請が働くが，それにもかかわらず，一定の場合には信義則が適用されるという。そして，同判決は，信義則の適用のためには，少なくとも，①信頼の対象となる公的見解が表示され，②その表示を信頼して行動した納税者が，表示に反する行政処分により経済的不利益を受けたかどうか，③納税者が信頼し行動したことにつき納税者の責めに帰すべき事由がないかどうか，を考慮しなければならないとした上，①の公的見解の表示がなかったとして信義則の法理の適用を否定した。

　他方，CASE の事例と同様の事件において信義則を適用した裁判例として，文化学院非課税通知事件第 1 審判決（東京地判昭和 40・5・26 行集 16 巻 6 号 1033頁）がある。同判決は，①行政庁が誤った言動をしたことにつき私人の側に責任があるかどうか，②誤った言動が表明された手続・方式，③私人が信頼することが無理でないと認められる事情があったか，④信頼を裏切られることにより私人が被る不利益の程度等を吟味すべきとし，本件については過年度に遡って課税をすることは違法になるとしている。

　信頼保護の要件が以上のようなものであるとしても，具体的な適用に際しては，行政領域の違いが考慮される傾向がある。特に，社会保障行政の領域では，租税法律主義が妥当する租税法律関係と比較して，法律の形式的適用よりも私人の権利・利益の救済が重視されるべきだろう。社会保障行政について信頼保護原則による救済を認めた比較的有名な事例として，東京高判昭和 58・10・20（行集 34 巻 10 号 1777 頁）がある。これは，国民年金法が外国人の加入を認めていなかった時代に，東京都荒川区の勧奨員の勧奨により国民年金に加入し10 年間保険料を支払った在日韓国人に対して，国籍を理由に老齢年金の支給を拒否することは違法であると判断したものである。

2 行政の継続性に対する信頼の保護 ●

> **CASE**
>
> 　A県は，県内の交通事情の改善を理由に，バイパス道路を建設するための都市計画決定をし，10年後をめどに完成させるという方針を発表した。これにより，道路建設予定地の周辺の地価が上昇しはじめたが，Xは，道路ができて便利になればさらに地価が上昇すると考え，土地を買い占めた。ところが，その1年後に，公共事業の大幅な見直しを公約にして当選した新知事が，道路建設計画を白紙に戻したため，Xの購入した土地の価格は道路建設計画以前の水準まで下がってしまった。Xは，恣意的・一方的な方針変更により大損害を受けたとして，A県に賠償を求めたいと考えている。

(1) 政策・計画等に対する信頼保護の必要性

　CASE の事例のように，計画や，将来に向かって継続的に実施することが予想された政策が何らかの事情で変更されるに至った場合に，過去の計画や政策を信頼して投資や準備活動をした私人が，信頼保護原則に基づいて救済を求めることがある。計画や継続的政策が，私人に行政活動の予測可能性を与え，社会を誘導する機能を有することに鑑みれば，適法な変更であれば私人の信頼を無視してよいということにはならないだろう。

(2) 信頼保護の要件

　計画や政策に対する信頼を保護する必要があるとしても，計画等はもともと変更の可能性を伴うものであり，投資をする者も変更のリスクを覚悟しているはずであるから，常に救済すべきであるとはいえない。したがって，信頼保護責任を認めるための具体的要件が重要になる。

　この点につき，最判昭和56・1・27（民集35巻1号35頁［百選 I 25］〔宜野座村工場誘致政策変更事件〕）は，村の工場誘致政策を受けて工場建設の準備を進めていた企業が，工場建設に反対する住民に支持されて当選した新村長の協力拒否により，工場建設を断念せざるをえなくなったとして，村に賠償を求めた事例において，以下のような信頼保護責任の要件を示している。すなわち，①一

46 ● **CHAPTER 2** 行政活動の一般的規制原理

定内容の継続的な施策を定めるにとどまらず，私人への個別的・具体的な勧告ないし勧誘を伴っており，②勧告ないし勧誘を受けた私人の活動が，相当長期にわたる施策の継続を前提としてはじめてこれに投入する資金または労力に相応する効果を生じうる性質のものである場合には，施策の継続につき，法的に保護すべき信頼が生じる。そして，③私人が施策の変更により社会観念上看過し難い積極的損害を被ったこと，④損害を補償するなどの代償的措置がとられていないこと，という要件が満たされる場合には，施策の変更がやむをえない客観的事情によるものでない限り，行政主体に不法行為責任が生じる。なお，②の事情の意味は少し分かりにくいが，勧告ないし勧誘を受けた私人が施策の継続を信頼したことにつき無理がなかったといえるか，という点に関わる事情とみることができる。

　以上の要件に照らしてみると，CASE の事例は，個別的・具体的な勧告・勧誘があったわけではなく，自らの主体的判断により投資をしたわけであるから，こうした者については，A県の賠償責任は原則として認められないだろう。

　最後に，宜野座村工場誘致政策変更事件判決と 1 (2)で紹介された判例（最判昭和62・10・30）とを比較すると，信頼保護原則の適用にあたり，常に考慮されている共通の要素は，以下の3点にまとめることができる。①私人の信頼の対象になった行政機関の言動がどのようなものであったか，②私人がそれを信頼したことについて無理のない事情があったか，③信頼を裏切られた私人にどの程度の損害が生じたのか，である。

Column ❹ 法治主義，信頼保護原則以外の一般的規制原理

　本章で取り上げたもの以外にも，行政活動の一般的規制原理というべきものが存在する。代表的なものは比例原則と平等原則である。比例原則は，私人の権利・利益の制限は行政目的を達成するために必要最小限のものとしなければならないという原則であり，平等原則は不公平な取扱いを禁止する原則である。これらは，今日，憲法13条や14条に基づく原則と解されているが，特に比例原則は，憲法が直接行政活動を拘束する効力をもたなかった時代に，行政裁量（第4章 ②）を統制するための法理として生まれたものである。具体的な内容については行政裁量の説明にゆずる。

法治主義や信頼保護原則を含め，以上の原理ないし原則は，いずれも裁判規範（裁判所が訴訟において行政活動の違法性を判断するための基準）であり，訴訟を通じて行政活動を統制することを主眼とするものであった。しかし，近年の教科書では，そのような性質をもたない基本原則ないし一般原則について触れるものもある。例えば，市民参加の原則，行政の透明性の原則，政府の説明責任の原則などである。これらの原則は今日の行政・行政法を理解するために重要なものであるが，新たな立法や望ましい行政運営の指針を示すものであって，裁判規範として働くわけでないことに注意する必要がある。

CHECK

① 行政法の法源にはどのようなものがあるだろうか。またそれぞれの違いは何だろうか。
② 伝統的学説は，なぜ，公法と私法を区別し，行政法は公法であると考えてきたのだろうか。また，今日の学説はそのような区別の必要性を認めているだろうか。
③ 法治主義の原則の三つの内容とはどのようなものだろうか。
④ 法律の留保の原則に関する学説としてどのようなものがあるだろうか。また，それぞれの学説によると，どのような行政活動に法律の根拠が必要とされるだろうか。
⑤ 信義則（信頼保護原則）による救済は，どのような要件を満たした場合に認められるだろうか。

CHAPTER

第**3**章

行政立法

自らの活動の「基準」をつくる行政活動

　行政は，法律の目的を達成するため，法律を執行している。ただし，行政活動をどのように行うべきかが，すべて法律のなかに定められているわけではない。

　例えば，運転免許証の交付（という行政活動）について定める道路交通法の規定をみてみよう。そこには，「免許証の様式，免許証に表示すべきものその他免許証について必要な事項は，内閣府令で定める」（93条3項），「運転免許試験の実施の手続，方法その他運転免許試験について必要な事項は，内閣府令で定める」（97条4項），とある。これらの規定を読むと，免許証の記載事項や，運転免許試験の実施手続の詳細は，内閣府令（内閣総理大臣が内閣府設置法に基づいて発する内閣府の命令）によって定められていることが分かるだろう。

　このように，法律の規定を具体化し，法律の執行のために必要となる内容等を行政が定めることがある。行政法学では，これらを「行政立法」と呼んでいる。本章では，行政立法の種類，具体例，そして，行政立法の法的統制のあり方について学ぶ。

1 法規命令

1 法規命令とは

QUESTION

国家公務員を志望する大学生Ａは，友人に誘われて，憲法改正に反対する集会に何度か参加したことがあるが，公務員は政治活動が禁止されており，違反するとクビ（免職）になる場合もあると聞いた。Ａは，公務員になってしまうと，政治的な問題について自分の意見を表明することもできなくなるのだろうかという疑問を抱き，関係する法律を調べてみることにした。すると，国家公務員法102条に次のような規定が置かれていた。

102条① 職員は，政党又は政治的目的のために，寄附金その他の利益を求め，若しくは受領し，又は何らの方法を以てするを問わず，これらの行為に関与し，あるいは選挙権の行使を除く外，人事院規則で定める政治的行為をしてはならない。
② 職員は，公選による公職の候補者となることができない。
③ 職員は，政党その他の政治的団体の役員，政治的顧問，その他これらと同様な役割をもつ構成員となることができない。

この条文から，政治的目的のための寄附金集め，選挙への立候補，政党の役員等に就任することは禁止されるが，選挙権の行使は可能であることが分かった。しかし，102条１項は，さらに，「人事院規則で定める政治的行為」も禁止しており，具体的にどのような行為が禁止されるかを知るためには，人事院規則を参照しなければならないようだ。国家公務員法は，なぜ，「政治的行為」の範囲を人事院規則で定めることにしているのだろうか。人事院規則は，法律（国家公務員法）とどのような関係にあるのだろうか。

(1) 法規命令はなぜ必要なのか

第2章（第2章①1）で学んだように，行政は法に従って行われなければならない。しかし，実際には，行政活動のあり方のすべてが法律に定められているわけではない。法律には行政活動の基本的な事項のみが定められていて，法律の規定を具体化したり，法律を執行するための手続などの活動の諸基準を定めたりすることが，行政に委ねられることがある。QUESTION に挙げた人事院規則は，この一つの例である。人事院規則は，人事院という行政機関が定める法規範であり，法律（国家公務員法）の委任を受けて，禁止される政治的行為

50 ● CHAPTER3 行政立法

の範囲について定めている。この人事院規則のように，行政が法律の委任を受けて定める，法規たる効力を有する行政活動に関する（広い意味での）基準を，**法規命令**という（法規とは，私人の権利義務に関する法規範である。法規の概念については，第**2**章⑪**1**(3)を参照）。

　法規命令が必要となる理由には，以下のようなものがある。第1は，**専門的な判断を必要とする事項**については，専門的な知見を有する者（行政）にその基準を定めさせるほうが望ましいという理由である。第2は，**状況の変化に応じ頻繁な見直しが予測される事項**については，法律という形式で定めておくことは必ずしも望ましくないという理由である。法律は，ひとたび制定されると，そう頻繁には改正されないことが予想される。国会の会期は限られており，行政活動をめぐる環境変化に，法改正が即時に追いついていけない場合も考えられる。これに対して，行政活動として策定される法規命令は，迅速かつ頻繁な改正も可能となる。

　法規命令の必要性の理由として，そのほかに，国会や内閣から距離をおいた，**中立で独立の立場での判断を確保する必要性**が挙げられることもある。QUESTION で取り上げた国家公務員法の例に戻ろう。人事院規則を定める人事院は，国家公務員の人事管理の公正中立を確保するため，内閣から独立した行政委員会として，内閣の所轄の下に設置された行政機関である（国公3条。行政組織については，第1章❷を，行政委員会については第1章⑪❷(2)を参照）。国家公務員法によって禁止される政治的行為の範囲を人事院が人事院規則で定めることとしているのは，公務員行政に詳しく，かつ，内閣から独立して政治的に中立の立場にある機関に決めさせることが望ましいという立法者の判断に基づくものであろう。人事院は，国家公務員法102条1項の委任を受けて，「人事院規則14—7」という法規命令を定めている（この人事院規則は，政治的目的のための署名運動の企画・主宰・指導，示威運動の企画・組織・指導，集会等で拡声器等によって政治的意見を述べることなどを禁止しているが，単に署名をしたりデモや集会に参加したりすることまでは禁止していない）。

┃(2) 国会が唯一の立法機関であること（憲法41条）との関係┃

　憲法41条は，国会が唯一の立法機関であると定めている。この規定からす

れば，私人の権利義務に関わる規範（法規）を，立法機関の意思から独立して行政機関のみで定めることは許されない（独立命令の禁止）。このため，行政による法規命令の制定には**法律の委任**が必要になる。

それでは，どの程度の委任があれば，法規命令を策定することが憲法上許されることになるのだろうか。学説では，この問題を委任命令と執行命令とに分けて説明をしている。

委任命令とは私人の権利義務の内容を定める命令であり（例えば，上記に挙げた人事院規則等），**執行命令**とは権利義務の内容を実現するための手続などを定めるのみで，権利義務の内容を変動させるものではない命令である（例えば，許可申請書の書式を定めたり，申請書の提出窓口を定めたりするなど，法律の執行に必要となる手続や形式を定めるものがある）。委任命令は，私人の権利義務に関する実体的な内容を含むため，その制定について法律によって個別的・具体的な委任がされている必要がある。**白紙委任・包括委任**は，憲法 41 条の趣旨に反するため許されない（白紙委任の問題は **2**(1)で説明する）。例として挙げた国家公務員法 102 条について，学説では白紙委任にあたるのではないかという批判が強いが，判例は一貫して合憲と判断している（最判昭和 33・5・1 刑集 12 巻 7 号 1272 頁，最大判昭和 49・11・6 刑集 28 巻 9 号 393 頁等）。他方，執行命令は，権利義務の内容を変動させるものではないので，個別の委任規定がなくても認められるものとされる。ただし，執行命令も法規である以上，包括的な委任規定は必要である（内閣府設置法 7 条 3 項や国家行政組織法 12 条 1 項は，執行命令の包括的委任規定にあたるものと解されている）。

▎(3) 法規命令にはどのようなものがあるか ▎

法規命令というのは学問上の用語であり，実際には，内閣の制定する**政令**や，各省大臣の発する**省令**といった形式で定められる（第 **2** 章 1 1 (2)「成文法源」を参照）。また，内閣総理大臣が定める法規命令は**内閣府令**，各府省の外局として置かれる行政委員会や各庁長官，（人事院のような）内閣から独立した行政委員会の定める法規命令は**規則**という。

QUESTION で取り上げた国家公務員法に限らず，国会が定める法律の多くについて，その法律の細則を定めるための法規命令が制定されている。このよう

52 ● CHAPTER **3** 行政立法

な法規命令のうち，政令として定められるものには**施行令**，省令として定められるものには**施行規則**という名称が付されている（行政と法，法源論については，第**2**章**1**を参照）。

2 法規命令の実体的統制

(1) 法規命令はどのような場合に違法になるか

法規命令（委任命令）は私人の権利義務に関係する法規範であるから，行政機関による法規の定立は，法律による委任がなければ認められない。憲法41条の趣旨から，授権法律が，委任の限界を明確にせず，無限定な委任（白紙委任）をなす場合には，この授権法律は憲法に反するものとして無効となり，このような委任に基づく法規命令も無効となる。これが**白紙委任の禁止**である。授権法律には，委任の目的，授権対象となる事項と範囲，立法に際し考慮すべき要素，規律の方法などが明示されていなければならない。

また，法規命令の制定を委ねられる行政は，国会が授権法律を通して設定する委任の目的と範囲を超えて法規命令を制定することは許されない。授権法律が憲法41条に違反していなくても，委任の範囲を逸脱した行政立法が制定されれば，それは違法な行政立法であり，無効となる。これが，**法律による委任の範囲の逸脱の問題**である。行政手続法も，命令等を定める際の一般原則として，命令等がその根拠となる法令の趣旨に適合しなければならないと定めている（行手38条1項）。また，行政手続法は，その後の実施状況，社会経済情勢の変化等に即して，行政立法は適正に改正されなければならないと定めている（同条2項）。

(2) 法規命令に関する裁判例

(a)**白紙委任の禁止に関する判例**　法規命令を授権する法律の委任のあり方が裁判で問題とされたのが，国家公務員法102条の委任規定をめぐる問題である。

国家公務員法102条1項は一般職国家公務員の政治的行為の制限につき，「人事院規則で定める政治的行為をしてはならない」と定めている。裁判では，この国家公務員法102条1項の委任が個別的・具体的な委任とはいえないので

1 法規命令 ● 53

はないかという点が問題とされてきたが，最高裁は同法102条1項の委任は合憲であると判断している（前掲最判昭和33・5・1，前掲最大判昭和49・11・6等）。

(b)法律による委任の範囲の逸脱の問題に関する判例　　法規命令が法律による委任の範囲を逸脱しているかどうかは，法律による委任の趣旨・目的を勘案しながら，委任元の法律の解釈問題として判断される。

　法規命令を違法と判断した判決に，農地売渡処分取消等請求事件判決（最大判昭和46・1・20民集25巻1号1頁［百選I47]）がある。農地法80条1項（当時）は，強制買収により国が取得した農地等について，農林大臣（当時）が政令で定めるところにより，自作農の創設または土地の農業上の利用の増進の目的に供しないことを相当と認めたときは，これを売り払い，または所管換もしくは所属替をすることができる旨を定め，同条2項（当時）は，この場合には農林大臣は当該土地を旧所有者に売り払わなければならない旨を定めていた。これを受けて，農地法施行令16条4号（当時）は，農林大臣が農地法80条1項の認定をすることができるのは，買収農地が公用等の目的に供する緊急の必要があり，かつその用に供されることが確実な土地であるときに限ると（制限的に）規定していた。最高裁は，農地法80条1項は売払いの対象を定める基準を政令に委任していると解されるが，この委任の範囲には限界があり，「明らかに法が売払いの対象として予定しているものを除外することは……売払制度の趣旨に照らし，許されない」として，施行令16条（当時）は「法の委任の範囲を越えた無効のもの」と判示している。

　次に，法規命令の違法性について対照的な判断を下した二つの判例を比較してみよう。銃砲刀剣類所持等取締法は，銃砲刀剣類の所持を原則として禁止した上で，14条で，美術品として価値のある刀剣類等について文化庁長官の登録を受けた場合には所持を認めることとし，その登録の方法や鑑定基準・手続等を文部省令（当時）に委任していた。これを受けて，文部省令（当時）である銃砲刀剣類登録規則は日本刀のみの登録を認めることとしていた。最高裁は，鑑定の基準の委任は行政機関の専門技術的な裁量権を認める趣旨であるとした上で，登録の対象を日本刀に限定する規則は，法の委任の趣旨を逸脱して無効であるとはいえないと判示している（最判平成2・2・1民集44巻2号369頁〔サーベル登録拒否事件〕）。他方，旧監獄法50条について，同条が，在監者との

「接見……ニ関スル制限」を法務省令に委任し，これを受けて旧監獄法施行規則 120 条が，14 歳未満の者が在監者と接見することを原則として禁止していたところ，最高裁は，当該規定は法律の委任の範囲を超え違法なものとした（最判平成 3・7・9 民集 45 巻 6 号 1049 頁［百選 I 48]）。銃砲刀剣類の所持が法律で原則として禁止されているのに対し，未決勾留者は，未決勾留の目的や監獄内の規律秩序の維持のために必要な限度で自由の制限を受けるほかは一般市民としての自由を保障され，法律上，接見を原則として認める仕組みとなっている。このように，制限される権利の性質や法律の仕組みが異なることが，二つの判決の判断に影響したものと解されている。

医薬品の郵便等販売（インターネット等による販売）を規制する旧薬事法施行規則（厚生労働省令）の違法性が争われたケースもある（最判平成 25・1・11 民集 67 巻 1 号 1 頁［百選 I 50]〔医薬品ネット販売規制省令事件]）。最高裁は，医薬品の郵便等販売の規制を強化する薬事法施行規則の改正について，当該改正により，郵便等販売を事業の柱にしてきた事業者の職業活動の自由を相当程度制約するものであることも考慮して，改正後の施行規則の規定が旧薬事法の趣旨に適合するもの（行手 38 条 1 項）であり，その委任の範囲を逸脱したものではないというためには，立法過程における議論をも斟酌した上で，法律の諸規定から委任の授権の趣旨が明確に読み取れることを要すると述べ，改正後の施行規則は，郵便等販売を一律に禁止することとなる限度において，旧薬事法の委任の範囲を逸脱し違法となると判断している。

3　法規命令の手続的統制

違法な法規命令の事後的統制にとどまらず，法規命令の適法性を担保し，その策定過程の公正性や公平性を確保することが重要である。このために，平成 17 年の行政手続法改正により導入された**意見公募手続**（行手 39 条以下）は，行政のみで法規命令を制定するのではなく，法規命令の策定過程に私人を参加させ，その意見を反映させるための手続を法制化したものである（なお，行政手続法の意見公募手続の対象は「命令等」〔行手 2 条 8 号〕であり，ここには法規命令のみならず，②で説明する行政規則の一部〔審査基準，処分基準，行政指導指針〕が含まれている）。この意見公募手続は，行政による命令等の制定過程をオープンにし，

1 法規命令　● **55**

広く，公衆の意見を提出することを可能にする仕組みといえる。

　意見公募手続は，**公示**，**意見の募集**，**命令の策定**，という三つの手続から構成される。命令等を制定する機関は，命令の案とそれに関連する資料を事前に公示して，広く命令案に対する一般の意見を公募しなければならない（行手39条1項）。続いて，命令等制定機関は，提出された意見や情報を「十分に考慮」して命令等を決定しなければならない（行手42条）。最後に，命令等制定機関が命令等を決定し，これを公布するときには，提出意見と，提出意見を考慮した結果およびその理由について，命令等の題名と命令等の案の公示の日と併せて，公示しなければならないものとされている（行手43条）。

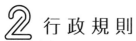

2　行政規則

1　行政規則とは

QUESTION

　墓地，埋葬等に関する法律（墓埋法）は，墓地等を経営しようとする者は，都道府県知事の許可を受けなければならない（10条）とし，許可を受けた経営者が置く墓地等の管理者は，埋葬の求めを受けたときは「正当の理由がなければこれを拒んではならない」（13条）と規定している。そして，この13条に違反した場合について罰則を定めている（墓埋21条1号）。また，19条は，「都道府県知事は，公衆衛生その他公共の福祉の見地から必要があると認めるときは，墓地，納骨堂若しくは火葬場の施設の整備改善，又はその全部若しくは一部の使用の制限若しくは禁止を命じ，又は第10条の規定による許可を取り消すことができる」と定めているため，13条に違反した者は，21条による罰則のほか，19条によって墓地経営許可の取消し等の処分を受けるおそれがある。

　かつて，墓地等を経営する寺院が，異宗派であることを理由に埋葬を拒否してトラブルになる事例が各地で多発したことがあった。墓埋法を所管する厚生省（当時）は，行政内部で統一的な解釈を行うために，1960（昭和35）年に「他の宗教団体の信者であることのみを理由として埋葬の請求を拒むことは，『正当の理由』にあたらない」という旨の通達を，関係行政機関に対して発した。

　ここで発せられた通達は，どのような目的のために発せられたものであろうか。また，通達に違反して墓地の経営者が，埋葬される者が異宗派であることのみを理由として埋葬を拒否した場合，この墓地の経営許可は取り消されるのだろうか。

56 ● CHAPTER 3　行政立法

(1) 行政規則とは何だろうか

法律の執行に関連する諸基準には，①で学んだ法規命令（施行令や施行規則等）以外の基準もある。QUESTION で挙げた**通達**は，その一つの例である。通達で定められているのは，法律を執行する仕事をどのように進めていくのかに関する基準である。このように，行政活動を進めていく上で必要となる基準であるが，それを法規としてではなく，行政内部の基準として定めるものを，**行政規則**という。行政の内部で，活動のために必要となる基準を決定し，組織内部で遵守することは，統一的で平等な行政事務の遂行に必要不可欠なものと考えられている。

行政規則という言葉は学問上のものであり，実務上は，様々な名称が付されている。その代表的なものが QUESTION にも出てくる**通達**であるが，これは，上級行政機関から下級行政機関に対する命令である（内閣府7条6項，行組14条2項。なお，通達と類似した概念として訓令がある。通達と訓令については，第**1**章①**3**(1)を参照）。その内容を公示するために，**告示**という形式がとられることもある（「告示」は，行政規則のほか，法規とされるもの，事実行為とされるものなど，様々な性質を持つものに分類される）。また，上級機関から下級機関への命令だけではなく，権限を行使する行政機関自らが公正かつ適正な事務処理のために定める基準もあり，行政手続法に定める**審査基準**（行手5条），**処分基準**（行手12条）はその例である。補助金の支給基準等につき定める補助金支給要綱もこの例に含めることができる。

(2) 解釈基準と裁量基準

学説においては，行政規則は，法律の解釈について定める解釈基準と，裁量権の行使の基準を定める裁量基準とに区別されている。ここで，解釈基準と裁量基準について説明しておこう。

行政活動をする際に，行政機関による法令の解釈が不統一にならないように，法令解釈の基準として定められるもの，これが**解釈基準**である。法律で課税の対象を「遊戯具」と定めていた場合に，「パチンコ球遊器（パチンコ台）」も遊戯具として課税対象とすべきことを示す通達は，この解釈基準にあたるものと

2 行政規則 ● 57

いえる（参考，最判昭和 33・3・28 民集 12 巻 4 号 624 頁）。これに対して，行政決定について行政機関に判断の余地（裁量）が与えられている場合に，この判断のあり方の基準を定めるのが**裁量基準**である（裁量については第 **4** 章 ② を参照）。例えば，国の公務員が上司の命令に従わない場合，任命権者は，「免職，停職，減給又は戒告の処分をすることができる」（国公 82 条 1 項）と定められているが，処分をするのかどうか，また，どの処分を選択するかは，法律の規定のみから一義的に決まるものではない（任命権者の判断〔裁量〕に委ねられている）。このような場合に，処分（行政決定）をする行政機関が統一的かつ公平に処分をするために定められる処分の基準（行政規則）が裁量基準である。

(3) 行政規則は「法規」ではない

行政規則とは，行政機関が策定する行政活動の基準のうち，法規ではないもの（私人の権利義務に関係する規律ではないもの）である。行政規則が「法規」ではないとは具体的にはどのような意味だろうか。QUESTION に挙げた例をもとに考えてみよう。

QUESTION に登場する墓埋法の解釈に関する通達の法的効力が実際に争いとなった事案がある。この事案において，最高裁は，「元来，通達は，原則として，法規の性質をもつものではなく，上級行政機関が関係下級行政機関および職員に対してその職務権限の行使を指揮し，職務に関して命令するために発するものであり，このような通達は右機関および職員に対する行政組織内部における命令にすぎないから，これらのものがその通達に拘束されることはあつても，一般の国民は直接これに拘束されるものではな」いと判示している（最判昭和 43・12・24 民集 22 巻 13 号 3147 頁［百選 I 55］〔墓地埋葬法通達事件〕）。

もっとも，下級行政機関が通達に拘束されるのであれば，下級行政機関は，異宗派であることを理由に埋葬を拒否した者を墓埋法 21 条の罰則の適用のために刑事告発したり，19 条に基づいて墓地経営許可を取り消したりするであろう。そうすると，通達は私人の権利に影響を及ぼしているようにも思われる。しかし，通達は法規でないため，裁判所による判断の基準（裁判規範）にならず，通達に違反して埋葬拒否をしても，裁判所はこれを適法と判断することができ，独自に「正当の理由」を解釈して，埋葬拒否した者を無罪にしたり，墓

58 ● CHAPTER **3** 行政立法

地経営許可の取消処分を違法と判断したりすることができる。それゆえ，通達は私人を拘束しないといえるのである。

　本件の通達と同じ内容が，行政規則ではなく，法律の委任を受けた法規命令（法律の施行規則など）として定められていた場合にはどうなるであろうか。法規命令は私人も裁判所も拘束する。つまり，裁判所は，法規命令が法律の委任に基づいて適法に制定されたものであれば，これに従って裁判をしなければならず，墓地の経営者が法規命令の内容に反して埋葬を拒否した場合には，それを「違法」と評価することになろう。

2　行政規則と司法審査

　裁判所は行政規則の内容にかかわらずに法律の解釈を行うとすれば，行政規則の内容の違法性は訴訟上の問題とはならないといえそうである。

　もっとも，一部の行政規則（特に裁量基準）については，その訴訟上の意味が認められる場合がある。例えば，行政処分について裁量基準が設定されている場合，行政処分の違法性を審査するにあたって，裁判所はまず，**裁量基準に不合理な点がないかどうか**を審査していることが指摘されている。原子炉設置許可処分取消訴訟において原子炉施設の安全性に関する被告行政庁の判断の適否が争われた事案において，最高裁は，裁判所の審理判断のあり方として，行政の調査審議において用いられた具体的審査基準に不合理な点がないか，あるいは原子炉施設が当該審査基準に適合するとした行政の調査審議および判断の過程に過誤・欠落がないかについて審査をするという枠組みを提示している（最判平成4・10・29民集46巻7号1174頁［百選Ⅰ77］〔伊方原発訴訟〕）。学説には，ここで示された審査の枠組みは，行政の策定した審査基準（学説上の分類では，裁量基準にあたるもの）を，裁判所が行政判断の適法性について審査するための一つの手がかりとしているのではないかとの分析がある（裁量行為の司法審査については，第**4**章②**2(1)**を参照）。

　また，裁量基準の存在は，私人に対し，行政の裁量権行使が裁量基準に沿って行われるであろうという**予測可能性**を与えるものと考えられる。このため，行政が裁量基準に従った行動をするであろうと予測（信頼）する私人について，裁判所がその予測（信頼）を保護すべき必要性や，行政が裁量基準の適用に際

②　行政規則　● 59

し平等を保つべき必要性などが，訴訟において考慮されることになるのではないかという議論もある。近時，最高裁は，狭義の訴えの利益の問題に関する事例のなかで，過去の処分歴を新しい処分の加重事由とすると定める裁量基準（行政手続法上の処分基準）が存在する場合，「裁量権の行使における公正かつ平等な取扱いの要請や基準の内容に係る相手方の信頼の保護等の観点から……行政庁の後行の処分における裁量権は当該処分基準に従って行使されるべきことがき束されて」いるとの判断を示しており，学説においても注目されている（最判平成 27・3・3 民集 69 巻 2 号 143 頁［百選 II 175］）（取消訴訟の「狭義の訴えの利益」については第 **10** 章 ② **4** を参照）。

CHECK

① 法規命令とは何だろうか。具体的にどのようなものがあるかを考えながら，法規命令はなぜ必要とされるのかについて，説明してみよう。

② 法規命令の統制はどのように行われているのだろうか。

③ 行政規則とは何だろうか。具体的にどのようなものがあるかを考えながら，行政規則はなぜ必要とされるのかについて，説明してみよう。

④ 行政規則は法規ではないとはどのような意味なのだろうか。司法審査において，裁判所は行政規則をどのような性質のものとみているだろうか。

CHAPTER

第**4**章

行 政 行 為

私人の権利義務や法的地位を，
権力的・具体的に変動・確定させる行政活動

　私法関係において私人間の法律関係を変動させる行為の代表的なものが「契約」であるとすると，行政法関係において行政主体と私人との間の法律関係を変動させる中心的な行為形式が「行政行為」である。当事者双方の合意を必要とする契約とは異なり，行政行為は，私人との合意を要件とせず，行政の一方的な判断により行われるところに特徴がある。

　公安委員会による運転免許の停止（免停）という行政行為を例にしてみよう。公安委員会は，私人（免許の保有者＝行政行為の相手方）が望むと望まないとにかかわらず，法律上の要件に合致する場合には免許停止を行うことができる。この免許停止（行政行為）により，相手方である私人は，免許の停止期間中，道路を（適法に）運転することができなくなる。このように，行政行為には，権力的（一方的）かつ具体的に私人の法的地位を変動・確定させる法律行為であるという特徴がある。

　行政行為は，私人間には存在しない権力的な行為形式であり，契約などの私法上の行為にはない様々な特色を有している。本章では，行政行為にはどのようなものがあるか，行政行為にはどのような効力が認められているか，行政行為が違法な場合に，その違法はどのように是正されるかといった問題について学ぶ。

1 行政行為

1 行政行為とは

CASE

A県では，計画中の道路建設事業の推進のため，道路建設のための事業地を確保する必要が生じることとなった。A県はまず，事業地に土地を所有する所有者らに対して，その所有地を県に売却してくれないかともちかけてみた。多くの所有者は，A県の申込みを受けいれ，県と所有者との間で土地の売買契約が成立した。しかし，土地所有者Bは，A県の申込みを受けいれることはなかった。

Bの土地が入手できないとなると，このままでは，道路建設事業を推進できなくなってしまう。土地所有者Bの合意なしに，A県が，Bの土地を強制的に取得する方法はあるのだろうか。

(1) 行政行為とは何だろうか——契約との違い

CASEでは，A県が私人から土地を入手する方法として，契約（土地の売買契約）を挙げた。契約による土地の取得のためには，土地の所有者との合意が必要である。それでは，土地所有者の合意が得られない場合はどうすればよいのだろうか。A県は，Bの合意が得られない限り，道路建設事業を推進できなくなってしまうのだろうか。

このような場合に用いられるのが土地収用制度である。土地収用制度は，憲法29条3項（「私有財産は，正当な補償の下に，これを公共のために用ひることができる」）に基づき，土地収用法によって定められている。

道路建設などの公共事業を実施する者（起業者）が，土地を収用するためには，まず，土地収用法に基づき，国土交通大臣または知事に事業認定を申請し，当該事業が，土地を収用してでも実施するに値する公益性を有することの認定を受けなければならない。事業認定を受けた場合，起業者は，各都道府県の収用委員会に収用裁決の申請を行う。収用委員会はこの申請に基づいて収用裁決（権利取得裁決。収用48条）を行い，収用する土地の区域・土地に対する損失の補償・権利取得の時期（権利の取得または権利を消滅させる時期）等を決定する。

62 ● CHAPTER **4** 行政行為

裁決があると，起業者は，権利取得の時期までに土地所有者に補償金を支払い（土地所有者が受領を拒否する場合などにおいては供託することができる），権利取得の時期に土地の所有権等を取得することになる。

このように，裁決は，契約とは違って，土地所有者の同意がなくても所有権を起業者に取得させる法的効果を有しているのである。

行政法関係においても，行政目的の達成のために，契約という行為形式が用いられることは少なくない（第5章を参照）。しかし，CASE に挙げた公共事業の領域において，事業予定地に土地を所有するすべての私人の合意を得る（契約方式によって土地を取得する）しか方法がないとすれば，公共事業の実現は不可能となるか，または，不可能とはならないまでも相当に長期の時間がかかってしまうおそれがある。このような場合に備え，土地収用法の立法者は，法律の定める所定の要件・手続を満たす場合に，必ずしも私人の合意を要せずとも，**行政の一方的な判断**（「裁決」という行政行為）で私人の土地所有権を変動させる仕組みを設けたのである。

このように，**行政の一方的な判断で私人の権利義務を変動・確定させる行政の活動を，行政行為**という。CASE において考えられる方法として，収用委員会の裁決による土地の取得があるが，この裁決は，収用委員会がBの所有していた土地の所有権を起業者に取得させる内容を一方的に決定するものであり，行政行為である。

(2) 行政行為と他の行為形式との違い

行政の行う行為のうち，どのような行為が行政行為にあたるのだろうか。行政行為の概念を，他の行為形式と比較しながら整理しよう（図表4.1）。

図表 4.1 行政行為と他の行為形式との比較

①権力的（一方的）⟸⟹非権力的（第5章行政契約，第6章行政指導）
②具体的 ⟸⟹抽象的 （第3章行政立法〔法規命令〕）
③権利義務の変動 ⟸⟹事実行為（第6章行政指導，第7章強制執行・即時強制）

行政行為は，一方的に（私人の同意を要件とせずに）法律上の地位を変動させる権力的活動であり，この点で，非権力的活動である**行政契約**や**行政指導**と区

1 行政行為 ● 63

別されている。また，具体的な規律を行うという点において，**法規命令**（抽象的な規律を行う行為）と区別される。例えば，人事院規則（法規命令）は，すべての公務員に対して一定の政治的行為が禁止されること等をルールとして定めるものであるが，人事院規則そのものが特定の公務員に何らかの具体的な法効果を与えるものではない。これに対し，公務員が人事院規則の定めに違反し，懲戒事由となる政治的行為があったと認定した上で行われる（免職等の不利益を与える）懲戒処分は，具体的な法効果を有する行政行為である。

さらに，行政行為は私人の権利義務を変動させる法行為であるという点において，事実行為である**行政指導**や**強制執行・即時強制**と区別される（法行為と事実行為については，序章③3を参照）。

(3)「行政行為」と「行政処分」

行政行為という言葉は，法律のなかには登場しない，学問上（行政法学上）の用語である。行政手続法，行政不服審査法，行政事件訴訟法のなかでは，学問上の行政行為に近い概念として，「**行政庁の処分**」，「**処分**」という文言が用いられている。最高裁は判決のなかで，行政事件訴訟法の前身である行政事件訴訟特例法にいう「処分」とは，「公権力の主体たる国または公共団体が行う行為のうち，その行為によつて，直接国民の権利義務を形成またはその範囲を確定することが法律上認められているもの」（最判昭和 39・10・29 民集 18 巻 8 号 1809 頁［百選Ⅱ148]），と定義しており，この定義は，行政行為の概念とほぼ一致する。ただし，上記の（行政手続法などの）法律は，この狭義の処分に加えて，「**その他公権力の行使にあたる行為**」も「処分」の概念に含めていることから，これら法律で定める「処分」には権力的事実行為も含まれると解されている。

行政手続法上の「処分」にあたる行為については，同法が定める事前手続を踏むことが義務づけられる。また，行政不服審査法や行政事件訴訟法上の「処分」にあたる行為には，不服申立てや抗告訴訟の対象性が認められる。このように，「処分」にあたるかどうかは私人の権利保護にとって重要な意味をもっているといえる。近時，裁判を通じた私人の救済範囲拡大の動きのなかで，狭義の処分（学問上の行政行為）にも権力的事実行為にもあたらない行政活動や，地方議会が定める条例等についても，「処分」と位置づけて救済を認めていこ

64 ● CHAPTER4 行政行為

うとする判例が登場していることが注目されている（「処分性」については第**10**章②**2**を参照）。

2 行政行為の分類

(1) 法律行為的行政行為と準法律行為的行政行為

行政行為は，様々な観点から分類されている。

行政行為の伝統的な分類として，法律行為的行政行為と準法律行為的行政行為という分類がある。これは，民法の法律行為論を手本とした整理である。

(a)法律行為的行政行為とその分類　　**法律行為的行政行為**とは，行為者（行政庁）の**効果意思**（法効果を発生させようという意思）に対応した法効果を発生させる行為である。法律行為的行政行為の一例に，飲食店等の営業許可（許可）がある。私人が行う営業活動のなかには，行政から許可（営業許可処分）をもらわないと営むことができないものがあるが，この場合に行政が行う「許可」という行政行為には，「許可の相手方に対して，営業の禁止状態を解除して，営業することを認める」という行政庁の意思が含まれている。これが，「行政庁の効果意思」である。

法律行為的行政行為は，命令的行為と形成的行為とに区分される。**命令的行為**とは，私人が本来的に有する権利の制限などに関わる行政行為であり，どのような効果意思が表示されるかにより，**下命・禁止・許可・免除**という4種類に区別される（図表4.2）。

図表 4.2　命令的行為の4区分

	発生させる	消滅させる
不作為義務	禁止 （違法な建築の中止命令など）	許可 （自動車の運転免許，飲食店の営業許可など）
作為義務	下命 （違法な建築物の除却命令など）	免除 （税の減免など）

形成的行為とは，私人が本来的には有していない権利や地位を与えるなどの行政行為をいう。代表的なものが**特許**であり，その例として，海などの公有水面の埋立免許（公有水面埋立法）や，行政財産の目的外使用許可（国財18条6項，自治238条の4第7項）がある。また，契約など私人間の法律行為の効果を完成

1 行政行為 ● 65

させる行為である**認可**も形成的行為の一つとされている。認可を受けずに契約を締結すると，（刑罰などの制裁を受けることはないが）当該契約は無効になる。

(b)**準法律行為的行政行為とその分類**　　**準法律行為的行政行為**とは，行為者（行政庁）の効果意思以外の精神作用（判断・認識等）について，それがなされたことに対して法律が一定の法効果の発生を定めている行為である。

準法律行為的行政行為は，どのような精神作用がなされるかによって区別がされている。特定の事実または法律関係の存否についての確定をする行為を**確認**（建築確認など），法律関係の存否について公に証明する行為を**公証**（選挙人の名簿への登録など），一定の事実を知らせる行為を**通知**（行政上の代執行の戒告・代執行令書による通知など〔代執3条。行政代執行法の戒告・通知については第7章①2(2)を参照〕），他者からの行為を受け取る行為を**受理**（各種届出書の受理など），という。

(2) 侵害的行政行為と授益的行政行為

名あて人である私人の権利・利益との関わりにより，行政行為が区分されることもある。営業停止処分や免許取消処分のように，私人に対し，権利を制限したり義務を課したりする行為を**侵害的行政行為**（負担的行政行為，不利益処分）という。これに対し，営業許可や税の免除のように，私人に，権利を付与したり義務を免除したりする行為を，**授益的行政行為**（利益的行政行為，利益処分）という。

電力会社を名あて人とする原子炉設置許可処分のように，処分（行政行為）の相手方（名あて人）との関係では授益的であるが，第三者である周辺住民に対しては，事故の危険にさらされるなどの不利益をもたらす（侵害的）といえるものもある。このような行政行為を，**二重効果的行政行為**と称する学説もある。

(3) 申請に対する処分と不利益処分

行政手続法は，行政行為（「行政庁の処分」）を「申請に対する処分」と，「不利益処分」との2種類に区別し，それぞれについて異なる手続を定めている（図表4.3）。

66 ● CHAPTER**4** 行政行為

図表 4.3 処分の 4 類型——行政手続法に定める処分の位置づけ

	授益的行政行為（処分）	侵害的行政行為（処分）
申請に対する処分	申請認容処分 （行政手続法の「申請に対する処分」）	申請拒否処分 （行政手続法の「申請に対する処分」）
職権による処分	職権による授益処分	職権による侵害処分 （行政手続法の「不利益処分」）

　行政手続法の定める行政行為（「行政庁の処分」）は，行政庁の処分のすべてをカバーするものではない。行政庁の職権による授益処分のように，行政手続法の定める 2 種類の処分以外にも行政処分が存在していることに注意が必要である（行政手続については，第 **8** 章で説明する）。

3　行政行為の効力

(1) 公定力と不可争力

> **CASE**
>
> 　B のもとに，A 県土地収用委員会から権利取得裁決が届いた。この権利取得裁決には，B の所有する土地を，＊＊円の補償金を支払うことにより，令和＊年＊月＊日に取得すること，などが記載されていた。
> 　B は，この裁決は違法であり，A 県が土地の所有権を取得することはないと考えている。裁決の違法を理由として，B は土地の所有権が自身に存在することを主張し続けることはできるのだろうか。

　1 の CASE の続編として，B に対して，収用委員会からの裁決が届いたという場面について考えてみよう。**1**(1)で説明した通り，権利取得裁決があると，起業者は補償金を支払い（または供託し），土地の所有権等を取得することになる。この場合，裁決が違法であるという理由により，B が，土地の所有権が自分に存在することを主張し続けることはできるのだろうか。裁決が行政行為であることを念頭に置きつつ，CASE に沿いながら，収用委員会の**裁決の効力**の問題についてみていくこととしよう。

　(a)**公定力**　　行政行為が違法であっても，権限ある国家機関がこれを取り消すまでは，有効なものとして私人を拘束すると解されている。これを行政行為の**公定力**という。

1　行政行為　● **67**

行政行為の違法を理由にしてその効力を失わせることができる訴訟は，行政
事件訴訟法が定める取消訴訟のみであると解されており（これを**取消訴訟の排他
的管轄**という。第**10**章 **1**1**(1)**を参照），Ｂが収用委員会の裁決の効力を否定して
土地が自分のものであると認めてもらいたければ，裁決（行政行為）の取消訴
訟（これは，行政事件訴訟法では，3条2項の「処分の取消しの訴え」になることに注
意）を提起して，裁決を取り消してもらう必要がある。裁決が仮に違法であっ
ても，取消訴訟で取り消されるまでは有効とされる（土地は起業者のものとされ
る）ので，Ｂは，民事訴訟を提起して所有権の確認（収用裁決が違法であること
を前提とした所有権の確認）を求めることはできない。

　かつては，行政行為は，権威ある国家機関の行為として適法性の推定を受け
ることから**公定力**という特殊な効力を有し，これを失わせるには取消訴訟とい
う特殊な訴訟によらなければならない（公定力排除訴訟としての取消訴訟）と考
えられていた。しかし，今日では，公定力とは，取消訴訟の排他的管轄という
訴訟法上の仕組みを行政行為の効力として表現したものにすぎないと解されて
いる。

　このように，公定力とは，行政行為の効力を取り消す訴訟が取消訴訟に限定
されることを意味するが，このような取扱いにならない場面も存在する。

　まず，行政行為が重大かつ明白な違法性を有し，取消訴訟によって取り消す
までもなく無効である場合がある（無効については本章**3**2で説明する）。

　それ以外に，①行政行為の違法を国家賠償請求訴訟において主張する場合と，
②行政行為の違法を刑事訴訟において主張する場合，がある。これらの場面を
「公定力の限界」と表現することもある。

　営業停止命令を受けた飲食店経営者が当該命令の違法性を主張して，当該命
令によって被った損害につき国家賠償請求訴訟を提起するような場合（上記①）
は，行政行為の違法を主張するだけで，その効力を否定する主張をするわけで
はないので取消訴訟の排他的管轄には抵触しないと解されている。また，行政
行為に違反した罪に問われた者が，刑事訴訟で無罪を主張するために当該行政
行為の違法を主張する場合（上記②）については，この問題は当該刑罰規定の
構成要件解釈の問題であるから，当該刑罰規定が適法な行政行為に違反したこ
とを構成要件としていると解釈される場合には，無罪判決を得るために行政行

68 ● CHAPTER4 行政行為

為の違法を主張することができると解されている（他方，違法であっても有効に存在している行政行為に違反したことが構成要件であると解される場合は，取消訴訟においてあらかじめ行政行為を取り消すことのなかった者〔違反者〕は，刑事訴訟で行政行為の違法性を主張できなくなる）。取消訴訟においてあらかじめ行政行為を取り消した後でなければ刑事訴訟で行政行為の違法性を主張できないとすると，起訴されるかもしれないと考える私人に取消訴訟の出訴を強要することとなり，これは私人にとって酷であることを指摘する考え方もある。

(b)**不可争力**　行政事件訴訟法は，取消訴訟について，出訴期間を制限する定めを置いている。取消訴訟は，処分があったことを知った日から6か月または処分があった日から1年以内に提起しなければならない（行訴14条1項・2項。出訴期間については第**10**章②**5**を参照）。出訴期間が過ぎてしまった後は，取消訴訟を提起することができず，（行政処分が訴訟で取り消すまでもなく無効である場合を除いて）私人の側から訴訟によって処分の効力を否定することができなくなる。取消訴訟の出訴期間が過ぎてしまうと，私人から行政行為の違法を争えなくなること，これが行政行為の**不可争力**である。

CASE の場合，土地収用法133条1項は，収用委員会の裁決に関する訴えについて，裁決書の正本の送達を受けた日から3か月という短期の出訴期間を定めているので，Bは，3か月以内に，裁決の取消訴訟を提起しなければならず，これを過ぎると，裁判所に訴えを提起しても却下されてしまうこととなる。

▌(2) 不可争力と違法性の承継▐

　ある行政行為を前提にして後続の行政行為が行われる場合に，先行行為（先に行われた行政行為）が違法であれば，その違法性が後続行為（後に行われる行政行為）に引き継がれ，後続行為も違法になることを**違法性の承継**という。

　違法性の承継は，行政行為の不可争力の議論と関わっている。行政行為には不可争力が認められることから，後続する行政行為がある場合であっても，原則として，先行行為の違法性は後続行為の違法性の問題には承継されないと解されている。先行行為の出訴期間が徒過した後でも後続行為の取消訴訟でその違法性を自由に主張できるとしたら，不可争力を認めた意味が失われてしまうからである。

課税処分を例にとって考えてみよう。納税者に対して，課税処分（先行行為）が行われた場合，納税者がこの行政行為の効力を否定するには，課税処分に対する取消訴訟を提起する必要がある。そのまま税金を支払わないでいると，納税者には滞納処分（法定の納期限までに納付されない租税債権につき，徴収権者が債権を強制的に徴収するために行う差押処分および公売処分〔換価〕など）が続くことになる。いま，納税者Ａに違法な課税処分がなされたが，すでに課税処分の出訴期間は徒過していて取消訴訟を提起することができない状況があるとしよう。この場合，課税処分と滞納処分の間の違法性の承継は認められない（滞納処分の取消訴訟において，課税処分の違法性を主張することはできない）と解されている。

　しかし，例外的に違法性の承継が認められる場合もある。最高裁判決にも，先行行為の違法性が後続行為に承継されることを認めたものがある（最判平成21・12・17民集63巻10号2631頁［百選Ⅰ84］〔たぬきの森事件〕）。このケースは，東京都内に建築が予定されていたマンションについて，都建築安全条例に基づき区長が安全認定（先行行為）を行い，それを前提として区の建築主事が建築確認（後続行為）を行ったところ，マンション建築に反対する周辺住民らから，建築確認の取消訴訟が提起されたものである（安全認定の取消訴訟も提起されていたが，こちらは出訴期間徒過を理由に原審で却下されており，安全認定の違法性は建築確認の取消訴訟において主張されることとなった）。最高裁は，①安全認定と建築確認はもともと一体的に行われていたものであり，同一目的を達成するために行われ，両者が結合してはじめてその効果を発揮すること，②安全認定があってもこれを申請者以外の者に通知することは予定されておらず，周辺住民等がその存在を速やかに知ることができるとは限らないので，周辺住民等には安全認定の適否を争うための手続的保障が十分に与えられているというのが困難であること，③周辺住民等は安全認定の段階でただちに不利益を被るものではなく，建築確認の段階まで争訟の提起をしないことは不合理ではないこと，という理由で，安全認定から建築確認への違法性の承継を認めている。

　最高裁判例の①から③までの判断内容に照らすと，先に挙げた課税処分と滞納処分の関係はどうなるだろうか。まず，①については，租税債務を生じさせるのが課税処分であり，私人が自発的に税を納付しない場合に租税を強制的に

70 ● CHAPTER4 行政行為

徴収するのが滞納処分であるから，課税処分と滞納処分は異なる目的・効果を
有しているといえる。次に，②については，課税処分はその相手方に直接通知
されるものであり，処分の相手方は課税処分の存在を了知することは可能であ
る。さらに，③については，課税処分によって税の納付を義務づけられたら，
その段階で争訟を提起することを考えるのが合理的といえるだろう。したがっ
て，①から③までのいずれの観点からしても，違法性の承継は認められないと
いうことになろう。

(3) 自力執行力

　私人が行政行為によって課された義務を履行しない場合に，行政庁が，裁判
判決を得ることなく，行政行為の内容を自力で実現することのできる効力を，
自力執行力（執行力） という。私人間では原則として自力執行（自力救済）は禁
止されているが，行政行為によって課せられた義務の履行については，（すべ
ての義務についてではないものの，）行政代執行法やその他の法律において自力執
行が認められている。

　行政行為の自力執行力は，行政行為によって課せられた義務の履行を迅速か
つ確実に図る必要性から認められるものと説明されている。例えば，課税処分
を受けても納税をしない私人がいた場合，行政が裁判を起こし，勝訴判決を得
た上で裁判所に執行してもらうしかないとすれば，税金の回収に長い時間と多
大なコストがかかり，円滑な行政活動が妨げられてしまうおそれがある。そこ
で，法律（国税徴収法）には，課税処分については，税金の未払者に対して督
促をした上で，最終的には行政が（裁判によることなく）未払者の財産を差し押
さえ，換価し，税金分を徴収することができる仕組みが用意されているのであ
る。

　戦前の行政法学では，自力執行力は行政行為に本来備わったものと考えられ
ていた。しかし現在は，自力執行力が認められるためには，行政行為の根拠法
のほかに，その執行のための法律の根拠が別途必要となると解されている。こ
のため，行政行為によって課された義務であっても自力執行が認められていな
いものも多い（詳しくは，第**7**章❶を参照）。

1 行政行為 ● 71

(4) 不可変更力

不可変更力とは，一度行った行政行為について，行政行為を行った行政庁（処分庁）自らが取り消したり変更したりすることができない，とする効力である。不可変更力はすべての行政行為に認められるものではなく，行政上の不服申立てに対する裁決等のような，**争訟裁断的性質をもつ行政行為**等について認められるものである（行政上の不服申立てについては，第**11**章を参照）。

争訟裁断的性質を有する行政行為について不可変更力が認められるのは，行政庁が自らその判断を覆して裁断のやり直しをすることを認めてしまうと，無限に争いが繰り返されて事態の収拾がつかなくなるおそれがあるためである。最高裁の判決にも，農地委員会の裁決につき，裁決は他の一般的な処分とは異なり，特別の規定がない限り裁決庁自らが取り消すことはできないと判示したものがある（最判昭和 29・1・21 民集 8 巻 1 号 102 頁［百選 I 69]）。

4 附 款

(1) 附款とは

行政行為の**附款**とは，行政行為の主たる法効果（例えば，運転免許〔学問上の分類では「許可」という法律行為的行政行為〕であれば，「道路で自動車を運転することが適法に認められる」という効果）に，従たる内容を付加するものである。例えば，視力が一定の基準に達しない者が保有する免許であれば，その免許証に「免許の条件等 眼鏡等」という項目が記載されていることに気がつくだろう。この「免許の条件等」とされている付加部分（運転をするときには，「眼鏡等」をつけなければならないとする部分）が，学問上，附款といわれるものである。

附款は，行政行為に付加される従たる意思表示といわれるものであり，その機能は，状況に柔軟に対応した形で行政行為を行うことを可能にするところにある。運転免許証の例に戻って，免許を申請した者の法令の知識や運転技術は十分であるが，視力が基準に達しておらず，無条件で許可を与えると危険であるというケースについて考えてみよう。附款という手法がなければ，免許権者は，申請者に免許を与えないという結論に至るかもしれない。このような場合に，「運転に際しては眼鏡をかけるように」という附款を付すことによって，

72 ● CHAPTER 4 行政行為

許可を与えるにあたっての懸念（視力が基準に達しない者が眼鏡やコンタクトレンズなしに道路で自動車を運転することへのリスク）を減じた状態で免許を付与することが可能となるのである。

附款を付すことができることについて，行政行為の根拠法に定めが置かれている場合もあるが，このような定めがなくとも，根拠法に反しない限りで附款を付すことは許されると解されている。

附款が付された行政行為（例えば，営業時間を制限するという附款を付された営業許可処分）を受けた者が，附款を違法と考える場合に，附款を含めた行政行為全体の取消しを求めるしかないのか，附款部分のみの取消しを求めることができるかについては，議論がある。

(2) 附款の種類

附款は，法律の条文では「条件」と規定されていることが多い。理論的に分類すると，以下のようなものがある。

(a)**条 件** 行政行為の効力の発生または消滅を，将来発生不確実な事実にかからせるもの（道路の通行禁止に「橋が完成するまで」と付加するものなど）。

(b)**期 限** 行政行為の効力の発生または消滅を，将来発生確実な事実にかからせるもの（運転免許に「有効期間」を付加するものなど）。

(c)**負 担** 行政行為の相手方に一定の義務を課するもの（運転免許に「免許の条件等　眼鏡等」を付加するものなど）。負担は，条件や期限とは異なり，（附款が付される）行政行為の効力を左右するものではない。運転免許証の例に戻れば，運転者が眼鏡等なしに運転をしても無免許運転とみなされることはなく，道路交通法に規定された罰則等の対象になるにとどまる。

(d)**撤回権の留保** 許認可などにつき，将来これを撤回することがある旨を留保するもの（公用財産の占用許可に，「行政目的に使用する必要が発生した場合には撤回する」ということを付加するものなど）。

1 行政行為 ● 73

2 行政裁量

▷ 行政行為をするにあたって行政に認められる判断の幅

QUESTION

　　　　　　　医師法には，医師免許の免許権者（厚生労働大臣）の権限について次のような規定が置かれている。３条と４条，７条１項の下線部を読み比べて，厚生労働大臣が医師免許を与える際および処分をする際の判断の仕方がどのように違うのか，考えてみよう（なお，下線は筆者が付したものである）。

　２条　医師になろうとする者は，医師国家試験に合格し，厚生労働大臣の免許を受けなければならない。
　３条　未成年者には，<u>免許を与えない</u>。
　４条　次の各号のいずれかに該当する者には，<u>免許を与えないことがある</u>。
　　一　心身の障害により医師の業務を適正に行うことができない者として厚生労働省令で定めるもの
　　二　麻薬，大麻又はあへんの中毒者
　　三　罰金以上の刑に処せられた者
　　四　前号に該当する者を除くほか，医事に関し犯罪又は不正の行為のあつた者
　６条①　免許は，医師国家試験に合格した者の申請により，医籍に登録することによつて行う。
　（②・③略）
　７条①　医師が第４条各号のいずれかに該当し，又は医師としての品位を損するような行為のあつたときは，厚生労働大臣は，次に掲げる<u>処分をすることができ</u>る。
　　一　戒告
　　二　三年以内の医業の停止
　　三　免許の取消し

1　行政裁量はどのような場合に認められるか ────────●

⌈(1) 行政裁量とは⌋

　立法者が法律の枠内で行政に認めた判断の余地を，**行政裁量**という。法律の条文は，通常，「○○の場合には，△△をすることができる（またはしなければならない）」という「要件＋効果」の形式で定められている。そして，要件認定と，要件が充足された場合に法効果を発生させるか（またはどのような法効果を発生させるか）のそれぞれの段階に，行政庁の判断の余地があるかどうかが問題となる。行政庁が決定（行政行為）をするにあたって立法が裁量（判断の余

74 ● CHAPTER **4**　行政行為

地）を認めている行為を**裁量行為**，裁量を認めない行為を**羈束行為**という。

　まず，QUESTION に挙げた医師法の例によりながら，「**羈束行為**」とはどのようなものなのかということから，具体的なイメージをつかんでいくこととしよう。医師法は，医師になろうとする者は医師国家試験に合格し，厚生労働大臣の免許を受けること（2条），医師免許は，国家試験に合格した者が申請すること（6条），を定めている。そして，3条は，「未成年者」には，「免許を与えない」と定めている。該当者が未成年者か否かというのは一義的に判定できるから，未成年者に該当するか否かの認定（要件認定）には，裁量は認められないということになる。また，未成年者にあたる場合には，厚生労働大臣は免許を与えないという判断しかできない。つまりこの場合，免許を与えるか，与えないか（法効果）についても，免許権者（厚生労働大臣）には判断の余地は与えられていないということになる。このように，要件の認定および法効果の発生のいずれの段階においても行政庁には判断の余地（裁量）が与えられていない行為，これが羈束行為である。

(2) 裁量行為——要件裁量と効果裁量

　続いて，「**裁量行為**」——要件裁量と効果裁量——とはどのようなものかについてみてみよう。

　医師法7条1項は，戒告等をする場合の要件について「医師としての品位を損するような行為のあつたとき」として，一義的に定まる内容を示す形（表現）による規定をしていない（これを**不確定概念**という）。したがって，この規定の適用にあたって，厚生労働大臣には，該当者が医師としての品位を損する行為をした者であるかどうか（要件認定）についての判断の余地が認められていると解することができる。このように，行政庁が要件認定を行う際に判断の余地が認められているものを**要件裁量**という。要件裁量を認める例として，「法務大臣は，当該外国人が提出した文書により在留期間の更新を<u>適当と認めるに足りる相当の理由があるときに限り</u>，これを許可することができる」（入管21条3項），「都道府県知事は，安全な狩猟の実施の確保，鳥獣の保護又は管理その他<u>公益上の必要があると認めるとき</u>は，猟区の認可を取り消すことができる」（狩猟72条1項），懲戒処分の要件である「<u>国民全体の奉仕者たるにふさわ</u>

2 行政裁量 ● 75

しくない非行のあつた場合」（国公82条1項3号）といった条文（下線部分）を
挙げることができる。

これに対して，**効果裁量**とは，要件が充足されている場合に，法効果を発生
させるか，また，どのような法効果を発生させるかに関わる判断の余地である。
医師法4条は，「免許を与えないことがある」と規定しているから，4条各号
に該当する者には原則として免許が与えられないこととなるが，免許が与えら
れる場合もありうるということになる。つまりこの場合，厚生労働大臣には，
免許を与えるか，与えないかについての判断の余地が認められているといえる。
また，医師法7条1項のように，処分をするかしないかの判断に加え，複数の
処分（戒告，3年以内の医業の停止，免許の取消し）のうちから一つの処分を選択
できる規定になっている場合も，効果裁量の例である。国家公務員法82条1
項にも，「職員が，次の各号のいずれかに該当する場合においては，これに対
し懲戒処分として，免職，停職，減給又は戒告の処分をすることができる」と
の規定があるが，これも効果裁量を認めた規定の一例である。一般に，行政活
動について「取り消すことができる」とか「命じることができる」といったよ
うに，「……できる」という言葉が用いられた場合には，効果裁量を認める趣
旨であることが多い。

2　裁量行為の法的統制 ●

(1) 裁量行為の司法審査

ここまで，本書では，裁量を，法律の条文との関係において検討してきたが，
裁量という概念は，主として，行政行為が司法審査の対象となる場面で，司法
審査が全面的には及ばないという現象を示すものとして用いられるものである。
立法者が将来生じることをすべて予想して詳細な条文を定めておくことは不可
能であるから，これまでに挙げた例のように，ある程度幅をもたせた条文を定
めざるをえないことは少なくない。このような条文を適用して行政庁が行った
行政行為の違法性が裁判で争われる場合に，裁判所はどのように審査をすべき
かが問題となる。

戦前の伝統的な行政法学は，行政裁量を，司法審査に服するもの（**法規裁量**）
と服さないもの（**自由裁量**）とに二分し，法規裁量行為には司法審査が全面的

76 ● CHAPTER **4**　行政行為

に及ぶが，自由裁量行為には司法審査は及ばない（裁判所が違法と判断することはない），と整理していた。そして，司法審査が及ぶかどうかについては，法律の文言を基準とする説や，行政行為が私人の権利を侵害するかどうかを基準とする説があった。

　これに対し，今日の学説・判例は次のような考え方をとっている。まず，司法審査のレベルで裁量が認められる行為であっても，司法審査が全く及ばない自由裁量行為は存在せず，**裁量権を逸脱したり濫用したり**している場合には，裁判所は裁量行為を違法と判断することができる（これを確認的に規定しているのが，行政事件訴訟法30条である）。行政行為が法律の目的を実現するための法執行作用である限り，裁量が認められる行為であったとしても，法律の枠組みから離れた行政庁の恣意的判断は許されるものではないし，平等原則など憲法原則に違反するような行政行為をすることは認められないからである。

　司法審査のレベルにおいて裁量が認められるか否か，また，どの程度の裁量が認められるかについては，法律の文言や，行政行為が私人のどのような権利にどの程度の影響を及ぼすかといった観点に加え，裁判所と行政庁のいずれがその問題についてより適切な判断ができるかという機能的な観点も考慮して，個別的に判断される。例えば，学校教育法に基づいて，文部大臣（当時）が行った教科書検定不合格処分の適法性が争われた事件で，最高裁は，学術的・教育的な専門技術的判断であることを理由に，文部大臣の裁量を尊重すべきものとしている（最判平成5・3・16民集47巻5号3483頁［百選Ⅰ79①］〔家永教科書事件〕）。また，外国人の在留期間の更新の要件である「在留期間の更新を適当と認めるに足りる相当の理由」の判断につき，最高裁は法務大臣の広範な裁量を認めているが，その根拠として，国内の政治・経済・社会等の諸事情，国際情勢，外交関係，国際礼譲などの諸般の事情を考慮して行われる政治的・政策的判断であることが挙げられている（最大判昭和53・10・4民集32巻7号1223頁［百選Ⅰ76］〔マクリーン事件〕）。

(2) 裁量行為の司法審査の手法

QUESTION

　　　　　　　　　行政事件訴訟法（30条）は，裁量行為も，裁量権の逸脱・濫用が認められれば，裁判所において違法と判断されることについて定めている。それでは，「裁量権の逸脱・濫用」があるか否かを審査する際に，裁判所は，具体的に，何を，どのような基準から審査することになるのだろうか。以下に挙げた各々の場合について，整理しながら考えてみよう。

① Aに対して行われた運転免許取消処分の取消訴訟において，Aのなした違反行為の態様，違反行為を行うに至る経緯などの個別具体的な事情を検討し，道路交通法等の関係法令の規定などもみて，Aに対する処分の内容が著しく重きに失するものといえないかどうかを審査する場合。

② Bに対して行われた個人タクシーの免許申請却下処分の取消訴訟において，Bに対してどのような事前手続が行われていたかをみて，処分の事前手続において公正な手続によって免許の許否についての判定がなされていたかどうかを審査する場合。

③ 土地収用法に基づいて行われた事業認定処分について，（処分の相手方ではない）Cが提起した取消訴訟において，処分の要件（収用20条3号。「事業計画が土地の適正且つ合理的な利用に寄与するものであること」）を満たしていたかにつき，処分に至る行政庁の判断の過程において，行政庁が何を考慮し，何を考慮しなかったかなどをみて，行政庁の判断の方法や過程において過誤がなかったかを審査する場合。

　これまで数々の裁判を通じて，裁判所は，行政の裁量権の逸脱・濫用を審査するための様々な手法を生み出してきた。それらの手法を整理する形で，現在，学説においては，裁量行為の司法審査の手法には，裁量行為の内容に着目してその違法の有無について実体的に判断するという手法（**実体的審査**。QUESTION①），裁量行為に至る手続（手続的規定の履践）に違法な点はないかを審査するという手法（**手続的審査**。QUESTION②），裁量行為に至る行政庁の判断過程の合理性について審査する手法（**判断過程審査**。QUESTION③），があると整理されている。

　(a)**実体的審査**　　実体的審査とは，行政裁量の行使の結果としての行政行為の内容（実体）が，法の一般原則などからみた場合に問題がないかを審査する方法である。QUESTION①は，Aに対する処分の内容（免許の取消し）が，個別事情等からみて重すぎないか（比例原則違反ではないか）という観点から処分の実体について審査しているもの（実体的審査の一例）である。比例原則違反と

78 ● **CHAPTER 4** 行政行為

いう観点からの審査をしたと考えられる判例として、処分の選択が重きに失するものとして社会観念上著しく妥当を欠く場合には裁量権の範囲を超える処分となるとして、学校の式典における国歌斉唱等を命ずる職務命令に従わなかった教職員に対して戒告処分を超える重い処分をすることは原則として違法であると判断した判決（最判平成24・1・16判時2147号127頁）がある。

比例原則違反以外の実体的審査の具体的な基準としては、事実誤認（行政行為が、重要な事実の誤った認定を基礎として行われてはいないかを審査する方法。公立大学の学生に対する懲戒処分が全く事実の基礎を欠くものとして違法となるとした原審の判断を正当とした判決〔最判昭和29・7・30民集8巻7号1463頁〕などがある）、目的違反・動機違反（行政行為が、根拠となる法律の趣旨・目的とは異なる目的や動機に基づいて行われていないかを審査する方法。事業者の個室付浴場業開業の阻止を動機・目的として行われた児童遊園の設置認可処分は違法となると判断した判決〔最判昭和53・5・26民集32巻3号689頁〔百選Ⅰ29〕などがある）、信義則違反（行政庁の判断で行った在留資格変更の経緯を考慮することなく新たな更新申請を拒否した処分に裁量権の逸脱・濫用を認めた判決〔最判平成8・7・2判時1578号51頁〕などがある）、平等原則違反（食糧管理法に基づく産米拠出個人割当通知の違法性が争われた事案において、法令上いかなる措置をとるかにつき行政庁の裁量が認められるとしても、行政庁は何らいわれなく特定の個人を差別的に取り扱いこれに不利益を及ぼす自由を有するものではないと述べた判決〔最判昭和30・6・24民集9巻7号930頁、通知の違法性は否定〕などがある）、が挙げられている。

(b)**手続的審査**　　手続的審査とは、行政行為の内容（行政庁の判断の実体的内容）に裁判所が踏み込むのではなく、行政行為を行うまでの手続に、違法がないかを審査する方法である（行政手続については第**8**章を参照）。QUESTION ②において、裁判所は、Bに対して行われた処分の内容（実体）ではなく、処分を行う際の事前手続のあり方について審査をしている。司法審査の対象となるのが、行政手続法が適用される処分であれば、行政手続法に定める手続規定の違反がないかを審査することになる。

手続的審査の手法には、高度な専門性を含む判断や政策的な判断が問題になっているために裁判所が実体的審査をすることが難しい場合にも、公正な手続という観点から行政権限行使のあり方の統制を可能にするメリットがあること

2　行政裁量　●　79

が指摘されている。一方，手続の違法があってもただちに処分の取消事由とはされないという限界もある（手続の違法については第**8**章③を参照）。

(c)判断過程審査　QUESTION③において行われている審査は，実体的審査のように処分の内容をみてその内容を審査するものではなく，また，手続的審査のように手続規定違反の審査にとどまるものでもない。当該処分がなされるまでの行政庁の判断過程を審査して，これが合理性を欠く場合には違法とする手法であり，判断過程審査と呼ばれる審査方法である。

　この判断過程審査は，裁量行為の司法審査において近年多用されている。判断過程審査においては，行政行為をなすにあたっての行政庁の判断過程において，処分事由の有無の判断について考慮すべき事項を考慮していない（考慮不尽）ということはないか，また，考慮すべきでない事項を考慮（他事考慮）してはいないか，といった点が審査される。その結果，裁判所が（行政庁の判断が）合理性をもつ判断として許容される限度を超えた不当なものであると判断すれば，裁量行為は違法とされる。

　判断過程審査を採用した（最初の）判決と位置づけられているのが，日光太郎杉事件控訴審判決である（東京高判昭和48・7・13判時710号23頁）。この判決は，建設大臣（当時）が土地収用法に基づいて国立公園日光山内特別保護地区の一部に属する土地についてした事業認定は，事業認定の要件（土地収用法20条3号の「事業計画が土地の適正且つ合理的な利用に寄与するものであること」）を満たしていなかったとして，違法と判断している。本事案において，事業計画の地区内とされた場所の付近には日光発祥の地としての伝統を有する由緒ある地区があり，事業計画の地区内とされた土地には太郎杉をはじめとする巨杉群が存在していた。判決は，事業計画が上記事業認定の要件を満たすと判断するためには，このような本件土地付近の有する景観，風致，文化的諸価値を犠牲にしてもなお計画を実施しなければならない必要性等が肯定されなければならないと述べ，建設大臣の判断は，本件土地付近の有するかけがえのない諸価値ないし環境の保全という本来最も重視すべきことがらを不当，安易に軽視し，その保全の要請と道路整備の必要性を調和させる手段について尽くすべき考慮を尽くしていないとしている。また，オリンピックの開催に伴う一時的な自動車交通量の増加の予想という目前・臨時の事象は，本件土地付近の有するかけが

えのない諸価値やすぐれた環境が国民共有の財産として長く将来にわたり保全されるべきことからすると、「土地の利用上適正かつ合理的なものと認めらるべきかどうかの判断にあたつては、本来、考慮に容れるべきことがらでは」なく、こういった本来考慮すべきでない事項を考慮したなどの点においても、裁量判断の方法ないし過程に過誤があったというべきとしている。

　日光太郎杉事件控訴審判決のように、行政庁の判断過程に着目しつつ、行政判断の合理性をみるという審査手法は、複雑・多様な利益調整の結果としてなされる行政判断の審査方法としてふさわしい手法とされる。判断過程審査によれば、裁判所は、行政庁の考慮事項やその考慮のあり方について、その審査の程度を調整することも可能となる。考慮要素の選択やその価値評価につき、裁判所の考え方を強く示すことにより、密度の濃い審査を行うことができるからである。

　一口に判断過程審査といっても、日光太郎杉事件における事業認定のように様々な価値・要素を比較衡量して行われる**政策的判断**の事例と、**専門技術的判断**の事例とでは、裁判所の審査のあり方には相違がみられる。後者の例として、原子炉設置許可処分を行うにつき、国の安全審査が不十分だったとして設置許可処分の取消しが求められた事案において、最高裁は、原子力委員会もしくは原子炉安全専門審査会の専門技術的な調査審議・判断という専門的な第三者機関の関与のあり方に着目している。判決は、この場合の裁判所の審理は、原子力委員会もしくは原子炉安全専門審査会の調査審議・判断をもとにしてされた行政庁の判断に不合理な点があるか否かという観点から行われるべきであるとし、調査審議において用いられた具体的審査基準に不合理な点がないか、また、具体的審査基準に適合するとした上記委員会・審査会の調査審議および判断の過程に看過し難い過誤、欠落がないかを審理すべきものと述べている（最判平成4・10・29民集46巻7号1174頁［百選 I 77］〔伊方原発訴訟〕。この判決において示された、裁量基準と司法審査との関係については、第**3**章**2 2**を参照）。

　判断過程審査において裁判所が着目する考慮要素は、事案によって様々である。例えば、公立学校の学生に剣道履修の拒否を理由としてなされた退学処分の取消訴訟において、最高裁は、処分に至る判断過程において、代替措置等の考慮があったか否かに注目している。そして、学校側は代替措置が不可能とい

うわけでもないのにこれらにつき何ら検討することがなかったという事情をみて，退学処分は社会観念上著しく妥当を欠き裁量権の範囲を超える違法なものであったと判断している（最判平成8・3・8民集50巻3号469頁［百選I81］〔剣道実技拒否事件〕）。また，教職員組合による教育研究集会会場としての学校施設使用許可申請に対する不許可処分の違法性が争点となった国家賠償請求訴訟において，最高裁は，行政庁のなした判断が裁量権の行使としてなされたことを前提として，司法審査においてはその判断要素の選択や判断過程に合理性を欠くところがないかを検討するとした上で，本件については，市の教育委員会（行政庁）は，学校および周辺の学校や地域への混乱，児童生徒への教育上の影響等の学校教育上の支障を不許可処分の理由としているが，その際，（例えば，本件集会に対する妨害行動のおそれが具体的なものではなかったにもかかわらず，市の教育委員会が，過去の妨害行動を例に挙げて施設を使用させない方向に校長を指導し，自らも不許可処分にするに至ったなど）重視すべきでない考慮要素を重視するなど，考慮した事項に対する評価が合理性を欠き，他方，（使用目的が相当であることや使用の必要性が高いことなどの）当然考慮すべき事項を十分考慮していないとして，不許可処分を違法と判断している（最判平成18・2・7民集60巻2号401頁［百選I73］〔呉市学校施設使用不許可事件〕）。

 行政行為の瑕疵

1　瑕疵ある行政行為

> **CASE**
> 　厚生労働大臣は，医師免許を有するAがあおり運転をして他車の事故を引き起こしたことが，医師法7条1項が定める処分要件（「医師としての品位を損するような行為のあつたとき」）に該当するとして，医業停止3年の処分を行った。しかし，Aは，自分はあおり運転はしておらず，事故を起こした車の運転手が事実に反する主張をしているとして，医業停止処分は誤ったもの（瑕疵あるもの）であり，取り消されるべきと思っている。
> 　この場合，瑕疵ある処分が取り消されるには，どのような方法が考えられるであろうか。そのうち，Aから処分の取消しを求めるにはどのような方法があるだろうか。

(1) 行政行為の瑕疵とは

「瑕疵」とは,「誤り・欠陥」という意味の言葉である。行政法学は,行政行為に認められる「誤り・欠陥」を行政行為の瑕疵と呼び,どのような場合に瑕疵が認められるのか,瑕疵の種類,瑕疵ある行政行為をどのように取り扱うべきか,といった問題について検討している。

行政行為の瑕疵の典型は,「その行政行為が,明文・不文の法規範に違反していること(違法な行政行為であること)」である。CASE の例にあてはめると,A にあおり運転の事実がなく,医師法7条1項には該当しないのに処分がなされた場合は,**違法な瑕疵**である。また,あおり運転が事実であったとしても,医業停止処分が重きに失し,比例原則に違反するといった場合も,違法な瑕疵である。

瑕疵には,「違法」以外に「不当」も含まれる。不当な瑕疵とは,違法ではないが政策的に適切とはいえないことを意味する。例えば,A にあおり運転の事実があり,比例原則違反にもあたらず,A への医業停止処分が違法とはいえないとしても,医業停止処分をすることが制度目的からみて妥当性を欠き,適切とはいえないといえる場合は,**不当な瑕疵**にあたる。

(2) 瑕疵ある行政行為の取消し

CASE において,瑕疵ある行政行為が是正される方法には,職権取消し,不服申立てによる取消し,訴訟による取消しの三つの方法がある(図表4.4)。

職権取消しは,行政庁が瑕疵ある処分を自発的に取り消すものである。これに対して,**不服申立てによる取消し**と**訴訟による取消し**は,私人が法的手続による取消請求をした場合に,それを認めて処分を取り消すものである(行政上の不服申立てについては第**11**章を,取消訴訟については第**10**章❷を,各々参照)。私人の請求に基づく取消しをあわせて**争訟取消し**という。

訴訟による取消しは,裁判所が取消しの主体となるので,行政行為が違法である場合にしか処分を取り消すことができない。これに対し,職権取消しや不服申立てによる取消しは,行政庁が取消しの主体であるため,処分が違法である場合のみならず不当である場合にも取り消すことができる。

3 行政行為の瑕疵 ● 83

図表 4.4 | 瑕疵ある行政行為の取消し

	取消しの主体	取消し事由となる瑕疵	私人の取消し請求に基づくか
職権取消し	行政機関（行政庁）	違法＋不当	行政機関が自発的に取り消す（職権取消し）
不服申立てによる取消し（行政不服審査法による審査請求など）			私人の請求に基づいて取り消す（争訟取消し）
訴訟による取消し（行政事件訴訟法による取消訴訟）	裁判所	違法	

（3）職権取消し

争訟取消しの手続等については第 **10** 章および第 **11** 章に譲り，ここでは職権取消しについてもう少し詳しく述べておこう。

職権取消しとは，ひとたび成立した行政行為の効力について，行政庁が，成立時から瑕疵があることを理由としてその効力を消滅させる行為であり，不服申立てによる取消しや訴訟による取消しとは異なり，私人からの求めがなくても，行政庁が自らの判断で不当・違法な行政行為を取り消すものである。CASE についていえば，厚生労働大臣が医業停止処分の理由としていた事実が，行政調査の誤りに基づく事実無根の内容であったことが判明した（処分が違法であった）というような場合に，処分庁（厚生労働大臣）が自ら行った医業停止処分を取り消すといった場面が考えられる。または，厚生労働大臣が処分内容を思い返して，医業停止処分は妥当ではなかった（処分が不当であった）と判断し，自ら行った処分を取り消すといった場面も考えられる。

職権取消しは，本来存在してはならない瑕疵ある行政行為を取り消して，瑕疵のない法的状態を回復させるものである。したがって，**取消しの効力は原則として遡及し**，行政行為は最初から存在しなかったことになる。このように，行政行為の職権取消しは，法律関係の適法性を回復するために行われるものであるから，学説上は，行政行為の取消しには法律の特別の根拠は必要ないと解されている。行政行為をした行政庁（処分庁）が自ら行った行政行為を職権取

84 ● CHAPTER4 行政行為

消しできることについては争いがないが，処分庁の上級行政庁が当然に自ら職権取消しができるかどうかについては争いがある（この点については，第1章⓵3を参照）。

職権取消しに関する最高裁判決として，前知事（当時）による公有水面埋立承認処分を現知事（当時）が職権取消ししたことを契機とする訴訟に関する最判平成28・12・20（民集70巻9号2281頁〔辺野古訴訟〕）がある。最高裁は，行政行為に瑕疵があることを理由として職権取消しが行われた場合には，裁判所は，当該行政行為が行われた時点における事情に照らし，当該行政行為に違法または不当があるか否かについて審査をし，そのような違法等があると認められない場合には行政庁は当該行政行為に違法等があることを理由としてこれを職権で取り消すことは許されない（このような職権取消しは違法となる），と判示している。

⑷ 撤　回

私人の請求によらずに行政庁が行政行為の効力を失わせる行為として，職権取消しと区別されるものに**撤回**がある。撤回とは，行政行為が成立した後の事情の変化によって，その効力を維持させることが妥当ではないと考えられる場合に，行政庁が当該行政行為の効力を失わせる行為である。

例えば，タクシー事業を経営するためには，許可（道運4条）を受ける必要があるが，ある事業者が，許可基準（道運6条）を満たしていないのに許可処分を受けていた，または，欠格事由（道運7条）に該当していたのに許可処分を受けていた（処分に成立当初から瑕疵があった）ことが判明し，これを理由として行われる許可取消処分は，⑶で説明した「職権取消し」である。これに対して，許可処分が適法に行われていたとしても，許可を受けていた事業者が，許可の後に，法律に定める欠格事由に該当することになった場合（例えば，事業者が1年以上の懲役の刑に処せられた場合など）に，処分の効力を失わせるべき理由が事後的に発生したとして行われる許可取消処分は，学問上の用語では「撤回」にあたる。

撤回は後発的事情を理由とするものであるから，**撤回の効果は原則として遡及せず，将来に向かって**行政行為の効力が消滅する。撤回が行われる場面の一

つに，上記の例のように，処分後の事情変更により，処分がその要件を満たさ
なくなった場合がある（後発的瑕疵といわれる）が，撤回を要するとされる場面
は，後発的瑕疵の発生には限られない。例えば，行政財産の目的外使用許可を
して，行政財産を私人に使用収益させていたところ，当該行政財産を本来の目
的に利用する必要が生じたために，目的外使用許可の撤回が行われることもあ
る（「外在的・優越的公益のための撤回」といわれる）。さらに，許認可や補助金交
付決定を受けた者の義務違反等に対する制裁的な意味を含んでこれらの行政行
為が撤回される場合もある。

　このように，撤回は，瑕疵のない行政行為についても行われうるものである
から，職権取消しとは異なり，撤回自体について法律の根拠がなければならな
いとする学説もある。この点につき，最高裁は，旧優生保護法に基づく医師の
「指定」の撤回の違法性が争われた事案において，当該医師が指定医としての
適格性を欠くに至った場合には，撤回それ自体についての法律の根拠がなくと
も撤回が許される余地があると判示している（最判昭和 63・6・17 判時 1289 号 39
頁 [百選 I 89] [菊田医師事件]）。現行法には，授益的処分の撤回について根拠規
定を設けているものが多く（医薬 75 条，食品衛生 55 条，56 条等），法律の根拠の
ない撤回が行われることは少ないともいわれている。なお，撤回自体について
の法律の根拠は不要と解する場合であっても，処分庁以外の行政庁が明文の根
拠なしに撤回をすることはできないと解されている。

(5) 取消し・撤回の制限

　行政活動は適法なものでなければならないとする考え方（法律による行政の原
理）からすると，違法な行政行為の効力を失わせるために行われる職権取消し
や後発的瑕疵を理由とする撤回は，積極的になされるべきということになろう。
ただ，とりわけ，相手方に利益をもたらす行政行為（授益的処分）の取消しや
撤回の場面については，それを適法と信じた相手方の信頼の保護のため，取消
し・撤回の制限についても検討する必要があると考えられている。

　授益的処分の職権取消しについては，主として，相手方の信頼利益と違法な
行政行為を取り消す公益との比較衡量が求められると考えられている。このた
め，生活保護のような社会保障の給付決定の分野においては，給付決定（行政

行為）の取消しについて，将来の給付のみを停止する（取消しの効果を遡及させない）といった方法をとるべきという考え方が示されることもある。**授益的処分の撤回**についても，相手方の信頼利益と，撤回を必要とする公益との比較衡量が求められるが，撤回は，職権取消しと異なり，行政行為の成立時の瑕疵を理由とするものではないため，相手方の信頼利益に特に配慮する必要があると解されている。

撤回をめぐるもう一つの問題に，授益的処分の撤回について損失補償が必要かという議論がある。個別法には，外在的・優越的公益のための授益的処分の撤回にあたり損失補償の規定が置かれているものもある（国財24条2項等。損失補償については第**13**章を参照）。

(6) 瑕疵の治癒・違法行為の転換

違法な行政行為は取り消されるべきであるが，例外的に，違法に行われた行政行為を適法な行為とみなしてその効力を維持する考え方が取られることがある。このような考え方として，瑕疵の治癒と違法行為の転換の二つについて説明しておこう。

行政行為が行われた時点においては適法要件が欠けていた（行政行為に瑕疵があった）が，後にその要件が充足された場合に，行政行為の瑕疵は治癒されたとして行政行為の効力を維持するのが，**瑕疵の治癒**の考え方である。例えば，農地の買収（買収処分）をする際，農地買収計画に対して訴願が提起されたときは，都道府県農地委員会の裁決が下された後で当該買収計画を承認した上で農地を買収するというのがその当時の法律の定める制度であったにもかかわらず，農地委員会の裁決を経ることなく農地買収計画が承認され，買収処分がなされたというケースについて考えてみよう。当初の買収処分には，農地委員会の裁決を経ることなくなされたという瑕疵があったことになるが，その後，農地委員会の裁決がなされたことをもって，買収処分の効力を維持させるとするのが，瑕疵の治癒である（参考となる最高裁判決として，最判昭和36・7・14民集15巻7号1814頁［百選I 85]）。

瑕疵の治癒を認める考え方は，行政効率の重視の必要性をその理由としている（上記の場合，当初の買収処分を取り消したとしても，同一の買収処分が行われるこ

とはほぼ確実である)。しかし一方，瑕疵の治癒を安易に認めることは，行政過程の適正の確保の軽視につながるおそれがあることも指摘されている。特に，手続上の要件が欠けていた場合に事後に当該手続を行うことによって瑕疵が治癒されたとすることにすると，事前の適正手続の保障によって国民の権利利益を保護しようとする趣旨が没却されるおそれがある。この点は，理由の追完の問題（行政行為を行う際に理由の提示が義務づけられている場合に，理由が提示されていなかったときや，提示された理由が不十分であったとき，事後に理由を補充することによって，瑕疵が治癒されるかという問題）をめぐって議論されており，最高裁は，理由の追完に対しては厳格な立場をとっている（理由の追完を認めなかった最高裁判決として，最判昭和 47・12・5 民集 26 巻 10 号 1795 頁［百選 I 86］。理由付記の不備の問題については，第 **8** 章 **3** 1 (**3**)を参照）。

　一方，**違法行為の転換**とは，A という行政行為としてなされた行為が A として必要な要件を欠いている（A としては違法である）場合に，B という行政行為としてみるとその要件は満たすこととなる場合，これを B としてその効力を維持させる考え方である（最高裁が違法行為の転換を認めた判例として，最大判昭和 29・7・19 民集 8 巻 7 号 1387 頁［百選 I 87］がある）。

　違法行為の転換を認める理由も，行政効率の重視の必要性である（上記の場合に違法行為の転換を認めないとすると，行政庁は A という行政行為を取り消して，その上で改めて A〔または B〕の行政行為をしなければならないこととなる）。しかし，違法行為の転換を安易に認めることは，行政行為の名あて人に対する不意打ちとなり，その結果，名あて人が訴訟等においてこれを争う際に十分な主張立証ができないおそれを生むこともある。違法行為の転換を認めるかどうかについては，行政効率の要請と名あて人の権利利益の保護の要請とを比較衡量して，慎重に判断する必要がある。

2　行政行為の無効

> CASE
>
> 　医業停止処分を受けた A は，弁護士に相談し，弁護士の意見を踏まえて，処分の違法を主張して取消訴訟を提起しようと考えた。しかし，うっかりしているうちに，取消訴訟の出訴期間が経過してしまった。

Ａは，もはや，裁判上の救済を求めることはできないのだろうか。

(1) 出訴期間を経過してしまった場合の違法な処分の争い方

　行政事件訴訟法は，行政行為の効力を訴訟により消滅させるには取消訴訟を用いなければならないものとし，また，その取消訴訟に出訴期間の制限を設けている（第10章2 5を参照）。では，出訴期間を経過してしまった場合，私人の側から当該処分の違法を主張して，裁判上の救済を求めることは，一切できないのだろうか。

　通説・判例は，行政行為の瑕疵が**重大かつ明白**であるような場合には，その行政行為は，取消訴訟によって取り消すまでもなく成立当初から**無効**であり，取消訴訟以外の訴訟を提起して，行政行為に効力がないことを前提とした主張をすることは可能であると解している。例えば，懲戒免職処分を受けた公務員がその処分が無効であると考える場合には，公務員の懲戒免職処分が無効であることを前提として，公務員の地位確認請求や公務員の俸給支払請求をするなど，裁判上，一定の地位ないし権利の確認を求めたり給付請求をしたりすることができる。

　しかし，上述のような請求によっては十分な救済を得られず，行政行為が無効であることを何らかの形で明らかにしておく必要性が生じる場合もある。例えば，上記のCASEについて考えてみよう。医師法は医業停止期間中に医業を行ったものは，「1年以下の懲役若しくは50万円以下の罰金に処」す（32条）と規定している。Ａが医業停止処分を受けたにもかかわらず，医師として活動した場合には，このような制裁規定に基づいて刑事裁判にかけられるおそれがある。このおそれを回避するために，Ａは，医業停止処分が無効であることを何らかの形で明らかにしておく必要があると考えることもあるだろう。このような場合に，Ａは，行政事件訴訟法に定める処分無効確認訴訟（行訴3条4項）を提起して処分の無効の確認を求めることができる（ただし，処分無効確認訴訟の訴訟要件を満たす必要がある。詳しくは，第10章3 1を参照）。

3　行政行為の瑕疵　● 89

(2) 行政行為の無効の基準——どのような瑕疵があれば行政行為が無効となるのか

(a)重大明白説　　それでは，行政行為が無効となるのはどのような場合であろうか。通説・判例は，行政行為の瑕疵が**重大かつ明白**である場合には，行政行為は無効となると解している（**重大明白説**）。最高裁は，「国家機関の公法的行為（行政処分）はそれが当該国家機関の権限に属する処分としての外観的形式を具有する限り，仮りにその処分に関し違法の点があつたとしても，その違法が重大且つ明白である場合の外は，これを法律上当然無効となすべきではない」としている（最大判昭和 31・7・18 民集 10 巻 7 号 890 頁）。

問題になるのは，瑕疵が明白であるというのは，具体的には誰にとっての明白性なのかということである。この点につき，重大明白説は，外見上一見明白説と調査義務違反説（客観的明白説）とに分かれる。**外見上一見明白説**は，瑕疵の明白性を，外形上，客観的に，その誤認が一見看取しうるものであるかどうかにより決せられるかどうかで判断する（最判昭和 34・9・22 民集 13 巻 11 号 1426 頁［百選 I 82］，最判昭和 36・3・7 民集 15 巻 3 号 381 頁等）。この外見上一見明白説に対しては，この説によると，瑕疵が明白とされる場合（行政行為が無効とされる場合）はごく限られた場合となってしまうのではないかとの批判があった。ここから，重大な瑕疵の明白性について，外観から誰にとっても瑕疵が一見看取しうるとはいえない程度であっても，行政庁の職務の誠実な執行として当然要求される調査を行えば判明する誤認であったかどうかを判断の基準とする考え方が提起された。これが**調査義務違反説**である。下級審の判例には，この調査義務違反説をとるものがあるが，明白性要件は，行政行為の存在を信頼した第三者が，処分が無効とされることによって信頼を不当に害されることを防ぐことをも目的としていることからすれば，一般的に調査義務違反説を採用することには難点があるといえよう。

(b)明白性補充要件説　　瑕疵ある行政行為を無効の行政行為とみなす（行政行為の瑕疵を無効事由とする）ことは，何らかの事情で取消訴訟の出訴期間を徒過した者に，行政行為の効力を訴訟で否定するチャンスを例外的に与えるということを意味している。ここから，行政行為が無効か否かは，個別具体的な救済の必要性を考慮して柔軟に解すればよく，すべての事例において重大明白説

によらなくてもよいのではないか，という考え方も示されている。この考え方の一つが，事案によっては，明白性の要件を充足しなくても行政行為の無効が認められるとする考え方（**明白性補充要件説**）である。

　判例にも，明白性補充要件説にたったとされるケースがある。事案は，Aの土地・建物の登記が第三者によって無断で名義変更され，当該土地が売買契約書等の偽造により売却された結果，Aが土地の売買によって収入を得たとみなされて，Aに対して課税処分がなされたため，Aが当該課税処分の無効を主張したというものである。最高裁は，一般に課税処分が課税庁と被課税者との間に存するもので第三者の保護を考慮する必要のないこと等を勘案すれば，課税処分の瑕疵が課税要件の根幹に関わる重大なものであり，課税処分がもたらす不利益を原告に甘受させることが著しく不当と認められるような例外的な事情がある場合には，課税処分の上記のような瑕疵（重大な瑕疵）は，当該課税処分を当然に無効とするとしている（最判昭和48・4・26民集27巻3号629頁[百選I 83]）。この判決は，明白性要件を充足しなくとも行政行為が無効とされる場合があること（明白性補充要件説）を示している。

CHECK

① 行政行為とは何だろうか。行政立法，行政指導などのその他の行為形式と，どのような点が異なるのか，整理してみよう。

② 学説上，行政行為はどのように分類されているのだろうか。それぞれの行政行為には，具体的にどのようなものがあるだろうか。

③ 行政行為には，どのような効力があると考えられているのだろうか。

④ 行政行為の「裁量」とは何かについて，具体例を挙げながら考えてみよう。

⑤ 裁量行為が違法と判断されるのはどのような場合だろうか。裁量行為の違法性は，裁判所により，どのように審査されているのだろうか。

⑥ 行政行為の「瑕疵」とは何だろうか。具体例を挙げながら説明してみよう。

⑦ 瑕疵のある行政行為が無効となるのはどのような場合と考えられているのかについて，整理してみよう。

CHAPTER

第 5 章

行政契約

合意手法を用いた行政活動の広がり

　社会福祉分野においては，伝統的に，行政が行政行為によってサービスの内容を決定し，直営によってサービスを提供していたが，近年，利用者は事業者との間で契約を締結してサービスを購入し，行政はサービス利用料の助成とともに事業者の規制・監督を行うにとどまるという仕組みが導入されつつある。行政行為という権力的・一方的手法の限界が認識され，合意に基づく契約的手法が重視されるようになったのである。なぜ，このような変化が生じたのだろうか。

　本章では，まず，行政が何らかの形で関わり，かつ，私人間の通常の民事契約とは異なる特性を有する契約を広く「行政契約」と捉えた上で，契約による行政活動につき，行政行為と比較しながらその特徴を指摘する。その後，調達・給付・規制という 3 種の作用に照らしながら，行政契約と私人間契約との間でどのような違いがあるのか，行政活動において契約的手法が具体的にどのように用いられ，どのような法的問題を抱えているのかを学ぶ。

1 行政契約はどのような特徴を有しているか

QUESTION

　私たちは，日常生活に必要な様々な物を店で買ったり，民間団体から奨学金を受けたりする際に，契約という手法を用いている。では，行政が，行政活動に必要な様々な物を業者から調達したり，自力で生活できない貧困者や子育てをしている人に金銭等の援助をしたりする際に，私人間と同様に契約を用いているのだろうか。また，契約を用いる場合には，私人間の契約との違いはないのだろうか。

1 契約と行政行為との違い

　第4章で学んだように，行政行為が，行政の一方的な判断により行われる権力的行為であるのに対し，契約は，**当事者双方の合意を必要とする非権力的行為**である。契約は，たとえ相手方の権利義務に変動を及ぼすとしても，当事者の意思の合致によって成立するものであり，したがって法律の根拠を必要としない。ここから，契約のメリットとして，当事者の意思の尊重を基盤とするとともに，個別具体的な事情に柔軟に対応しうるという点，他方，デメリットとして，両当事者の同意がありさえすればよいため，合意を理由とした恣意を許しかねないという点を指摘することができる。

2 近年における行政契約の重要性の増大

　日本の行政法・行政法学は行政行為を核として形成されてきたが，近時は，**行政行為から契約へ**という傾向がみられる。その顕著な例として，社会福祉分野がある。この分野では，従来は，行政が一方的にサービスの内容を決定し提供する措置制度と呼ばれる仕組みがとられていたが，利用者を単なるサービスの受け手にとどめ，非効率化・硬直化などの弊害をもたらしていた。そこで，利用者の法的地位の向上と行政のコスト削減を目指して，利用者が，事業者との間で，対等な立場に立って，サービスの利用・提供について契約を通じて内容を練っていく仕組みへとシフトしている。

　ただし，この契約関係は，民事上の関係と全く同じであるわけではない。利

1 行政契約はどのような特徴を有しているか　● 93

用者の社会保障上の権利は適切に保障されなければならないから，行政は，利用者に対してサービス利用料を助成すると同時に，事業者に対して規制・監督を行っている。ここでの契約という行為形式は，行政行為という行為形式の限界に鑑みて市場原理を取り入れながらもなお，利用者の保護のために民事法とは異なる規律を保持しているという意味において，行政契約として性格づけられるものである。

② 行政契約の類型と機能

以下では，行政契約につき，その機能に応じた**調達契約・給付契約・規制契約**という三つの分類に**現代的契約**を加えて，それぞれの具体例，私人間契約との違いや法的問題点を説明していく。

図表 5.1 行政契約の類型と具体例

①調達契約	公共調達契約
②給付契約	補助金交付，行政サービス，社会福祉
③規制契約	公害防止協定，建築協定
④現代的契約	PFI，市場化テスト

1 調達契約

> **CASE**
>
> Y市は，その発注する公共工事の指名競争入札（行政が，指定した特定の者の間で競争させ，最も安価な条件を提示した者との間で契約を締結する方法）において，10年以上にわたって継続的にXを指名してきたが，令和元年度以降，Xが市外業者であることのみを理由として，指名を回避する措置をとった。このような措置は許されるか。許されるとしたら，いかなる手続的・実体的要件が必要であるか。

(1) 調達契約の具体例：公共調達契約

私たちが生活を営むために家を建てたり様々な買物をしたりするのと同じように，行政は行政活動を行うために庁舎を建設・整備したり物品を購入したりする。公金を用いた調達作用は，通常，契約手法をとる。**公共調達契約**は，通

94 ● CHAPTER5 行政契約

常の民法上の契約であり，私人間の契約とほぼ同じものと考えてよいが，公金を用いることから，その浪費を予防するため，また，特定の事業者との癒着やえこひいきが生じないようにするため，締結の手続は厳格な拘束に服している。

公共調達契約の締結の方法として，一般競争入札，指名競争入札および随意契約という三つの形式が，法令によって定められている。**競争入札**とは，契約相手方を募り，契約内容を提示させ，最も安価な契約内容を提示した者を契約相手方として選定する手法である。そのなかで，応募者を限定しない方式が**一般競争入札**と呼ばれ，応募できる者を行政が一定の基準に基づいて指名する方式が**指名競争入札**と呼ばれる。これに対し，**随意契約**とは，複数の候補者を競争させた上で選定する方式ではなく，行政が任意に相手方を決定する方式である。随意契約は，契約金額が少額であったり，特殊な技術を要したりするため入札手続によることが適切でない場合に用いられることが多い。公金の有効利用および応募者間の公平という観点から，一般競争入札が原則的形態とされている。なお，近時は，技術提案書を提出させ，技術力等を評価して，最も適した相手方を選定するプロポーザル方式が活用されている。建築設計に関して言えば，建築物は，これから作り上げていくものであり，しかも長きにわたって残るものであることから，プロポーザル方式は，最も適した設計者を選定し，発注者との共同作業によって質の高い建築設計を目指すものである。

調達契約は，その本来の目的以外に，私人の行動を政策的に**誘導**するための手段として用いられることもある。例えば，行政が契約相手方の選定基準として，グリーン購入（環境に負荷が少ない物品の購入），障害者・高齢者の雇用や男女共同参画を実践している事業者の優遇などを掲げることによって，入札応募者の行動を誘導するのである。この誘導は，極めて効果的であるが，効果的であるがゆえに強制と紙一重でもある。また，調達契約が，第一次的な要請である効率性・経済性の原則を犠牲にして，より付随的な公益の実現に傾いてしまってよいかが問題となりうる。

(2) 調達契約の法的問題

CASE において，Y市が，市外業者であることを主たる理由として，Xの指名を回避する措置をとったことは許されるだろうか。例えば，暴力団関係者や

税金滞納者でないことが条件とされることはよくある。このように，特定のカテゴリーの人々を契約相手方から排除することは，信頼に足る相手方との契約を通じて直接的によりよい公益を実現しようとするものであり，公平・公正な"選別"である限り，人的側面から契約を規律するものとして許されよう。CASE についても，市外業者より地元企業を優先する指名を行うことには一定の合理性が認められる。ただし，X が市外業者であることのみを理由として，他の条件いかんにかかわらず，指名回避措置がなされた場合には，考慮すべき事項を十分考慮することなくなされた Y 市の措置は裁量権の逸脱濫用と解される余地がある（最判平成 18・10・26 判時 1953 号 122 頁［百選 I 94]）。もっとも，指名回避措置が違法であったとしても，契約の準備行為とされているため，取消訴訟を提起することができず，損害賠償による事後的救済しか認められないという問題は残っている。

Column ❺ 入札や談合をめぐる政治的・社会的動向

　競争入札は，競争を通じてより安くよりよい契約を目指すものであるが，行政の相手方にとっては必ずしもおいしい話ではない。そこで，競争するはずの業者同士が，あらかじめ話し合い，高い価格での落札や持ち回りでの落札を行って，利益を分け合うことがある。さらには，天下り先や金品の提供などにつられ，業界による入札談合に行政が関与する場合すらある。この官製談合をターゲットとして，2002 年に「入札談合等関与行為の排除及び防止並びに職員による入札等の公正を害すべき行為の処罰に関する法律」が制定された。にもかかわらず，2006 年に，特定業者に落札させる入札妨害を行った 3 県の知事が逮捕される事件が起こるなど，問題は後を絶たない。公正取引委員会に与えられた権限（各省各庁の長等に対する改善措置要求，当該職員に対する損害賠償請求・懲戒事由の調査等）と刑罰による間接強制をもって，競争を適切に働かせることができるかがなお問われている。

2 給付契約 ────────────────────────●

QUESTION

「養護老人ホーム」と「特別養護老人ホーム」は，どう違う
のだろうか。老人福祉法によると，市町村は，一定の要件を満たす高齢者を「養護老
人ホーム」に入所させなければならないのに対し（11条1項1号），身体上・精神
上著しい障害があるために常時の介護を要するが，居宅での介護が困難な高齢者につ
いて，介護老人福祉施設等に入所することが著しく困難であるときにはじめて，「特別
養護老人ホーム」に入所させなければならないとされている（同項2号）。では，入
所させる際の法的形式には違いがないだろうか。

▎⑴ 給付契約の具体例：補助金交付，行政サービス，社会福祉 ▎

　給付行政を実現するための手法としては，契約が中心的なものである。この
ような給付契約にも民法の契約に関する規定が原則として適用されるが，給付
契約は，それ自体として行政目的の実現を目的とするものであるため，行政法
規により，私人間の契約とは異なる様々な規律が課されている。

　まず，環境にやさしい商品（エコカーや電化製品）の開発・購入に対して補助
金が交付されたり，地域の生活環境の保全活動（道路沿いの植樹や公園の清掃）
に対して助成金が支給されたりすることがある。これらは，国や地方公共団体
が，国民・住民全体にとって望ましい政策を促進するために，当該政策に協力
する私人に対し，いわばインセンティブとして金銭を給付するものである。こ
うした**補助金の交付**は，法律に基づき行政行為の形式で行われることもあるが，
契約の形式で行われる場合も多い。もっとも，契約方式が用いられる場合でも，
法令で支給の要件，金額，手続等について規律されることがある。

　次に，水道や公営住宅等の各種の**行政サービス**が，契約という手法によって
提供されている。**水道**のように，生活に不可欠なサービスを供給する場合，法
律で事業主体に供給義務が課されることがある。例えば，水道法は，「水道事
業者は，……給水契約の申込みを受けたときは，正当の理由がなければ，これ
を拒んではならない」（15条1項）として，事業主体の契約締結の自由を制限
している。料金も自由に値上げすることができない仕組みとなっている。また，

2　行政契約の類型と機能　● **97**

公営住宅は，低所得者のために住宅を供給するという公共的性格をもつもので
あるから，公営住宅法は，事業主体が入居者を任意に決定するのではなく，所
得基準や抽選等による公正な方法で選考しなければならないものとしている。
ただし，入居者は，借家人と同様に弱い立場にあり，保護されなければならな
いから，使用関係が設定された後は，特別の定めがあるような場合を除き，一
般法である民法の契約法理（信頼関係法理など）や，民法を借家人の保護のため
に修正する借地借家法の規定が適用される。

　さらに，金銭給付とサービス提供が組み合わされることもある。QUESTION
で取り上げた**社会福祉分野**においては，まずは，高齢者と事業者との間の契約
によって，当該高齢者は個別的事情に応じたサービスを選択し，行政から利用
料が助成される。特別養護老人ホームへの入所も，まずはこうした契約手法に
よる。しかし，例えば判断能力の低下や家族からの虐待などのために，契約手
法によることが著しく困難な場合もありうる。そのような場合にはじめて，契
約方式の補完として，市町村による特別養護老人ホームへの入所措置がとられ
る。これに対し，環境上の理由および（生活保護を受けている等の）経済的理由
により居宅において養護を受けることが困難な高齢者については，市町村が養
護老人ホームに入所させることになっている。すなわち，養護老人ホームへの
入所については，もっぱら市町村による一方的な措置という手法が用いられる。
以上のように，行政は，利用者と事業者との間の契約関係を基礎としてサービ
ス利用料助成者へと軸足を移しているが，同時に，行政は，利用者に対する行
政行為を通じてサービス提供者であり続けてもいるのである。

(2) 給付契約の法的問題

　国・地方を通じて財政状況が厳しさを増すなか，行政が，どの政策にどの程
度の公金を投入するのか，公平性と効率性に鑑みて優先順位を付けるべきこと
が強調される。例えば，社会保障給付を必要とするのは高齢者ばかりではない。
子育て世代，若者，子ども，将来世代の利益までをも見据えて，資源を配分し
なければならない。ただし，公平性・効率性のみでは立ち行かないこともある。
私人の多様なニーズに対応するには，個別具体性・柔軟性が求められるからで
ある。例えば，高齢者のなかでも，健康状態，所得や貯蓄の多寡，家族の有無

等に応じて，サービスの必要性やその内容は大きく変わってくる。

このように，行政・私人間関係においては，一方当事者が公金を用いて公益を実現する行政であることから，有限な資源の公平かつ効率的な分配と個別具体性・柔軟性が同時に求められる。行政が，特定の相手方を対象として給付作用を行うにとどまらず，利用者と事業者という私人間の契約関係を基礎としながら行政目的を実現しようとする場合には，利用者・事業者間に基本的に妥当する市場原理のメリットとデメリットをも踏まえて，この二つの要請を満たすために行政が果たすべき役割について，さらなる工夫が必要となってくる。

3 規 制 契 約

CASE

Xは，A県知事から廃棄物処理法に基づく産業廃棄物処理業の許可を受けて事業を営んでいるが，B市との間で，処分場の使用期限を令和元年8月31日までとし，その期限を超えて処分を行わないことを内容とする公害防止協定を締結した。このような合意は，契約としての法的拘束力を認められるか。Xが使用期限を過ぎたにもかかわらず使用を継続した場合，B市はどのような法的措置を講ずることができるか。

(1) 代表的な規制契約としての公害防止協定

規制契約とは，典型的には，私人の事業活動等を規制するために，行政が，行政行為などの権力的な規制手段に代えて，私人との間で締結する契約である。その代表例である**公害防止協定**は，公害発生の原因となりうる事業を営む事業者と地方公共団体などの行政主体との間で，地域の生活環境悪化を防止するために交わされる取決めである（ただし，公害防止協定には，行政主体が当事者とならず，住民と事業者が締結するものもある）。1960年代以降，国の公害法制の不備を補うための苦肉の策あるいは先進的な工夫として普及したが，公害法制がある程度整備された現在でも，年間1000件程度の協定が締結されている。

公害防止協定は，CASEにおける使用期限の約束などのように，事業活動の規制をもたらすことが多い。事業活動の規制は，相手方にとって望ましくないから，通常は，法律に基づき，行政行為などの権力的な行為形式により行われる。このため，法律の根拠のない制約を加重的に相手方に課すことは，たとえ

2 行政契約の類型と機能 ● 99

同意によったとしても，法律による行政の原理を潜脱するものであるとして，契約の法的拘束力を否定する見解（紳士協定説）も，かつては有力に主張されていた。しかし，最判平成21・7・10（判時2058号53頁［百選Ｉ93］）は，CASEと同様の事案において，法律が事業者に対して（電気事業やガス事業のように）事業の実施の義務を定めているわけではないから，事業者が協定において事業を将来廃止する旨を約束することは自由であって，法律の優位の原則に違反するわけではなく，当該協定は，私法上の有効要件，とりわけ公序良俗に違反しなければ有効であると述べた。最高裁は，規制契約につき，行政法規に積極的に違反しなければよいとし，私法上の有効要件を問題とするにとどまったのである。このような判断の背景として，付近住民と事業者の間で同様の協定を法的拘束力をもって締結できることも考慮されたのではないかと思われる。

　もっとも，契約によって，違反に対する刑罰や立入検査権を定めることはできない。これらの実力行使には立法の規定が必要であり，相手方の事前の同意をもって代えることはできない。契約の実効性は，民事的方法によってのみ担保される。したがって，CASEにおいて，Ｂ市はＸによる使用の差止めを求める民事訴訟を提起することになる。

(2) 公害防止協定以外の規制契約——建築協定

　私人が互いに一定のルールを守ることを合意した協定が，行政庁の許認可を受けて，通常の契約にはない法的拘束力を有する場合，これも，行政契約たる規制契約の一種ということができる。

　その代表例である**建築協定**（建基69条以下）は，ある街区の土地所有者等が，互いに，建物の高さ・用途の制限や敷地の分割禁止などを約束するものであり，私法上の契約であるが，行政庁によって認可されると，協定の当事者にとどまらず第三者（協定締結後に当該区域内の土地所有者になった者等）にも，私法上の拘束力が及ぶ。建築協定制度はこうして，自主的なまちづくりを支援する機能を果たしている。ただ，実際には，土地所有者全員の合意を得ることは難しく，一人協定制度（開発・分譲業者一人が協定を結び，行政庁の認可を受けて，後から分譲を受ける複数の購入者を拘束する方法）が多用されている。

　なお，緑地の保全や緑化に関する緑地協定制度や，良好な景観の形成に関す

る景観協定制度も，建築協定制度に倣って制度化された。

4 現代的契約

QUESTION

　近時は，刑務所についてすら，建設だけでなく，設計・管理・運営を含む一連のサイクル全体が，契約的手法を用いながら私人に委ねられることがある。このような目的のために締結される契約を，ここでは「現代的契約」ということにするが，「私人による行政」とも呼ばれるこの事象は，どのようなメリットとデメリットを持っているだろうか。

(1) 現代的契約の具体例：PFI，市場化テスト

　行政活動はすべて行政が担ってきたかというと，そうではない。従来から，建設請負契約や管理委託契約を通して，部分的なアウトソーシング（外部委託）が行われてきた。これに対し PFI（Private Finance Initiative）とは，公共施設の設計から建設・維持・管理・運営までを一括して，民間事業者に委ねるものである。"小さな政府"を目指した行政改革の一環として，イギリスにはじまり世界各国に広まったこの流れは，わが国では「民間資金等の活用による公共施設等の整備等の促進に関する法律」（1999 年）として結実し，PFI 事業としてのスポーツ施設，医療センター，刑務所等が誕生した。さらに，2011 年改正により，コンセッション方式，すなわち，利用料金の徴収を行う公共施設（空港や上下水道など）について，行政が施設の所有権を保持したまま，施設の運営権を長期にわたって民間事業者に設定する方式が導入された。こうした手法は，財政状況の悪化に苦しむ行政にとっても，新たな事業機会の創出を望む民間事業者にとっても，歓迎されるべきものであるようにみえる。民間の資金・ノウハウを生かした公共施設の効率的・一体的な整備が可能となるからである。ただし，市場原理に従って，民間事業者の破たんというリスクは避けられない。

　また，「競争の導入による公共サービスの改革に関する法律」（市場化テスト法）が制定された（2006 年）。この法律は，官民競争入札による民間事業者への委託によって，公共サービスの質の維持向上と経費の削減を目指すものである。施設の管理・運営業務や統計調査など，法令で定められた特定の公共サービス

2 行政契約の類型と機能 ● 101

について，官（国の行政機関，独立行政法人・特殊法人等，地方公共団体）と民が競争し，有利な申込みをした民間事業者があった場合には，民間事業者が落札者となり，民間委託契約が締結されることになる。この仕組みは，官と民を対等に競わせるという意味において画期的でもある。

(2) 現代的契約の法的問題

現代的契約は確かに，必要であり有益でもある。しかし，市場化の動きは，政府（公）と市場（私）の関係の構造的変化をもたらしうるだけに，慎重な検討を要する。契約によって私人が担い手になったからといって，行政は公益に関する責任を免除されるわけではない。公共サービスが適切に提供されるよう，行政は規制権限の行使を通じて責任を負い続けなければならない。しかも，この規制権限の行使は，従来のそれとは質的に異なるものとなるはずである。民間事業者が資金とノウハウを活用してより効率的・経済的に公共的活動を行うためには，その自律性を確保しなければならないからである。自ら行政サービスを実施するより，民間事業者に公共サービスを適切に提供させるほうが容易であるとは限らない。民間事業者の自律性の確保と公益の保護を両立させるには相当の工夫が必要となり，現に，行政の仕事がかえって増えることもある。"官から民へ"は，必ずしも国家の撤退を意味するものではないのである。

契約を基本的手段として展開されている**公私協働**は，公益の決定・実現のありようを問い直し，公私の峻別を揺さぶりうるものでもある。いかにして，行政の下請けに堕さずに私の側の自律性を確保し，同時に，個別利害に浸されずに公の側の公共性を維持するか，「行政」，「契約」の特質が問われている。

CHECK

① 行政契約の特性について，行政行為と比較しながら整理してみよう。

② 調達契約が，公金を使用するがゆえに服さなければならない実体的・手続的拘束はどのようなものだろうか。

③ 給付契約は，私人間契約とはどのように違うだろうか。

④ 規制契約の許容性について，公害防止協定を例にとって考えてみよう。

CHAPTER

第**6**章

行 政 指 導

事実と法，非権力と権力の間の "武器"

　　近時，就職活動情報サイトを運営する事業者が，募集企業に対し，サイトの閲覧履歴をもとに内定辞退の可能性を推定する情報を作成し提供したとして，厚生労働大臣が職業安定法に基づき，必要な是正と再発防止策を講ずるよう行政指導を行った。この事案は，個人情報保護にも関わる問題として世間の注目を集めた。このように行政が法的強制力なしに私人に対して任意の協力を求める行為を行政指導といい，行政指導の多用は日本の行政の特徴の一つを成している。

　　本章では，まず，行政指導にはどのようなものがあり，どのような機能を果たしているのかをみた上で，建前上は強制力のない行政指導が事実上強制されることのないよう，どのような法的規律が行われるべきかを考える。

1 行政指導の機能

CASE

以下の行政指導はそれぞれどのような機能を果たしているのか，考えてみよう。

①厚生労働大臣は，入社試験エントリー時の受験料制度を導入し実施したA社に対し，職業安定法48条の2の規定（「厚生労働大臣は，この法律の施行に関し必要があると認めるときは，職業紹介事業者，求人者，労働者の募集を行う者，募集受託者，募集情報等提供事業を行う者，労働者供給事業者及び労働者供給を受けようとする者に対し，その業務の適正な運営を確保するために必要な指導及び助言をすることができる。」）に基づいて，来年以降の受験料徴収の自主的な中止を求める旨の助言を行った。

②B市職員は，木造住宅の耐震補強工事に関する相談のために訪れたB市民であるCに対し，耐震補強工事の費用の一部を補助する制度があることを知らせ，その利用を勧めた。

③D市職員は，マンションの建築確認申請をした建設会社Eに対し，建設に強く反対している周辺住民と話し合うことや，住民の納得が得られるよう，マンションの高さを法律で許容されている高さよりも低くすることを求めた。

1 行政指導の種類と機能 ●

(1) 行政指導の種類——規制的行政指導，助成的行政指導，調整的行政指導

CASEで取り上げた行政指導がどのような機能を果たしているのか，相手方への影響に注意しながら見ていこう。

①は，国の行政機関である厚生労働大臣が，職業安定法48条の2という法律の規定に基づき，受験者が不当な不利益を被らないよう，A社に対し，受験料徴収の中止というA社にとって不利益となる行為を求める行政指導である。このような行政指導は**規制的行政指導**と呼ばれ，相手方にとって不利益に働く行為として，公益を害するおそれのある行為の是正を求める場合や，積極的に公益に資する行為を求める場合（例えば，災害救助への協力の要請）がある。

②は，B市という地方公共団体の職員が，木造住宅の耐震補強を通じた防災・減災という公益の実現にとって望ましい行為を行おうとしている市民Cに対し，費用の補助というCにとって利益となる情報の提供を行う行政指導

104 ● CHAPTER6 行政指導

である。このような行政指導は**助成的行政指導**と呼ばれ，相手方に対し利益と
なる方向で給付を行うことによって，公益にも資する行為を促す場合や，本人
の利益を実現する場合（例えば，社会保障給付の機会を逃さないようにするための情
報提供的行政指導）がある。

　③は，D市という地方公共団体の職員が，建設会社Eと周辺住民との紛争
を解決するために，Eに対し，周辺住民との話合いやマンションの高さの再検
討という妥協を求める行政指導である。このような行政指導は，私人間の利益
が衝突しうる場合に，紛争を予防しまたは解決する方向で介入する行為であっ
て，**調整的行政指導**と呼ばれるが，Eにとっては規制的行政指導にもあたる。

┃ (2) 行政指導の機能 ┃

　3種類の行政指導のなかでも，特に規制的行政指導は，その相手方の権利利
益に重大な影響を及ぼすおそれがある。規制的行政指導には，職業安定法48
条の2のように法律の根拠を有するものもあるが，法律の根拠なしに行われる
ものも少なくない。法律の根拠のない規制的行政指導は，法律に基づく強制手
段がないが，放置しておくと公益上問題となる事態が生じた場合の介入手段と
して用いられることがある（**法律の不備を補うための行政指導**）。

　他方，法律に基づかない規制的行政指導には，不利益処分の権限（違法な建
築物に対する除却命令等）が法定されている場合に，権限を発動する前段として，
相手方に自主的な善処の機会を与えるために行われるものもある。この**事前型
行政指導**は，いきなり法的な義務を課すのではなく，できる限り相手方の意思
を尊重する形で必要な措置をとってもらうという意味で，相手方の立場に配慮
し，また，関係がこじれて問題の解決が困難になることを防止する機能を果た
している。このような行政指導は，行政処分とは異なり，法律の定める厳格な
実体的・手続的要件を踏むためのコストをかける必要がないという行政効率上
のメリットもあるが，手続保障の切下げのおそれには注意しなければならない。
また，許認可の申請に形式的な不備があり，または，実体的に認容できないと
行政機関が考える場合に，申請者に修正を求める行政指導も，規制的行政指導
の一種として，法律の根拠なしに日常的に行われている。このような行政指導
も，相手方の立場に配慮したものといえるが，指導に従わない場合には申請書

1 行政指導の機能 ● 105

を受け取らないなどの対応をする場合には問題がある（第**8**章②**2**(1)参照）。

2 地方公共団体における要綱行政
—— 行政指導はどのように活用されてきたか ——————————●

▌(1) 要綱行政の背景 ▌

　行政指導は，とりわけ地方公共団体にとって欠かせない手段として活用されてきた。極めて多くの地方公共団体がまちづくりのために行ってきた行政指導は，規制的行政指導および調整的行政指導の代表的なものとして知られている。

　昭和40年代以降，高度経済成長に伴う急速な都市化によって，都市に集中する人々の住まいとなるマンションの建設が増加すると，良好な住宅街であった地域においては，日照妨害やテレビ電波障害などの生活環境の悪化をめぐって，"旧住民"と"新住民"との間で紛争が頻発し，また，新たに宅地開発された地域においては，上下水道や学校などの公共施設整備の必要から，地方公共団体に大きな財政的負担が生じた。だが，特に市町村は，かかる社会問題に対処しうるだけの都市計画権限を都市計画法等の法律によって十分に与えられておらず，法令との抵触をおそれて条例制定に踏み切ることもできずにいた。

　そこで，生活環境を保全するとともに財政危機を阻止する必要に迫られた市町村は，いわば苦肉の策として行政指導に頼ったのである。その際，個別の行政指導の指針となるものとして，正規の法令ではない行政規則として要綱が定められることが多かったため，こうした行政指導は**要綱行政**と称されている。

▌(2) 要綱行政の内容 ▌

　要綱の内容は，事業者側の開発圧力に対する行政側のぎりぎりの努力の跡を示している。多くの要綱には，まず，良好な生活環境を守るため，敷地・建築物の高さ・用途などについて法令に基づく規制に上乗せした規制基準，公共施設や駐車場の整備などの独自の規制項目，自然保護・日照保護・電波障害防止などの環境保全措置等の要請が定められた。同時に，財政負担の塡補のため，事業者に対して，公共施設用地の無償提供や開発負担金の納付をすべきことが定められた。これらの内容は，地方公共団体との事前協議の義務づけ，周辺住民との話合いや同意の獲得の要請などを通じて確保されることになっていた。

106 ● CHAPTER**6** 行政指導

さらに，このような負担を拒否する事業者への対応として，行政指導に従わない者の氏名の公表や上下水道等の行政サービスの提供拒否について定める要綱も少なからずみられた。また，要綱の定めとは別に，行政指導に従わない事業者に対して建築確認等の許認可を留保するケースもあった。地方公共団体側のやむにやまれぬ行政指導は，重い法外負担の事実上の強制であるとして，事業者側の反発・抵抗を招き，数多くの訴訟事件を通じて，行政指導の統制法理の発展が促されることにもなった。そこで次に，行政指導の法的統制がどのように行われることになったのか，みていこう。

 行政指導の法的統制

1　何が問題なのか

　❶のCASE①のA社にとって，監督官庁である厚生労働大臣との良好な関係を維持することは事業経営のために不可欠であり，指導を受けて従わないと社会的信用が失われるおそれもある。CASE③のEが，もし要綱の定めによって上下水道の利用を受けられないことになったら致命的である。このように，いずれも行政指導に従わざるをえない状況に置かれる。行政指導は，行政の有する様々なリソースを背景として，事実上は絶大な威力を有しているのである。
　CASE①の行政指導は法律に基づくものであるからあまり問題はないかもしれないが，こうした行政指導を，監督官庁が法律に基づかずに自由に行ってよいか，という問題がある。また，CASE③のような行政指導が，まちづくりや地方公共団体の財政危機の防止のためにいかに重要であるとしても，行政サービスの提供拒否によってこれを強制することには問題がありそうである。さらに，行政指導は，行政処分とは異なり，書面等の証拠が残らないことが多いので，誤った行政指導（例えば，適法な工作物につき，違法であるから撤去するように求める行政指導）に従って損害を受けた者が，損害賠償責任等を追及しようとしても，「言った言わない」の水掛け論になることもありうる。
　このような**事実上の強制力**と**不透明さ**という問題に対し，行政指導を法的に統制することが，行政法学の関心事となった。ただし，過度の法的統制は，行

政指導の本来的なメリットを減殺しかねない。行政指導が，法律の不備・硬直性を補い，柔軟・迅速な行政活動を可能にするという機能を果たすためには，法治主義の枠に収めきってはならないのである。かくして，行政指導のメリットとデメリットのバランスのなかで，法的統制を論じていくべきことになる。

　法的統制は，まず，学説・判例によって論じられ，その後，判例法理の展開をも踏まえて行政手続法に結実した。行政手続法は，規律対象とする行政指導を，次のように限定している。すなわち，行政手続法2条6号は，「行政指導」を「指導，勧告，助言その他の行為であって処分に該当しないもの」と定義し，行政指導の根本的な特徴を，行政処分とは異なるという点に求めている。行政指導は，行政処分とは異なり，**非権力的事実行為**であって，相手方に法的な義務を課すものではない。そして，このような行為のうち，相手方が（不特定多数者ではなく）「**特定の者**」であって，かつ，単なる情報提供等にとどまらず，相手方に対して積極的に働きかけるような行為のみが，行政手続法にいう行政指導である。以下，行政手続法がこのような意味での行政指導についてどのような規律を設けているか，実体的統制と手続的統制に分けて，みていこう。

　なお，**地方公共団体の機関が行う行政指導**については，行政手続法は適用されない（行手3条3項）。しかし，多くの地方公共団体において，行政手続法にほぼ倣って行政手続条例が制定されていることから，以下では，地方公共団体の行政指導の規制についても，便宜的に行政手続法の内容に従って説明する。

2　実体的統制

> **CASE**
> 　以下の事例におけるY市の対応はどのように評価されるか。なお，Y市行政手続条例は，行政指導について行政手続法と同様の規律を定めているものとする。
> ①Xは，Y市内において3階建てマンションの建築を計画したところ，Y市から宅地開発指導要綱に基づいて教育施設負担金として1500万円の寄付を要請された。Xは，Y市に対して減免を懇請したが拒絶され，給水拒否という制裁措置を発動されることをおそれ，やむなく負担金を納付した。
> ②ZがY市郊外の住宅街に高層マンションの建設を計画したところ，付近住民から激しい反対運動を起こされた。Y市は，宅地開発指導要綱に基づいて，Zに対し，付近住民との紛争解決を要請した。Zは，この行政指導に従い，付近住民と何度も話合いを行ったが，解決の見込みが立たなかった。Zが，もはや行政指導に従う意

108 ● CHAPTER **6** 行政指導

思がない旨を表明し，建築確認を申請したところ，Y市は，建築確認を留保しつつ，行政指導を継続した。

(1) 行政指導と法律の根拠

行政指導は，その定義からして，相手方の権利自由を一方的に制限するものではなく，相手方の同意に基づいてのみ実現されるものであるから，原則として法律の根拠を必要としない（第2章**1** **3**参照）。CASE①②における行政指導は，Y市が，XまたはZに対し，寄付を要請したり付近住民との話合いを求めたりする限りにおいては，法律の根拠なしに要綱という法的拘束力のない規範に従って行われるものであっても問題ない。

(2) 行政手続法による規律

(a)行政指導の一般原則（行手32条1項）　行政指導について，法律の根拠は不要であるが，あらゆる行政活動の前提としての**組織規範**は必要である。行政手続法32条1項は，まず，行政指導が，組織法によって定められた**当該行政機関の任務・所掌事務の範囲内**になければならないと定める。地方公共団体の機関は，まちづくりを重要な任務とし，都市計画の決定や建築確認等の権限を行使するから，CASE①②におけるY市担当者の行政指導は，組織法的観点においては問題ないといえよう。

行政手続法32条1項は，次に，行政指導は，あくまでも相手方の**任意の協力**によってのみ実現されるものでなければならないとする。任意の協力の原則は，行政処分と対置される行政指導の定義（行手2条6号）そのものから引き出されうる原則であるが，さらに，以下に述べる行政手続法32条2項から34条までによって具体化されている。

(b)行政指導に従わない者に対する不利益取扱いの禁止（行手32条2項）　行政手続法32条2項は，行政指導に従わなかったことを理由として**不利益な取扱い**をすることを禁止している。このような不利益な取扱いの例として，制裁目的での公表，補助金の打ち切りなどを挙げることができる。

2 行政指導の法的統制 ● 109

CASE ①における，Y市による給水拒否は，行政手続法の禁止する不利益な取扱いにあたるだろうか。

水道法は，「水道事業者は，……給水契約の申込みを受けたときは，正当の理由がなければ，これを拒んではならない」（15条1項）と定めている。要綱違反がこの「正当の理由」にあたるとすれば，給水拒否は，法律に基づく措置として適法と評価できるが，あたらないとすれば，水道法および行政手続法に違反し，許されないということになる。判例は，「正当の理由」は基本的に水道事業と直接関係のある事項に限定されると解しており，自然的条件において取水源が貧困である地域において水道水の需要の著しい増加を抑制するための給水拒否は認めたが（最判平成11・1・21民集53巻1号13頁），まちづくりのための必要性をここに読み込むことは認めていない（第7章②2(3)参照）。したがって，要綱行政に従わないことが「正当の理由」にあたるとはいえず，給水拒否という制裁を背景にして負担金の納付を強制することは許されない（行政手続法制定前の判例として，最判平成5・2・18民集47巻2号574頁［百選Ⅰ98]）。

(c)申請に対する応答を留保して行う行政指導の限界（行手33条）　CASE②において，Zがもはや行政指導に従う意思がない旨を表明したにもかかわらず，Y市が，行政指導に従わせるために，建築確認を留保することは許されるか。

このようなケースについて，最高裁は品川マンション事件（最判昭和60・7・16民集39巻5号989頁［百選Ⅰ124]）で次のような考え方を示している。Y市は，建築確認申請がなされた場合には，建築基準法に定められた期間内に応答する義務を負うから，本来，その期間を過ぎても応答しないことは許されない。もっとも，Y市が，良好な生活環境を維持し，また，事業者と周辺住民との間の紛争を解決するために，Zに対して行政指導を行うことには理由があるから，Y市が，建築確認を留保しつつ説得を続けることも全く許されないとまではいえない。だがこれは，あくまでもZの任意の協力の下に行政指導が行われている限りにおいてである。したがって，Zが行政指導に従わない旨の「**真摯かつ明確な意思の表明**」を行った場合には，行政指導をしていることを理由にした確認留保は許されないことになる。

かかる判断基準は，私人の**不服従の意思**に着目するものである。ただし，品川マンション事件判決によれば，私人の受ける不利益と行政指導の目的とする

110 ● CHAPTER **6** 行政指導

公益上の必要性を比較衡量し，建築主の不協力が社会通念上正義の観念に反するような特段の事情が存在する場合（例えば，事業者が周辺住民からの話合いの求めに全く応じることなく建築を強行しようとしているような場合）には，不服従の意思が表明された後においても建築確認を留保して行政指導を継続することが例外的に適法とされることがある。

　行政手続法33条は，以上の判例法理を明文化したものである。判決文中の「真摯かつ明確な」という修辞や「特段の事情」は明文化されていないが，それは立法技術的理由によるものであって，同条が判例法理を変更するものではないと解されている。

　(d)許認可等の権限を背景とする行政指導の限界（行手34条）　CASE②において，Y市が，Zに対し，行政指導に従わなければ建築確認を出さないとほのめかすようなことは許されない。当たり前だと感じられるこのようなルールに反することが実際には行われることがあったため，行政手続法34条は以下のような規制を定めている。すなわち，許認可の権限や許認可の取消し・停止の権限を有する行政機関は，行政指導の相手方による許認可の申請を不許可にしたり，許認可の取消し・停止をしたりすることが法律上できない場合や，それらの権限を行使するつもりがない場合においては，行政指導に従わなければ不許可や取消し・停止の処分がされる可能性があることを相手方に指摘して，相手方が行政指導に従わざるをえなくなるようなことは，してはならない。

図表 6.1 行政指導の実体的統制

行政手続法	規律内容
32条1項	行政機関の任務・所掌事務の範囲内，任意の協力
32条2項	不利益取扱いの禁止
33条	不服従の意思の表明後における行政指導の継続の原則禁止
34条	許認可等の権限を背景とする行政指導の規制

3　手続的統制

(1) 行政手続の公正透明化

　まず，行政指導をする際には，その趣旨，内容および責任の所在を相手方に明確に示さなければならない（行手35条1項）。とりわけ許認可の申請を審査

する権限や不利益処分の権限を背景とする行政指導に関しては，当該権限の根拠条項等を明示する義務が課せられる（同条2項）。この**明確性の原則**を担保するものとして，行政指導について——一律の文書主義はとられておらず口頭で行うこともできるが——相手方からの求めがあれば，行政指導の内容等を文書にして交付する義務が定められている（同条3項）。相手方が行政指導への不服従を決意した場合や誤った行政指導に従って損害を被った場合には，行政指導の存在やその内容等について証拠がないと救済を求めることが難しくなるため，**書面交付請求制度**が威力を発揮するのである。

　また，複数の者を対象とする行政指導については，個別の行政指導の前提として，一般的な指針を策定しかつ公表しなければならない（行手36条）。これは平等原則に基づく要請である。しかも，**行政指導指針**は「命令等」に含まれ（行手2条8号ニ），意見公募手続の対象となるため（39条以下），行政指導の公正・透明化に資することになる。

(2) 行政指導の中止ないし発動の求め

　さらに，相手方は，法令違反の行政指導（法律に根拠があるものに限る）に対する中止等を求めることができる（行手36条の2第1項）。この手続は，違法な行政指導に対する事後救済の手続として位置づけられる。申出があったときは，行政は，必要な調査を行い，当該行政指導が法律の定める要件に適合しないと認めるときは，行政指導の中止その他必要な措置をとることを義務づけられる（同条3項）。

　行政手続法36条の2が行政指導の相手方の事後的救済手続であるのに対し，これとはいわば逆に，何人も，法令違反是正のための行政指導（法律に根拠があるものに限る）を求めることができる（36条の3）。この規定は，第三者（「何人も」）が，行政に対して適正な権限行使を促すための事前手続である。36条の3は，別個独立の章（第4章の2）において，行政指導と処分にまたがる手続として定められている（第**8**章 ❷**2**(3)参照）。

　行政手続法36条の2と36条の3は，2004年に行政訴訟のレベルで差止訴訟や義務付け訴訟（第**10**章 ❸参照）が法定化されたことも考慮に入れつつ，行政不服審査法の抜本改正に伴って，2014年に追加された規定である。この立

法過程自体をとっても，事前手続と事後手続をトータルとして捉える観点を加味しながら，行政指導の法的統制を考えていくべきことが示唆されている。

Column ❻ 要綱行政の変容

　行政手続法・行政手続条例の整備や地方分権改革などの法状況の変化を受けて，地方公共団体による要綱行政をめぐる法状況も変化している。まず，要綱行政の行き過ぎが早くから問題視され，建築確認の留保や給水拒否などの不利益措置が，行政手続法の基礎になった判例によって違法とされ，さらに，大規模な建築物の建築確認の多くが民間機関によって行われるようになったこともあって（第1章❶❷(3)参照），こうした実務はほとんどなくなった。他方，駐車場整備等の独自の規制項目や事前協議の義務付け等の手続の加重については，要綱を条例化することによって，法的拘束力を付与するとともに公正性・透明性を確保しようとする傾向が現れている。また，地方分権改革による地方公共団体（特に市町村）の権限の拡充，とりわけまちづくり分野における権限の移譲に伴い，条例の制定余地が広がっており，こうした権限を用いて無秩序な建築・開発を規制することが可能になっている。そして，人口減少と少子高齢化のなかで都市の縮小（コンパクトシティ）が政策目的となった現在では，地域社会自身による個別の状況に応じた空間管理をも視野に入れ，協定手法等を用いた複雑で繊細な利害調整も求められている。

CHECK

① 行政指導のメリットとデメリットについて，行政処分と対比しながら整理してみよう。

② 地方公共団体による要綱行政にはどのような効果と限界があるだろうか。

③ 行政指導の実体的統制について，判例と行政手続法を関係づけながら考えてみよう。

④ 行政指導の手続的統制はどのような意義と内容を有しているだろうか。

❷ 行政指導の法的統制 ● 113

CHAPTER

第 **7** 章

実効性確保手段

行政目的の実現を担保するための最後の手段

　大学生Ａが，海外旅行用にアルバイトでためたお金を友人Ｂに貸したところ，なかなか返してもらえず，航空券代の支払期限が近づいてきて困ったあげく，Ｂの家に勝手に入り込んで金目のものを持ってきてしまったら，どうなるだろうか。私人間での実力行使（自力救済）は認められないのが原則であって，Ａの行為は犯罪になってしまう。Ｂがどうしてもお金を返してくれなければ，Ａは，法的手段としては，裁判を起こすしかない。

　では，私人が，課税処分を受けても税金を払わなかったり，建築基準法に違反する工事の中止命令を受けても従わないなど，行政上の義務を履行しない場合にも，行政は裁判を起こすしかないのだろうか。行政は，私人とは異なって，行政上の義務を自ら強制的に実現させたり（「**行政上の強制執行**」と言われる），義務に従わない場合に制裁を加えたりすることができる。本章では，行政が目的の実現を担保する手段としてどのような制度が存在するのか，行政に限った特別扱いがなぜ認められているのか，そして，強権発動のイメージがまとわりつくこの場面において，私人の権利利益の保護がどのように図られているのかを学ぶ。

1 行政上の強制執行

1 行政上の強制執行手段にはどのようなものがあるか ──●

> **CASE**
> ①県保健所長Yは，レストラン経営者Xに対し，厨房施設が法定の衛生基準を満たしていないとして，食品衛生法に基づく施設改善命令を発したが，Xはこれに従っていない。Yはいかなる措置をとることができるか。
> ②Yは，Xが食中毒事故を発生させたことを理由に，食品衛生法に基づく営業停止命令を発したが，Xはこれに従わずに営業を続けている。Yはいかなる措置をとることができるか。

(1) 代替的作為義務の強制執行──行政上の代執行

　行政法規に基づく私人の法的義務は，第4章で学んだように，行政機関により行政行為（CASE①における施設改善命令など）によって課される場合もあれば，法律の規定から直接生じる場合もある。ただし，行政上の義務の発生は，観念の世界の出来事にとどまっている。CASE①において，Yが施設改善命令を発したからといって，それだけでXの厨房が改善されるわけではない。施設改善命令の効果が事実として生ずるためには，XがYの命令に従って工事を行わなければならない。

　では，XがYの命令に従わない場合はどうなるか。Xの衛生基準を満たさない厨房施設によって食中毒事故が生じるようなことは早急に食い止められなければならない。公益保護の任務に照らし，Yは，行政代執行法により，慎重な裁判手続を経ることなく，施設の改善を自ら行い，または委託した第三者に行わせることができる。これを**行政上の代執行**または**行政代執行**という。私人間においては禁止されている自力救済ないし自力執行が，行政には認められているのである。ただし，代執行は，CASE①の施設改善義務のような，他人が代わって行うことのできる義務（**代替的作為義務**）についてのみ認められている。

(2) 非代替的作為義務および不作為義務の強制執行——直接強制，執行罰

　では，代替的でない義務についてはどのような手段があるか。CASE ②で営業停止命令によって課された義務（営業をしないという**不作為義務**）は代執行の対象にすることができない。この場合に考えられる方法の一つは，行政が相手方の身体・財産に直接実力を加えることにより，義務が履行されたのと同様の状態を実現することである。このような強制執行手段は**直接強制**と呼ばれる。この措置は，行政代執行においては手をかけることのできない身体にまで実力行使を及ぼすという点で，極めて直接的でハードな措置である。

　もう一つの強制執行の手段として**執行罰**といわれるものがある。これは，代替的作為義務であると否とを問わず，相手方が期限内に行政上の義務を履行しない場合に，行政が一定の金銭上の負担（**過料**）を課することとし，義務を履行するまでこれを繰り返し行うことによって間接的に義務の履行を確保するという手段である。これは，お金を払いたくなかったら義務を履行せよと促す間接的でマイルドな措置である。

　戦前においては，行政上の義務については原則としてすべて，**行政執行法**という一般法に基づいて，行政代執行，執行罰および（補完的に）直接強制の手段を用いることができた。しかし，このように広範な行政上の強制執行の手段を認めると人権侵害のおそれがあるとして，戦後，行政執行法は廃止された。

　もっとも，行政上の強制執行制度が完全に廃止されたわけではない。代替的作為義務については，行政代執行法という一般法が制定された。他方，直接強制と執行罰については，個別法の定めがなければ行うことができず，しかも，このような個別法規定は極めて少ない。直接強制は，成田国際空港の安全確保に関する緊急措置法（成田新法）3条6項や学校施設の確保に関する政令21条において，また，執行罰は砂防法36条において定められているにすぎない。なお，行政代執行法1条は，「行政上の義務の履行確保に関しては，別に法律で定めるものを除いては，この法律の定めるところによる」と規定しているから，地方公共団体が条例によって直接強制や執行罰を定めることはできないと解されている。そうすると，CASE ②の食品衛生法上の営業停止義務については，直接強制も執行罰も用いることができない。このように，行政代執行の対

象たりえず，直接強制や執行罰の定めもない義務の履行をいかに強制するかが問題となるが，現行法は，基本的に，後述する刑罰などの制裁によって対応することにしている（⚠1参照）。

(3) 金銭納付義務の強制執行——強制徴収

税金などの金銭を納付する義務は，代替的作為義務の一種であるが，行政上の代執行によって履行を強制することが難しいため，**強制徴収**という制度が設けられている。その内容は，債務者の財産を差し押え，公売等によって換価し，債権に充当するというものである。国の税金については，国税徴収法がこの手段を定めている（**滞納処分**と称されている）。さらに，地方税法，健康保険法など，数多くの法律において国税徴収法の規定が準用され，広範に強制徴収が可能となっている。

図表 7.1 行政上の強制執行の種類

種類	対象となる義務	根拠法
行政上の代執行	代替的作為義務	行政代執行法
直接強制	非代替的作為義務	個別法（成田新法，学校施設の確保に関する政令）
執行罰	代替的作為義務，非代替的作為義務，不作為義務	個別法（砂防法）
強制徴収	金銭納付義務	国税徴収法

2 行政代執行はどのように行われるか

行政上の強制執行のうち最も重要なものは，行政代執行法という一般法に基づいて行うことができる行政代執行である。以下では，行政代執行の実体的・手続的要件につき，行政代執行法の規定に沿って説明しよう。

(1) 実体的要件

CASE ①において，Xが厨房施設改善命令に従わない場合に，Yが強制的に改善義務を実現するには，実体的にどのような要件を満たさなければならないだろうか。行政代執行法2条は以下のような要件を定めている。

まず，代執行の対象となるのは，行政法規により直接に命じられた義務か行

1 行政上の強制執行 ● 117

政法規に基づいて行政行為によって命じられた義務のみであり，行政主体の所有権や契約を根拠として私人に生じる義務は対象とならない。次に，「他人が代つてなすことのできる行為」の義務，すなわち**代替的作為義務**のみが対象とされ，非代替的作為義務や不作為義務の代執行はできない。代替的作為義務の例として，CASE①の厨房施設改善義務のほか，違法建築物の除却命令に基づく建築物除却義務（建基9条）や，河川区域における無許可工作物の原状回復命令に基づく原状回復義務（河川75条）などを挙げることができる。これに対し，庁舎の不法占有に対する明渡しや立ち退きの義務は，不法占有者自身が物理的に動いて占有を解除しなければ目的を達成しえないから，**非代替的作為義務**であり，代執行の対象たりえない。また，CASE②の営業停止義務や立入禁止義務のような**不作為義務**は，本人が特定の行為を行わないという義務であって，他者が取って代わることはおよそありえないから，代執行の対象たりえない。

次いで，「他の手段によつてその履行を確保することが困難であり，且つその不履行を放置することが著しく公益に反すると認められるとき」が要件とされる。この**比例原則**の要請は，代執行の濫用への懸念と発動の抑制という立法政策を反映している。何が「他の手段」にあたるのかは必ずしも明らかでないが，例えば，後述する行政罰の手段は，事後的制裁であって，義務の履行を強制させるものではないから「他の手段」にはあたらないと解される（**2 1**参照）。

┃ (2) 手続的要件 ┃

代執行に至るには，まず，行政上の義務を履行していない私人に対し，相当の履行期限を定めて義務の履行を督促する**戒告**を行い（代執3条1項），この期限までに義務が履行されないときは，代執行をなすべき時期，執行責任者の氏名および代執行に要する費用の見積額を代執行令書によって**通知**しなければならない（同条2項）。この戒告と通知は，代執行の手続を進める行為であって，すでに課された代替的作為義務に対して新たに実体的義務を付加するものではないが，取消訴訟の対象である処分とみなされている。行政代執行法2条に違反するような違法な代執行が行われようとしている場合において，私人がこれを阻止しようとしても，代執行自体はただちに終了してしまって間に合わない

118 ● CHAPTER 7　実効性確保手段

ので，代執行に至ることが確実となり切迫した戒告・通知の段階で，代執行を阻止するための取消訴訟の提起が認められているのである。戒告と通知を経てもなお義務が履行されない場合に，行政庁は代執行を行い，代執行にかかった費用を義務者から徴収する。この**費用徴収**は，金銭債権に係る行政上の強制執行として，国税滞納処分の例による強制徴収の対象となる（代執6条）。

3 司法上の強制執行は可能か

> **CASE**
>
> 　A市は，良好な住環境を保全するため，A市内でパチンコ店を営業できる地域を，風営法（風俗営業等の規制及び業務の適正化等に関する法律）に基づいて県が定めた規制よりも厳しく制限することとし，A市パチンコ店等建築規制条例を制定して，パチンコ店を建築しようとする者はA市長の同意を得なければならないとした。Bは，A市内でパチンコ店の建築を計画し，A市長の同意を求めたが，同意を拒否された。Bが，同意を得ないまま建築工事に着手したため，A市長が同条例の規定に基づき建築工事中止命令を発したが，Bは，それにもかかわらず建築工事を続行している。同条例が命令違反に対する罰則を定めていないことから，A市は，Bを命令に従わせるため，Bを被告として，建築工事の続行禁止を求める訴えを提起したいと考えている。A市はこのような訴訟を提起できるだろうか。

　わが国は戦後，行政上の強制執行を抑制する立法政策に転換したことから，行政が私人に対して法的義務を課したとしても，その義務履行を担保する法律の根拠が存在しない場合が出てくる。通常は，刑罰によって義務履行が間接的に担保されているが，刑罰では義務履行確保が難しい場合や，そのような措置も定められていない場合がある。CASEにおけるA市条例は，建築工事中止義務違反に対する罰則を定めておらず，また，すでに説明したように，代執行以外の強制執行手段を条例で定めることはできない。このため，A市は，私人と同様，裁判所を通じた強制執行を求めるほかない。

　しかし，最高裁は，このような**司法上の強制執行**を認めなかった。宝塚市パチンコ店建築中止命令事件（最判平成14・7・9民集56巻6号1134頁［百選Ｉ109］）で，最高裁は，国または地方公共団体がもっぱら行政権の主体として国民に対して行政上の義務履行を求める訴訟は，法律上の争訟にあたらず，また，このような訴訟を認める法律もないので，不適法であると判断した。

この判例は，学説の厳しい批判にさらされている。仮に，BがA市長の建築工事中止命令に対して取消訴訟を提起した場合には，当然に法律上の争訟にあたると解されるのに反し，実質的には同じ問題状況であるにもかかわらず，A市によるBに対する訴訟の提起がなぜ許されないのか。判例は，法律上の争訟を，原告が財産上の権利利益の保護救済を求めるような場合に限定しているが，法律上の争訟の範囲を不当に狭く解しているのではないかというのである。また，この判例は，行政代執行法を適用しえない行政上の義務に関して，私人と同じ立場で裁判制度を利用する司法上の執行さえ許さず，実効性確保の可能性を大きく削いでしまうという問題を残している。

Column ❼ 宝塚市パチンコ店建築中止命令事件のその後

　宝塚市は，最判平成 14・7・9 を受けて，条例を全面的に改正した。中止命令の事前段階として勧告の手段が導入され，また，弁明の機会の付与という事前手続を組み込んだ公表の手段が創設されたほか，罰則として，違反行為の程度の軽重に応じて過料と罰金が定められた。ただし，実効性確保手段の整備によって問題がすべて解決されたわけではない。宝塚市条例が風営法に基づく規制よりも厳しい規制を課しているのは，条例制定権の範囲を超え，違法ではないか，また，同条例の規制の仕方が他都市の条例に比べても厳格にすぎ，比例原則等の法の一般原則に違反しないかといった問題が残されている。

　なお，宝塚市は，最高裁で訴えが却下された後，パチンコ店建設を断念した事業者による国家賠償請求訴訟においても敗訴し，3 億 4800 万円（利子を含め 4 億 8700 万円）の賠償を命じられている。

 行政上の義務違反に対する制裁

1　行 政 罰

CASE
　道路交通法には，スピード違反や駐車禁止違反についても罰金や懲役といった刑罰が定められているが，原付でスピード違反をしただけで，刑事裁判にかけられて前科

者にされてしまうのだろうか。また，制限速度を約 20 キロ超えるスピード違反をして警察に捕まった友人が反則金を支払うようにと言われたそうだが，これは罰金の一種なのだろうか。指定された期限までに反則金を支払わなかったら，どうなるのだろうか。

(1) 総 論

①で学んだ行政上の強制執行が，義務者による義務履行を強制的に実現する制度であるのに対し，②で学ぶのは，義務違反に対して刑罰などの制裁を科すこととし，その威嚇によって義務の不履行を抑止しようとする手法である。行政罰と呼ばれるこの手法には，**行政刑罰**と**行政上の秩序罰**の 2 種類がある。

戦前の自力執行システムが縮小された戦後において，行政上の実効性確保は，大部分，行政罰に委ねられている。とりわけ行政刑罰は，刑事訴訟手続に基づき裁判所によって科せられることから，裁判所の関与による人権保護が期待された。例えば，道路交通法は，運転免許なしに自動車を運転してはならないとし（64 条 1 項），これに違反して無免許運転をすると，3 年以下の懲役または 50 万円以下の罰金に処すると定めている（117 条の 2 の 2 第 1 号）。このように，行政法規に基づいて義務を課し，その違反に対して，「罰則」という章で定めた行政刑罰を科す仕組みが，一般的にみられる。

(2) 行政刑罰

行政刑罰とは，行政上の義務違反に対する制裁として，刑罰，つまり，刑法 9 条に刑名のある罰（死刑・懲役・禁錮・罰金・拘留・科料）を科すものである。行政刑罰は，刑事訴訟法の定めるところにより，刑法が定める刑事罰と同様の手続によって科される。違反の疑いをかけられた者は，起訴されると刑事裁判の被告人になり，違反をした事実が認められれば，上記のような刑罰を受ける。

行政刑罰は，**罪刑法定主義**に照らし，法律によって定める必要がある。ただし，条例も，法律に準ずる法源として，行政刑罰を定めることができる（自治 14 条 3 項）。地方自治法は，死刑を除外し，懲役・禁錮刑の期間を 2 年以下，罰金の金額を 100 万円以下とするなど，刑の範囲と限度を限りながら，条例上

の義務に違反した者に対する刑罰の定めを条例に包括的に授権している。

　行政上の強制執行と比較すると，行政刑罰は，一方で，行政上の義務違反という過去の行為に対する制裁であり，**二重処罰禁止**の原則に服するという違いがある。行政上の強制執行の一種である執行罰が，将来に向けた履行の確保のために，履行されるまで何度も課されうるのとは異なり，行政刑罰は，同一事実に対して繰り返し科すことは許されない。他方で，行政刑罰の強制効果はあくまでも間接的なものである。義務が履行された状態を物理的強制により実現する代執行や直接強制とは異なり，行政刑罰は威嚇にとどまる。とりわけ罰金刑については，違法行為によって得られる経済的利益が莫大であるときには，その強制効果は小さくなる。

(3) 交通反則金制度——犯罪の非刑罰的処理

　行政刑罰は，あらゆる義務違反にとって適切な抑止手段であるとは限らない。とりわけ，軽微かつ大量な違反行為について，行政刑罰の手段によって，違反者を“前科者”とすることは適切でないし，裁判所の過重負担の問題も生じうる。そこで，行政刑罰の仕組みの存在を前提としつつ，犯罪を非刑罰的に処理する手法が編み出されている。

　CASE に挙げた軽微なスピード違反についても，道路交通法は刑罰を定めている。しかし，いきなり刑事手続にいくのではなく，まず警察官が，その行為が道路交通法の軽微な違反にあたる行為（反則行為）である旨を告知し，その後，警察本部長がこの違反に対して一定額のお金（反則金）を納付するよう通告する。違反者が，これに従って反則金を納付したときは公訴を提起されないが，逆に反則金を納付しないときは，刑事手続に移行し，検察官が公訴を提起すれば刑事裁判が進行して，刑罰が科されることがありうる（道交125条以下）。つまり，反則金制度は，違反者に対し，違反を認めて任意に反則金を支払えば，刑事手続に移行することなく手続が打ち切られるという選択肢を与える制度であり，反則金の納付義務を課すものではない。違反の有無を争うならば刑事裁判によるのが本筋であり，反則金の納付通告をとらえて訴訟で争うことは認められていない（最判昭和57・7・15民集36巻6号1169頁［百選Ⅱ151］）。

　反則金制度は，軽微かつ大量な違反行為を合理的に処理することを目的とし

122 ● CHAPTER 7　実効性確保手段

て導入されたが，現実にはむしろ，刑事裁判のリスクを恐れ嫌う通常人に対し，不本意ながら反則金を納付せざるをえない状況に追い込み，違反をしていないと考えているにもかかわらず，事実上違反を認めさせる構造になってしまっているという批判がある。

(4) 行政上の秩序罰

> **CASE**
>
> 　Y市歩きタバコ禁止条例は，路上喫煙禁止区域内における歩きタバコを禁止し，その違反について2000円の過料を科すと定めている。Xは，Y市内の路上喫煙禁止区域において，そうとは知らずに喫煙しながら歩いていたところ，巡回中のY市路上喫煙監視員から，条例違反であると通告され，過料を納付するよう求められた。この過料は，罰金と同じものなのだろうか。指定された期限までに過料を支払わなかったら，どうなるのだろうか。

　行政刑罰に加え，金銭的な制裁である**行政上の秩序罰**たる**過料**（以下「過料」という）も，行政上の義務違反に対する制裁の制度として存在している。過料は，刑罰の一種としての科料と紛らわしいが，刑罰にはあたらない。反社会性が強い行為には行政刑罰が科され，単純な行政上の義務の懈怠（引越しをした場合に所定の期間内に転入届を市町村長に届け出ないなど）に対しては過料が科されるという基準に従って，一応の立法上の使い分けがなされている。

　過料は，刑罰ではないので，刑法総則・刑事訴訟法は適用されない。原則として，法律に基づく過料が地方裁判所によって科されるのに対し，地方公共団体の条例・規則に違反した場合の過料は長の処分によって科され，支払わない者に対しては，税金と同様に強制徴収することができる。

　実際に，東京都千代田区にはじまって多くの地方公共団体が，歩きタバコを禁じる条例を制定し，長が指定した路上喫煙禁止区域において喫煙した者に過料を科している。**CASE**において，交通反則金制度とは異なり，Xは過料を納付する法的義務を負う。しかし，過料は犯罪ではないので前科にならず，強制徴収のコストも大きいことから，納付を命じられても支払わない場合に実効性をいかに担保するかという問題が存している。

　行政上の秩序罰に関しては，**行政刑罰との併科**が認められるかという論点が

2　行政上の義務違反に対する制裁　● 123

ある。最高裁は，行政刑罰が，行為の反社会性を非難するという性格を有し，裁判所により通常の刑事訴訟手続に基づいて科されるものであるのに対し，秩序罰は，行為が手続秩序を阻害することに着目して，刑罰とは異なる要件および手続の下に科されるものであって，両者は制度上明確に区別されているから，併科が可能であると判断した（最判昭和39・6・5刑集18巻5号189頁）。

2　行政罰以外の制裁手段にはどのようなものがあるか ─────●

> **CASE**
>
> 次の①および②の事例における行政の対応は許容されるだろうか。
> ① Y₁市職員は，Y₁市宅地開発指導要綱が遵守されていないことを理由に，マンション建設業者Aとマンション購入者Bからの給水申込みに対する承諾を拒否した。
> ② Y₂県保健所長は，食中毒被害を発生させたレストラン経営者Cに対し，厨房施設を改善するよう行政指導を行ったが，Cが従わなかったため，Cの氏名とその事実を公表した。

⎮ (1) 行政罰以外の制裁手段 ⎮

行政上の義務の履行を確保するための制裁手段には，行政罰以外にも様々なものがある。そのなかには，行政罰とならぶフォーマルな手段として法律に基づいて活用されているものもあるが，必ずしも法律に基づかないインフォーマルなものもある。以下，代表的なものについて説明しよう。

⎮ (2) フォーマルな手段 ⎮

行政罰以外にも，金銭の納付を命ずるという手法が用いられることが少なくない。例えば，**加算税**制度は，国税の申告義務や納付義務の懈怠・違反に対し，本来の租税債務とは別個に附帯税を課し，経済的不利益をもって，そのような懈怠・違反を抑止しようとするものである。なかでも重加算税は，事実の隠蔽や仮装によって納税義務を免れようとした者に対して，特に重い制裁として課されるものである。

また，**課徴金**制度が，独占禁止法において進化を遂げている。独占禁止法上の課徴金制度は，かつては，事業者が私的独占や不当な取引制限によって不当

124 ● **CHAPTER 7**　実効性確保手段

に得た利益を剥奪することに主眼を置いていたが，現在は，単なる不当利益の剥奪にとどまらず，制裁として機能している。違反行為を繰り返した者には課徴金を増額し，逆に，自主的に違反行為をやめた者や違反行為に係る情報提供を行った者には課徴金を減免する。この制度は，金融商品取引法や不当景品類及び不当表示防止法にも導入されている。

┃ (3) インフォーマルな手段 ┃

(a)行政指導　　行政上の義務を履行するように**行政指導**を行うことも一つのインフォーマルな手法であるが，この場合は，相手方が指導に応じなければ，強制執行や行政罰を発動させることになる。他方，法的義務のない行為を求める行政指導については，実効性をいかに担保するかが問題となる。地方公共団体の**要綱行政**のように，多数の事業者に対し，大きな不利益となるような同一の内容の指導をする場合には，指導に応じない者を放置していると，誰も指導に従わなくなるおそれがある。そこで，CASE ①のように，地方公共団体が，水道供給などの行政サービスの提供を拒否したり，建築確認などの許認可の申請に対する応答を留保したりして，行政指導に従わせようとすることがある。しかし，第**6**章で学んだように，要綱違反は水道法において給水を拒否しうる「正当の理由」にあたらないため（最決平成元・11・8判時1328号16頁［百選 I 92]），給水拒否を脅しの手段として用いて行政指導に従わせることは国家賠償法上違法となるし（最判平成5・2・18民集47巻2号574頁［百選 I 98]），許認可を留保して行政指導を行うことは，相手方の任意の協力がない場合には原則として違法となる（最判昭和60・7・16民集39巻5号989頁［百選 I 124]）。

(b)公　表　　私人が行政指導に従わない場合や行政上の義務を履行しない場合に，**制裁**としてその事実と氏名を公表することとし，これを威嚇の手段として，行政指導や行政上の義務に従わせようとする場合がある。公表は，私人の名誉・信用を毀損し，事業者に営業上の重大な損失をもたらし，場合によっては刑罰にも勝る社会的ダメージを与えかねない。加えて，情報の特質上，誤った情報はいったん公にされると取り返しがつかない。他方で公表は，私人への**情報提供**の機能を果たしうる。例えば，違法な勧誘をしたとして指導を受けた訪問販売業者を公表することは，私人が消費者・利用者としてわが身を守るた

2　行政上の義務違反に対する制裁　● 125

めに必要であると同時に，行政が説明責任を果たすという観点からも要請される。

そこで，制裁機能と情報提供機能を併せ持つ公表という手法をいかに規律するかが問題となる。従前は，侵害留保原則に則って，公表は事実上の効果しか有しないから法律の根拠を要しないと解されていたが，今日では，行政指導に従わない者に対して制裁目的で行われるような公表には**法律の根拠**を要するという見解が有力である。法律の根拠を要しないとしても，このような制裁的な公表は，行政手続法32条2項によって禁止されている不利益な取扱いにあたるから，**法律の優位**の原則に反するとも解されている。

CASE ②において，Cが食中毒被害を発生させながら行政指導に従わなかったという事実は，消費者保護の観点から公表されるべき情報である。だが，この情報の公表は，Cに対し，風評被害を含め，莫大な損失を与えかねない。したがって，情報提供義務の見地から公表するというだけでは適切でなく，事業者の利益を不当に侵害しないための手続等の整備が課題とされねばならない。

3 即時強制

> **CASE**
> 　以下の事例における行政の活動は，行政上の強制執行とはどのように異なるだろうか，なぜこのような活動が必要なのだろうか。
> ①警察官Aは，真冬に泥酔して路上で眠り込んでいたBを発見し，このままでは凍死するおそれもあると考え，とりあえず警察署まで抱きかかえていって保護した。
> ②消防長Cは，消火・延焼防止のために緊急の必要があると判断して，火災現場から7軒離れているD宅を破壊した。

1 即時強制の法的性質 ────────────●

CASE ①においては，AがBに対して自宅に帰るよう命じたとしてもBは眠り込んでしまっているから，Aは，Bの身を守るために，とりあえず保護するしかないし保護しなければならない（警職3条）。**CASE** ②においては，7軒離れているとはいえ，消火・延焼防止のために緊急の必要がある場合に，Cは，

126 ● **CHAPTER 7** 実効性確保手段

Dに対して建物の破壊を要請している暇はないから，その同意を得ることなくただちにD宅を破壊することができる（破壊消防。消防29条）。

　これらの事例のように，行政が，相手方に義務を賦課することが無意味である場合や，そのような時間的余裕がない場合に，相手方の義務の存在を前提とせずに，身体・財産に実力を加え，行政上望ましい状態を実現することを**即時強制**という。強制執行と比較するならば，両者は，私人の身体・財産に対する**実力行使**である点において共通している。異なるのは，強制執行の場合は，直接法律によってまたは行政行為によってひとまず私人に義務を課しその自発的な履行を待つのに対し，即時強制の場合は，いきなり実力行使を加えるという点である。なお，ここにいう「即時」は，時間的即時性というより，**義務を課す段階を経ずに**という意味で用いられている。

　だが，かかる理論上の区別はさほど明確ではない。例えば，駐車禁止区域に放置されていた自動車がレッカー移動された場合について考えると，駐車自体が不作為義務違反であり，レッカー移動はその不作為義務の履行確保であると解するならば，直接強制となる。これに対し，当該制度は，道路の危険状態をとりあえず除去することを目的としていると解するならば，即時強制となる。

　即時強制によるか強制執行によるかを立法時に選択することが可能なケースについては，義務賦課行為を介在させ，義務者の自発的な履行を促すという点で，強制執行のほうが望ましい。しかし実際は，即時強制の例は，直接強制よりもはるかに多い。とりわけ地方公共団体は，法律事項とされている行政上の強制執行手段を自ら定めることができないため（¶1(2)参照），放置自転車の撤去やプレジャーボートの移動など，即時強制に頼る傾向にある。人権保護の観点からの直接強制に関する立法者の抑制的態度にもかかわらず，直接強制の要請を即時強制によって代替するようなことは戒められなければならない。

2　即時強制の法的統制

(1) 事前手続による統制

　即時強制は，緊急事態への対応をしばしば要求されるため，慎重な手続的統制を効かせにくい。現に，制定法のあり方は甚だ不十分である。行政手続法においては，事実行為である即時強制は，不利益処分の定義に該当せず，不利益

処分手続を適用されない（2条4号イ）。また，**令状主義**がとられているのはごく例外的であって，警察官職務執行法3条3項による保護が24時間を超える場合にのみ，簡易裁判所の裁判官の許可状を必要とされているくらいである。

　その他，個別法が手続を定める例として，以下のものがある。「精神保健及び精神障害者福祉に関する法律」は，都道府県知事が精神障害者の強制的な入院措置（措置入院）を行うにあたり2名の指定医の診察を義務づけている。また，注目すべき立法例として，「感染症の予防及び感染症の患者に対する医療に関する法律」は，即時強制である感染症患者の強制入院について，事前に勧告を行うこととし，その勧告の説明を努力義務としたり，第三者機関の意見聴取を義務づけたりするなど，手続的保障を定めている。ただし，感染症予防という目的の実現にとって，慎重な事前手続を踏むとはいえ，あえて義務賦課という段階を介在させずに即時強制によって身体を拘束することに合理性が認められるのかは，問題として残っている。

(2) 事後的救済

　即時強制によって目的が即時に完成してしまう場合には，差止訴訟によって事前の救済を求めることが可能であるものの，実行されてしまった後では取消訴訟は機能しえないから，金銭的な救済を図るしかない。CASE②のような破壊消防は，消防法によって認められているが，同時に，**損失補償**が義務づけられている（消防29条3項）。これに対し，強制入院のように，実力行使が継続的に行われる場合には，**取消訴訟**の提起が認められる。

CHECK

① 義務履行強制と義務違反に対する制裁との基本的な違いは何だろうか。
② 代執行制度において私人の権利利益はどのように保護されているだろうか。
③ 交通反則金制度について，行政刑罰との関係に留意しながら整理してみよう。
④ 強制執行と即時強制について，具体的な制度を挙げながら比較してみよう。

CHAPTER

補　章

行 政 計 画

行政目的の達成に向けた諸活動のとりまとめ

　　行政目的は，様々な行政活動の組み合わせや使い分けの積み重ねによって達成されていく。

　　例えば，「道路交通の安全確保」という行政目的について考えてみよう。道路交通法により自動車の運転免許の制度（免許の付与や更新）が定められ，最高速度の制限などの交通規制や交通違反の取締りといった諸活動が行われている。また，道路法に基づいて行われる道路そのものを安全な状態で維持管理するための諸活動があり，道路運送車両法に基づく車両の検査の制度（自動車検査登録制度）も存在している。さらに広げてみると，交通安全の啓発のための広報活動や教育活動といった諸活動も行われている。

　　このような行政活動の積み重ねの過程においては，様々な行政活動を全体としてとりまとめ，それらが一致して向かうべき方向を設定し，各々の活動を関連づけ，相互の調整を図る作業が必要となる。このために作られるのが「行政計画」である。上記の交通安全の分野においても，国の交通安全基本計画，都道府県・市町村の交通安全計画といった複数の行政計画が策定されている。

　　本章では，行政計画について，その具体例を紹介しながら，行政計画の種類や行政計画の法的統制のあり方といった問題について学ぶ。

1 行政計画

1 行政計画とは何だろうか ●

(1) 行政計画の三つの構成要素

　物事を計画的に進めるということは重要である。例えば，大学入試に合格することや，スポーツのチームが大会で優勝することといった目標があるとき，その達成のために，どのような準備が必要か，それぞれの準備にどの程度の比重を置くか，いつまでにどのような順序で準備を進めるか，といった計画を立てないまま，やみくもに勉強したり練習したりしても，目標達成はおぼつかないだろう。

　行政の活動も同様である。行政は，まず，社会の状況をみながら，達成すべき目標を設定し，その達成に向けて大きな組織を動かし，許認可，補助金の交付，情報提供，施設の建設など，様々な手段を用いて活動している。こうした複数の活動を合理的に調整しながら，また，経費（税金）を無駄遣いすることなく進めていくためには，まず，目標を明確に定め（**目標設定**），その上で，いつまでに（**スケジュール管理**），どのような手段を用いて，それぞれの手段をどのように組み合わせて目標を達成するか（**目標の実現手段**），といったことを決めておくことが不可欠である。このように行政を「計画的に」進めるために作成される決定を，**行政計画**という。

　行政計画の具体例として，廃棄物処理法にある，市町村の定めるゴミ処理の計画（一般廃棄物処理計画。廃棄物6条）についてみてみよう。一般廃棄物処理計画について，廃棄物処理法は，一般廃棄物の発生量および処理量の見込み，一般廃棄物の排出抑制のための方策その他，その適正な処理に関する基本的事項などを定めることを規定している（同条2項）。実際に，全国の市町村が策定した計画には，ゴミ処理の現状と課題，計画の目標，目標を達成するための施策，計画の推進と進行管理といった内容が定められている。

　一般廃棄物処理計画をはじめとして，行政が定める計画は様々な行政分野に数多く存在している。それらの様々な計画をながめていると，そこには，①目

130 ● CHAPTER 補章　行政計画

標の設定，②目標の実現手段，③スケジュール管理，という三つの要素があることがみえてくる。この三つが，行政計画を構成する主要な要素といえるものである。

目標設定（①）の要素があるのは，行政資源には限界があるからである。行政活動には，その活動をなすにあたっての資源（人やお金）が必要になるが，この行政資源は無限ではない。限りある行政資源を国民のために有効に活用するには，行政上の諸政策を効率的に展開していくことが重要となる。行政需要を的確に把握し，利用可能な行政資源を合理的に配分し，一定の期間内に最も理想に近い成果をあげていくためには，実現可能な目標を具体的に設定することが有用と考えられる。

実現手段（②）の要素があるのは，複雑に絡み合う行政過程において，個々の施策がまちまちとなり，施策相互間に不調和が起こらないようにする必要があるからである。計画において統一的な指針を提示することにより，関係する行政機関相互の施策の調整と統合を図ることが可能になるといえる。

さらに（従来の行政法学においてはあまり指摘されていなかったが）「計画」の要素の一つとして，**目標達成に向けたスケジュールの管理**（③）の要素も重要であろう。一般廃棄物処理計画の「進行管理」の項目がこれにあたる。この項目があることにより，ゴミ発生量などの将来推計をもとに，関係するどこの主体がどのような方策をどのような順序で展開していくか，計画通りに行政活動が実施されているか，などを検討しチェックすることが可能となるといえる。

(2) 行政計画と，これまでに学んできた行政の活動（行為形式）との関係

行政計画は，「行政活動のうち，目標設定，実現手段の列挙，スケジュールの管理という三つの要素を有するもの」，として一応の類型化をすることができるとしても，実際に定められている行政計画は，その内容も名称も，形式・性質なども，実に様々である。上記に挙げた三つの要素も，必ずしもすべての行政計画に認められるものではない。例えば，住宅地域・商業地域・工業地域などを指定して都市の土地利用を規制する都市計画は，行政計画の代表的なものとして挙げられることが多いが，都市の将来像（目標）を描くだけであって，実現手段の列挙やスケジュール管理といった要素は含まれていない。

1 行政計画 ● 131

行政計画は，**行政を計画的に行うための決定**という機能に着目した概念であって，一つの行為形式に当てはめることはできないものである。行政計画のなかには，法律や行政立法として定められるもの，行政処分にあたるもの，行政立法と行政処分の中間にある行為とみられているもの，行政内部の方針決定にすぎず法的効果をもたないものなど，多様なものが含まれている。行政計画の行政法学上の位置付けや，そのほかの行政の活動（行為形式）との関係を考えることは，とても難しい問題といえる。

ただ，行政計画には，法律の規定以上に，行政の現実の活動をコントロールしている現実も認められる。**行政の計画化**（計画行政）は，現代行政の一つの特色ともいわれ，様々な行政分野で多くの行政計画が策定されている。多数の計画が策定されていくなかで，各々の行政機関において定められた，相互に関連する**複数の計画間の調整を図る手続**（計画間調整）の重要性についても，指摘されている（計画間調整の例として，国土利用計画法〔9条9項〕は，〔都道府県の定める〕「土地利用基本計画は，全国計画（都道府県計画が定められているときは，全国計画及び都道府県計画）を基本とするものとする」と定めている）。行政の民主的統制や私人の権利保護を考える場合に，行政計画という活動を，法学的な視点から検討しておくことが重要であり，各々の行政計画につき，具体的な場面ごとに，その性質や統制のあり方等についての検討を進めていく必要がある。

2　様々な行政計画

▌(1) 行政計画の分類▐

現実に策定されている行政計画は，様々な観点から分類することができる。まず，計画が対象とする期間に着目して，長期計画，中期計画，短期計画を区分することができる。また，計画の及ぶ地域的な範囲に着目して，全国計画，地方計画，地域計画などの区分をすることができる。さらに，私人に対する法的効力の有無という観点から，**拘束的計画**（都市計画のように，私人の土地利用のあり方を法的に拘束する計画）と**非拘束的計画**（国土計画のように，政策的指針を決定するだけで直接国民の権利義務に影響を及ぼさない計画）とに分類されることもある。行政計画に法律の根拠があるか否かによって，法律の規定に基づき策定される法定計画と，法律に根拠のない事実上の計画，という区分をすることもで

132 ● CHAPTER補章　行政計画

きる。

　行政計画に法律の根拠を要するかは，法律の留保論（第**2**章**1**参照）の考え方によって判断されることになる。判例の立場である侵害留保説によれば，私人の活動を法的に拘束する拘束的計画にのみ法律の根拠を要するということになる。しかし実際には，非拘束的計画であっても法定計画として定められるものも多い。

▎(2) 行政計画の具体例——都市計画を素材として▎

　行政計画についてより具体的なイメージをつかむために，まちづくり行政における行政計画についてみていくこととしよう。まちづくり行政は，様々な法律や条例，行政の定める計画や諸基準等に沿いながら行われている。これらのルール等に基づいて，行政，事業者，そして私たちが，それぞれの役割のなかで，それぞれの果たすべき行動を重ねていくことにより，一定の整序されたまちづくりが実現されていくのである。

　まちづくり行政の分野で策定される行政計画が，行政法の学習のなかでもよく登場する**都市計画**である。都市計画（特に土地利用規制型の都市計画）は，将来の都市像を描くという面から「計画」の一つとされているが，これは「行政計画」のなかでは特殊なものともいえる。というのは，土地利用を行うのは私人であり，行政は土地利用のルールを決めるだけで，積極的に目的達成のために具体的な活動（土地利用等）を行うものではないからである。現在の良好な環境をそのまま保全するために都市計画が決定されることも多い。しかし都市計画は，市民生活に密接に関わり，また，私人の土地利用を規制する拘束的計画であるため訴訟で争われることも多く，行政計画のなかでも，特に，行政法学の関心を集めている。

　都市計画について定めているのが，都市計画法である。都市計画法の定める主な都市計画は，その内容ごとに，①地域地区（用途地域，高度地区，防火地域，景観地区，風致地区など）に関する都市計画，②都市施設（道路，交通施設，公園，水道，学校など）に関する都市計画，③市街地開発事業（土地区画整理事業，市街地再開発事業など）に関する都市計画，に分類されている。

　都市計画の三分類（①②③）のうち，①は土地利用のあり方を規制するため

1 行 政 計 画　● **133**

の計画(a),②③は事業を実施するための計画(b),とみることができる。以下,(a)の具体例として用途地域の指定を,(b)の具体例として土地区画整理事業計画を,みていくことにしよう。

(a)**土地利用規制型都市計画**　土地利用規制型都市計画の具体例として,**用途地域の指定**（地域地区に関する都市計画）をみてみよう（図表 補.1）。

用途地域の指定の制度（都計8条）は,ゾーニングともいわれ,都市を,住宅系,商業系,工業系の地域（ゾーン）に区分し,それぞれの用途に応じた土地利用規制を定めるものである。都市計画法は13種類の用途地域を定めており,住宅系は,第一種低層住居専用地域（低層住宅のための地域）などの8種,商業系は,近隣商業地域（住民が日用品などの買物をするための地域）,商業地域（銀行,映画館,飲食店,百貨店などが集まる地域）の2種,工業系は,準工業地域（軽工業の工場やサービス施設等が立地する地域）,工業地域（工場のほか住宅・店舗が建てられる地域）,工業専用地域（工場のみを建てる地域）の3種がある。

用途地域に関する都市計画は,市町村が定めることとされている。市町村は,原案を作成し,公聴会等で住民の意見を募り,原案を縦覧に供する。その後,住民等からの意見書の提出,市町村都市計画審議会,都道府県知事との協議等の手続を踏んで,都市計画が決定されていく。

用途地域の指定（都市計画図）では,用途地域の位置や区域が地図上に示される。また,計画では,用途地域ごとに,建築物の用途（使いみち）の制限とあわせて,建築物の容積率（延べ床面積の敷地面積に対する割合）,建ぺい率（建築面積の敷地面積に対する割合）,外壁の後退距離の限度など,建築物の建て方の

図表 補.1 土地利用規制型都市計画（用途地域の指定）

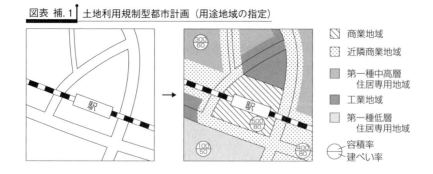

ルールも定められる。この用途地域制度は，建築基準法とリンクしており，用途地域のしばりにより建築することのできない建築物に対しては建築確認はおりない（例えば，住居専用地域では，工場の建築確認はおりない）こととなっている。

　用途地域の指定の目的は，計画において定められた地域ごとに，土地利用のあり方を定め，規制し，一定の土地利用を促すことにある。この計画が定められると，用途地域内に土地を有する者はその用途地域に沿った利用を考えていかなければならない。例えば，第一種低層住居専用地域には原則として低層の住居や小規模な公共施設等しか建設が認められないため，すでにこの区域内に土地を所有している者は，その土地の活用方法としては，用途にあった（低層の住居等を建てること等の）方法を検討しなければならない。また，この用途にはふさわしくない施設（スーパー，パチンコ店，工場など）を営もうとする者はその区域内の土地の購入を控えることになるだろう。このように，土地利用規制型都市計画の策定は，それ自体により，「土地利用の方向性を定める」という目的を果たす効果が認められるものといえる。

　(b)**事業型都市計画**　　続いて，事業型都市計画の具体例として，**土地区画整理事業計画**をみてみよう（図表 補.2）。

　土地区画整理事業とは，都市計画区域内において，道路や公園等の公共施設が整備されていない地域や，宅地の形が不整形である地域について，公共施設の整備と宅地の整形を一体的に行う公共事業であり，土地区画整理法に従って行われる。具体的にいえば，農地や山林として利用されていた不整形で宅地と

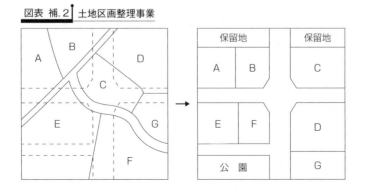

図表 補.2　土地区画整理事業

しては利用しにくい土地について換地（土地の移動，分割，合併，整形）をして利用しやすくしたり，公園や道路などの公共施設を整備したりすることが典型的な目的である。事業が施行されて良好な宅地になると地価が上昇することになるため，それによって利益を得る地権者に土地を提供してもらい（減歩），この土地を公共施設用地にあてるほか，一部を事業主体が保留地として取得し売却し，移転や整備工事の費用にあてることができる。

土地区画整理事業を市町村が施行する場合，①事業計画の決定，②仮換地の指定，③建築物の移転・除却，④換地処分，というプロセスをたどる。土地区画整理事業を行おうとする際に定められるのが，**土地区画整理事業計画**（①）である。この計画は事業の全体計画を定めるもので，施行地区，設計の概要，資金計画などが定められる。事業計画を定めるについて，市町村は事業計画に定める設計の概要について都道府県知事の認可を得るなどの手続を踏むこととされている。工事または換地処分を行うために必要がある場合には仮換地の指定（②）が行われる。仮換地の指定とは，従前地（**図表 補.2**の左図A〜G）に代えて，仮換地（**図表 補.2**の右図A〜G）を仮に使用収益させる行為である。仮換地の指定をした部分から工事が進められていき（③），事業の最終段階で行われる**換地処分**（④）によって，仮換地が正式の所有地とされ，事業が完了する。

注目したいのは，土地区画整理事業計画とは，土地区画整理事業という一連のプロセスの出発点であるということである（**図表 補.2**の点線で示した部分が，土地区画整理事業計画決定で示される内容のイメージである）。計画決定の後に，事業主体（行政）が計画の内容を実現するための事業活動を行うことが予定されており，計画自体では行政活動の一連のプロセスがまだ完結していないとみられることから，**非完結型計画**といわれることがある。これに対して，(a)に挙げたタイプの計画においては，計画の内容を実現するのは私人であり，行政の役割は計画を策定することで完了して，後は，計画に反する建築が行われないように監視をするにとどまるので，**完結型計画**といわれることがある。

136 ● CHAPTER補章 行政計画

行政計画の法的統制

1 計画裁量の統制

(1) 広範な計画裁量とその統制の問題

　行政計画も行政活動の一つである以上，法治主義の原則と調和するものでなければならず，違法な行政計画は，是正されなければならない。行政計画について法律の根拠がある場合には，その法律の定めに反して計画が策定されてはならない。法律のなかで，行政計画が他の計画に適合しなければならないと定められている場合には，このような要請にも従う必要がある。また，平等原則，比例原則などの法の一般原則に反するものであってもならない。

　行政計画の違法を主張することには難しさが伴う。その理由の一つは，**行政計画に含まれる裁量（計画裁量）の大きさ**にある。行政計画に根拠法がある場合でも，その定めは抽象的なものにとどまることも少なくない。行政計画を法治主義の原則と調和させるには，計画策定に法律の根拠を求め，行政計画の内容について法律で詳細な定めを置くのも一つの方法ではあるが，通常の行政行為のように要件と効果を定めて規制することでは，行政計画はその役割を果たせなくなってしまう。計画策定については，行政に広範な計画裁量が認められていることを前提に，その広範な裁量をどのように統制していくべきかを問題としなければならないのである。

(2) 計画裁量の手続的統制──計画策定手続

　行政計画には広範な裁量が認められるということを前提として，行政計画については，事前の手続的統制の重要性が強調されている。具体的には，行政計画に利害関係を有する者の間における多様な利害調整を行うため，計画案の作成段階からこれらの者の参加を募り，その手続的権利を保障しつつ，各種の利害調整を行っていくことが有効であると考えられている。利害関係人の参加などを通じて，計画策定過程の透明性・公正性を高め，民意を反映させるといった**計画策定手続**の仕組みを整えておくことが重要となる。

行政手続法は，行政計画の策定についての手続（計画策定手続）に関する規定を置いていないが，各種の個別法のなかに，実に多様で豊かな計画策定手続が定められている。個別法に定められる計画策定手続には，①計画案の公告・縦覧・意見書の提出等の手続，②公聴会の開催手続，③審議会への諮問手続，④関係者や学識経験者の意見反映のための手続，⑤関係機関・関係行政機関との協議や意見聴取，⑥関係者からの計画案の提案制度，といったものがある。

2 行政計画に対する救済 ●

(1) 違法な行政計画と訴訟

行政計画の違法性を訴訟で争おうとする場合には，どのような訴訟を提起することになるのだろうか。

まず考えられるのは，違法な計画に基づいて個別の行政活動が行われた場合に，その個別の活動の違法性を争うという方法であろう。例えば，都市計画である用途地域指定に基づく建築確認拒否処分があった場合には，建築確認拒否処分という具体的な処分の取消訴訟のなかで，処分の前提として存在する計画の違法性が主張されることになる。

それでは，行政計画そのものを訴訟の対象として，その違法性を争うことはできるのだろうか。行政計画には，処分性が認められないことが多く，その場合は，行政計画そのものを対象として取消訴訟を提起することは認められない（取消訴訟における処分性については第 **10** 章 ☑ **2** を参照）。しかし，学問上行政計画と分類される計画のなかには，その内容や法的位置付けなどに鑑みて，裁判上，処分性が肯定された計画も存在している。この有名な例に，市の行った土地区画整理事業計画決定に処分性を認めた最高裁判決がある（最大判平成 20・9・10 民集 62 巻 8 号 2029 頁［百選Ⅱ152］〔浜松市土地区画整理事業計画事件〕）。

(2) 行政計画の変更によって損害を被った者の救済

行政計画とは「計画」であるから，時の流れや社会情勢の変化のなかで，その見直し（変更）やとりやめ（中止）が行われることも十分に考えられる。それでは，行政計画が変更・中止された場合に，行政計画を信じて行動していた者に一定の不利益が発生したとして，行政に「行政計画通りに活動せよ」とい

138 ● CHAPTER 補章 行政計画

う責任を追及することは可能であろうか。

　行政計画は，社会情勢の変化に応じて，変更されたり修正されたり，場合によっては廃止されたりすることが想定されているものである。したがって，行政計画の変更自体は，ごく例外的な場合を除いて，違法と評価されることはないと考えられている。ただし，行政計画の変更が違法でないとしても，計画の変更または中止によって私人に重大な不利益が生じ，かつ，当該私人が計画の存続を信頼したことについて無理からぬ事情がある場合等には，損害賠償責任が認められることがある（これを，**計画担保責任**ともいう）。下級審の判決であるが，市営団地建設計画に沿い，市からの勧誘を受けて，建設業者が公衆浴場の建設を進めていたところ，市営団地建設計画の中止によって公衆浴場の建設が不要となったケースについて，裁判所は，計画の中止自体を適法としつつ，市が，何らの代償的措置も講じないのは適法行為による不法行為を構成すると判断している（熊本地玉名支判昭和 44・4・30 判時 574 号 60 頁〔荒尾市市営団地建設計画事件〕）。

　なお，こうした問題は，行政計画の変更・中止の場合にのみ生じるわけではなく，より一般的に，行政の施策の継続を信頼した者への保護のあり方の問題としても議論されている（第 **2** 章 ②**2** を参照）。

CHECK

① 　行政計画とは何だろうか。他の行為形式との違いはどこにあるだろうか。

② 　学説上，行政計画にはどのようなものがあると分類されているだろうか。

③ 　都市計画とは何だろうか。土地利用規制型都市計画と事業型都市計画とは，それぞれどのような内容の計画か，整理してみよう。

④ 　行政計画の統制にはどのような難しさがあるのだろうか。行政計画が訴訟で争われるのは，どのような場面かについても，考えてみよう。

2　行政計画の法的統制　● 139

CHAPTER

第 **8** 章

行 政 手 続

行政活動はどのような手続を通じて行われるのか

　　行政の行為形式としてこれまでに学んできた行政行為などの諸活動を行政が実際に行おうとするとき，行政はどのような手順を踏んでそれらを行っているのだろうか。

　　例えば，公安委員会が運転免許の取消しまたは停止の処分（行政行為）をするときには，事前に，免許の所持者（行政行為の相手方）を呼び出して，意見を聴取することになっている。また，市町村などが都市計画を定めるときには，事前に案を公開して関係住民等の意見を聴いたり都市計画審議会に諮問したりすることが義務づけられている。このような手続を「行政手続」という。

　　どのような行政活動をするときに，どのような行政手続を行う必要があるのだろうか。行政手続の一般法である行政手続法は，それぞれの行政活動についていかなる内容の手続を定めているのだろうか。さらに，行政手続に違法があった場合，その手続を通して行われた行政活動の効力にはどのような影響が生じると考えられているのだろうか。本章では，以上のような「行政手続」の問題について学ぶ。

1 行政手続

1 行政手続とは何か

(1) 事前行政手続と事後行政手続

　行政が行政活動を行う際に踏む手続（行政手続）には，行政がある決定をする過程において，あらかじめ，利害関係者から意見を聴いたり，審査会に諮問をしたりする手続もあるが，行政による決定後に，その決定をめぐって不満や紛争が生じた場合に，行政が主体となってその不満や紛争を解決するための手続（行政上の不服申立てなど）もある。両者を区別するため，決定過程で行われる手続を**事前行政手続**，決定後の紛争解決手続を**事後行政手続**という。

　行政法学において，「行政手続」という場合には，主に事前行政手続を意味している。本章でも事前行政手続に絞って説明することとし，事後行政手続は第 11 章にゆずる。事前行政手続について学ぶ際に特に重要なのは，事前行政手続の一般法である**行政手続法**であり，同法は，行政行為（行政手続法では「処分」），届出，行政指導，行政立法などの決定についての手続などを定めている（行政手続法については 2 で説明する）。

(2) 行政手続の機能

QUESTION

　本章の冒頭で出てきた，①公安委員会が運転免許を取り消す際の意見聴取の手続と，②市町村が都市計画を決定する際の関係住民からの意見聴取の手続とを比較して，それぞれ，何のために行われる手続なのかについて考えてみよう。

　(a)私人の権利利益を保護する機能　QUESTION ①に挙げたように，運転免許の取消し・停止といった不利益処分を行う前に，聴聞や弁明書の提出を通じて免許の所持者から意見を聴取する手続が用意されているのは，行政庁が誤った処分をして私人の権利を違法に侵害することを防止するためであり，これらは，私人の権利保護のための手続（権利保護型手続）といえる。

　このような権利保護型手続の整備は，裁判による事後的な救済の限界を補う

1 行政手続 ● 141

ものといえる。違法な処分を受けた者は，裁判による救済を求めることができるが，裁判には時間と費用がかかる。また，例えば学生が退学処分を受けたようなケースを考えると，裁判で勝って復学できたとしても，それまでの失われた時間は戻ってこない。したがって，不利益処分をする前に，相手方の言い分もよく聴いて，行政庁が誤った処分をすることがないよう，予防することが重要となる。このために必要とされるのが，権利保護型手続といえる。

　(b)民主的な決定を確保する機能　　QUESTION ②に挙げたように，都市計画を策定する際に，住民等から意見を出してもらう等の計画策定のための手続（計画策定手続）が用意されているのは，このような手続を踏むことによって，行政決定の過程に，様々な意見や考え方を反映させていくことを目的とするものといえる。行政過程は法律を機械的に執行するにとどまらない。都市計画の決定のように，行政が広い裁量を与えられ，様々な利害を調整し，社会の将来像を描くようなものもある。このような行政過程には，関係住民等の意見を反映し，行政決定を民主化する必要があると考えられているのだといえる（計画策定手続については，補章②1(2)を参照）。

　行政計画の策定手続以外にも，例えば，行政立法などの策定について，多数の私人の意見を反映させるために私人からの意見聴取をする手続が行われることがある。例えば，行政手続法の定める**意見公募手続**は，行政が命令等（法規命令や行政規則）を定めるにあたり，広く私人から意見や情報を収集するための手続である（意見公募手続については，第3章①3を参照）。このような手続も，私人の行政の決定過程への参加を通じて，決定過程を民主化しようとするものといえる。

2　憲法における適正手続の保障の要請と行政手続の整備 ──●

(1) 行政手続と憲法

　学説は，**日本国憲法による適正手続の保障は行政手続にも及び，憲法は私人の権利保護のための行政手続を要請している**と考えてきた。そのような考え方のなかでは，憲法31条の定める適正手続（法定手続）の保障は刑事手続のみならず行政手続にも及ぶという考え方や，基本的人権の尊重をうたう憲法13条が適正手続の保障を含むという考え方などが示されている。

空港建設反対運動のために設けられた建物に対し，告知・弁解等の機会を設けずに行われた工作物使用禁止命令につき，根拠法である新東京国際空港の安全確保に関する緊急措置法（当時）に，事前手続の規定が置かれていないことが憲法 31 条に反するか否かが争われた事件において，最高裁は，憲法 31 条の定める法定手続の保障は刑事手続のみならず行政手続にも及ぶことを認めている（最大判平成 4・7・1 民集 46 巻 5 号 437 頁［百選 I 116］〔成田新法事件〕）。もっとも，最高裁は，行政手続は行政目的に応じて多様であることについても指摘し，手続的保障が及ぶかどうかは，行政処分によって制限を受ける権利利益の内容，性質，制限の程度，行政処分により達成しようとする公益の内容，程度，緊急性等を総合較量して決定されるべきものであるとして，工作物使用禁止命令をするにあたり，その根拠条文中に，命令の相手方に事前に告知・弁解・防御の機会を与える旨の規定がなくても，当該条文が憲法 31 条の法意に反するものということはできない，と判断している。

(2) 法律による行政手続整備の必要性と行政手続法

　憲法による適正手続の保障が行政手続に及ぶとしてもそれだけでは必ずしも十分とはいえないし，また，憲法の規定は抽象的であることから，法律で具体的な手続を定めておかないと日々の行政実務のなかで必要十分な手続を履践することは困難となる。そこで，法律による行政手続の整備が必要となる。

　1993 年に**行政手続法**が制定される前から，個別の行政法規のなかには，不利益処分や申請に応答する処分を行う場合の意見聴取などの事前手続の規定が置かれていた。しかし，多数の個別法によって定められた手続の内容・文言が不統一であったことや，個別法の定める手続が存在しない分野において手続の空白があることが，長い間の懸案であった。

　行政手続法は，長年の懸案を解消するため，従来の裁判例において述べられてきた手続保障の重要性についての考え方をベースとしながら，理論上の議論と検討とを積み重ね，事前行政手続の一般法として制定されたものである。行政手続法が制定されたことにより，行政機関が事前手続の定めを置かない個別法規に基づく行政活動を行う際には行政手続法が適用され，行政機関には同法に定められた手続を履践することが義務づけられるようになった。

1 行 政 手 続 ● 143

2 行政手続法

1 行政手続法の制定とその概要

(1) 行政手続法の制定と改正

　行政手続法の制定までには長い年月を要し，他の先進諸国と比較して遅れをとっていたが，ようやく，1993年に，処分，行政指導，届出に関する手続を定める一般法としての**行政手続法**が制定された。その後，2005年の法改正により，行政立法（行政手続法では「命令等」）に関する手続である意見公募手続が導入され，さらに，2014年に，処分や行政指導について新しい手続を追加するための改正がなされている。

(2) 行政手続法の概要

　行政手続法の目的は，**行政運営における公正の確保と透明性の向上および国民の権利利益の保護**にある（行手1条）。行政手続法が国民の権利利益の保護をその目標に掲げていることは，行政手続法が権利保護型の手続の整備を中心として構想されていることを示している。

　行政手続法は，①処分（申請に対する処分と不利益処分），②行政指導，③届出，④命令等の制定の手続を規定している。行政計画，行政調査，行政契約等の行為形式に関する手続は定められていない（処分手続については本章②2で，行政指導手続については第6章②2・3で，命令等の制定手続については第3章①3で，各々扱う）。

2 行政処分の手続

QUESTION　行政庁が次の各々の処分をする場合，行政手続法によれば，行政庁は処分の前にどのような手続を踏まなければならないだろうか。
①Ａが情報公開法に基づき情報公開請求をしたところ，不開示情報に該当するとして，行政庁（実施機関）がＡに不開示決定処分を行う場合。
②建築士Ｂが複数の建物の耐震偽造に設計者として関わったことを理由として，行政庁がＢの免許を取り消す処分を行う場合。

(1) 申請に対する処分とその手続

QUESTION ①に挙げた不開示決定処分は，情報公開法に基づき，Aが開示の請求（申請。行手2条3号）を出し，それに対して行政庁が開示するかしないかを決定するもの（処分）である。このように，私人が法令に基づいて行政庁に許認可等を求め（申請），これに対して行政庁が諾否（許可または不許可）の応答をする処分を，**申請に対する処分**という。申請に対する処分には，QUESTION ①の例のほかにも，各種の営業許可，運転免許など多数のものがある。

申請に対する処分をなすにあたり，行政庁はどのような手続を踏まなければならないのであろうか。行政手続法によれば，まず，行政庁は許可を行う際の基準を，**審査基準**という形で定めて公にしておく必要がある（行手5条）。審査基準が設定されていることによって，行政庁は，申請の処理を合理的かつ公平に行うことが可能となり，また，申請者は，公にされた審査基準を見ることによって，申請にあたって事前にどのような準備をすればよいのかの予測を立てることが可能となる。また，行政庁は，申請に対する処分に要する期間について，**標準処理期間**を定めることに努めなければならない（行手6条）。申請者は，標準処理期間が設定されていることによって，自分の申請に対する行政庁の判断がいつごろ下されるのか，目安を立てることが可能となる。標準処理期間の設定は努力義務であるが，行政庁がこれを定めたときには公にしておく義務がある（行手6条）。

申請が行政庁の事務所に到達した場合，行政庁は遅滞なく申請に対する審査を開始しなければならない（**審査応答義務**。行手7条）。かつては，行政庁が申請の適法性を審査して**受理**した場合にはじめて審査応答義務が生じると考えられていたが，行政庁が申請を受理せずに放置したり，返戻（突き返すこと）したりするような取扱いもあったことが指摘されていた。このような取扱いを改め，申請者の権利を保護するために，申請書が物理的に到達すれば，行政庁はこれを審査しなければならないという規定（上記の行手7条）が置かれることとなった（これを「**到達主義**」という）。ただし，形式上の要件に適合しない申請については，申請者に補正を求めることもできると定められている。

申請を審査した上で，申請の一部または全部を拒否する処分をする場合には，

2 行政手続法 ● 145

理由を提示しなければならない（行手8条。なお，理由の提示制度や理由付記の不備の問題等については，本章③1(3)を参照）。

　ここで，行政手続法37条が定める届出の手続についても説明しておこう。**届出**とは，行政庁に対して一定の事項を通知する行為であって，通知することが法令で義務づけられているものである（行手2条7号）。その例として，大規模小売店舗立地法5条による大規模小売店舗の新設に関する届出などがある。届出は，申請とは異なり，行政庁に諾否の応答を求めるものではない。行政手続法の制定以前の実務においては，行政庁が届出の適法性を審査して**受理**しないと届出が完了しないという運用がされており，しかも，適法な届出であっても行政庁が受理を拒否する場合があるといった取扱いがあるという問題が指摘されていた。このため，行政手続法は，届出についても，申請と同様にいわゆる**到達主義**を採用し，形式上の要件に適合している届出が提出先の行政機関の事務所に到達したときには，当該届出をすべき手続上の義務が履行されたものとすると規定している（行手37条）。

(2) 不利益処分とその手続

　QUESTION ②に挙げた免許取消処分は，Bに対して，建築士として働くことができるという権利を失わせるものである。このように，行政庁が，法令に基づき，特定の者を名あて人として直接に義務を課しまたは権利を制限する処分を，**不利益処分**（行手2条4号）という。不利益処分は，申請に対する応答として行われるものではなく，行政庁が，法定の要件に該当すると判断した場合に行う。

　不利益処分について，行政手続法は，どのような場合に処分をするか等の**処分基準**をあらかじめ定めておくという努力義務を定めている（行手12条）。処分基準は，申請に対する処分の審査基準と同様，処分の合理性や公平性を担保し，処分の相手方に予測可能性を与えるという機能を有するが，審査基準とは異なりその設定は努力義務とされている。その理由は，不利益処分については，処分の実績が少ないため事前に基準を作ることが困難な場合があること，違反内容や処分事由が必ずしも画一的ではなくあらかじめ基準として明確化しておくことが困難な場合があること，である。また，処分基準のすり抜けを狙う悪

質な業者等の違反行為を助長するおそれがあると考えられること等から，処分基準の公表も努力義務とされている（行手12条）。

不利益処分を行う前に，行政庁は，不利益処分を受けることとなる者へ告知をし，意見陳述の機会を与えなければならない（行手13条）。この意見陳述の機会には，**聴聞**（行手15条以下）と**弁明の機会の付与**（行手29条以下）との2種類がある。聴聞は，許認可の取消しといったように，不利益処分のなかでも処分の相手方に対して重大な不利益をもたらすと考えられるものについて行われる（行手13条1項1号）もので，QUESTION ②のように，許認可等を取り消す処分を行おうとする場合には，聴聞の手続が行われることとされている（同号イ）。聴聞は，行政庁が指名する職員等が「**主宰者**」となって（行手19条），原則として口頭で行われ（行手20条），不利益処分の原因となる事実を証する資料の閲覧（文書等閲覧）を求める権利も保障されている（行手18条）。これに対し，弁明の機会の付与は，原則として，弁明を記載した書面を提出するだけの簡易な手続（行手29条）で，文書等閲覧の権利も保障されていない。

行政庁には，不利益処分をするにあたって，申請拒否処分を行う場合と同様，**処分の理由を提示する**ことが義務づけられている（行手14条1項）。

(3) 処分等の求め

2014年の行政手続法の改正により，法令に違反する事実がある場合において，その是正のために必要な処分または行政指導を，当該処分等をする権限を有する行政庁に対して求める規定（行手36条の3）が設けられることになった。この手続は，第三者の違法な行為等により自己の権利利益を侵害されていると考える者が，当該第三者への規制権限発動を要請する場面などで用いられることが想定されている。2004年の行政事件訴訟法改正により法定化された義務付け訴訟の，いわば行政手続版の制度ともいえるが，この手続は，訴訟と違って，「何人も」行うことができるものとされている。必ずしも，当該事実により自己の権利利益を害されていることを必要としないため，行政庁が違法行為について情報を収集する手段という側面も有している。なお，是正のために求めることのできる処分の内容についての法律上の限定はない。

2　行政手続法 ● 147

(4) 地方公共団体の行政活動と行政手続法

　行政手続法は，地方自治を尊重する趣旨から，地方公共団体における行政活動の一部を適用除外とする規定を置いている（行手3条3項）。地方公共団体の機関が行う行政処分や届出の手続は，法律に基づくものには適用されるが，地方公共団体の条例や規則に基づくものには適用されない。また，行政指導や命令等の制定に関しては，全面的に適用除外とされている。適用除外とされている地方公共団体の行政活動についても，行政手続が不要というわけではない。行政手続法46条は，地方公共団体が行政運営における公正の確保と透明性の向上を図るために必要な措置を講ずるよう努力義務を課しており，これを受けて，多くの地方公共団体が**行政手続条例**を定めている。

③ 行政手続の違法を理由とする処分の取消し

1 行政手続に違法がある場合の問題

(1) 行政手続に違法がある場合，当然に処分を取り消すことができるか？

　行政庁が処分をするにあたり，行政手続法などで義務づけられた手続を適法に行っていない場合，そのことを理由に，処分の取消しを求めることはできるのだろうか。これを，学説は**手続的瑕疵の効果**の問題として議論している。

　この問題については，手続に瑕疵があっても実体的に処分に瑕疵がない場合には取り消しても同じ処分が繰り返されるだけであるから取消事由にならないとする考え方と，適正・適法な手続に基づいた行政決定を受ける権利等の手続的保障の重要性を理由として手続的瑕疵のみでも処分の取消事由になるという考え方が対立している。また，行政庁に手続を遵守させるインセンティブを高めるためには，手続的瑕疵を理由として処分を取り消す必要があるという考え方も示されている。

(2) 行政手続法制定前の判例

　それでは，行政手続に違法がある場合の問題について，裁判所はどのような

148 ● CHAPTER **8** 行政手続

考え方を示しているのであろうか。行政手続法が制定される前の最高裁の判決には，次のようなものがある。

個人タクシー事業の免許申請の却下処分の違法性が問題となった事案（最判昭和 46・10・28 民集 25 巻 7 号 1037 頁［百選 I 117］〔個人タクシー事業免許申請事件〕）において，最高裁は，免許の申請人には公正な手続によって免許の許否について判定を受けるべき法的利益があり，これに反する審査手続によって免許の申請の却下処分がされたときは，処分の違法事由となる，と述べている。その上で，処分の相手方に必要な聴聞その他適切な方法により主張と証拠提出の機会が与えられていたとすれば，行政庁が異なる判断に到達する可能性がなかったとはいえないとして，当該事案における却下処分は違法な処分として取り消されるべきと判断している。

バス事業の免許申請に関し，事業者に対して行われた運輸大臣（当時）の処分（事業免許却下処分）について，運輸審議会（諮問機関）への諮問手続に関する違法（手続的違法）があったと主張された事案（最判昭和 50・5・29 民集 29 巻 5 号 662 頁［百選 I 118］〔群馬中央バス事件〕）では，最高裁は，諮問機関への諮問は極めて重大な意義を有するものであるから，行政処分が諮問を経ないでなされた場合や，諮問を経ていたとしても，諮問を要求する法律の趣旨に反するような誤り（瑕疵）があると認められるときは，行政処分は違法となるとの考え方を示している。その上で，諮問を受けた運輸審議会が行った公聴会審理が，事業者に主張立証の機会を十分に与えていないという問題があったとしながら，事業者において運輸審議会の認定判断を左右しうる意見・主張を追加提出できる可能性があったとは認め難いとして，当該事案における運輸大臣の処分に違法はないと判断している。

以上からすると，申請に対する処分を行う際の意見聴取・諮問手続については，法の要求する手続を全く行わないといった重大な瑕疵がある場合には当然に取消事由となり，それに至らない程度の瑕疵については処分の結果に影響を及ぼす場合に取消事由となるとするのが，最高裁の考え方といえよう。

(3) 理由付記の不備の問題

理由付記（行政手続法では「理由の提示」）の**不備**がある場合に，この行政手続

の違法がどのように扱われるかについて，判例は行政側に対して厳しい判断を示してきたと解されている。旅券法の一般旅券発給拒否処分に付される理由の程度が問題となった事案（最判昭和60・1・22民集39巻1号1頁［百選Ⅰ121］〔一般旅券発給拒否処分事件］）において，最高裁は，旅券法が一般旅券発給拒否通知書に拒否の理由を付記すべきとしている趣旨は，①行政庁の判断の慎重さと公正妥当さを担保してその恣意を抑制すること，および②拒否の理由を申請者に知らせることによって，不服申立てに便宜を与えることであると述べる。その上で，理由付記の程度としては，いかなる事実関係に基づきいかなる法規を適用して処分がなされたかが理由の記載から了知しうるものでなければならず，理由付記が不十分であれば，当然に処分が取り消されるという考え方を示している。そして，旅券発給拒否の根拠とされた旅券法の規定が概括的・抽象的な規定であったことから，本件においてはこの規定に該当することを示すだけでは，旅券法の要求する理由付記としては十分ではない，と判断している。

この判例が示した理由付記のあり方についての判断は，行政手続法による理由の提示の事例にも妥当するもの，と解されている。

2 行政手続の違法と行政手続法 ─────────────●

行政手続法は，**行政手続が違法であった場合の取扱い**については規定を置いていない。行政手続法違反があった場合，違法な手続により行われた行政処分等の取消しを求めることができるかは，行政手続法の解釈問題として，裁判所の判断に委ねられている。学説では，この問題につき，行政手続法に定める手続の違反がある場合には，原則として処分の取消事由とする考え方も示されているが，判例がそこまで厳格な立場をとるかどうかはまだはっきりしていない。

行政手続法の下の新たな論点として，理由付記（理由の提示）において，処分の根拠法規のみならず，それを具体化した審査基準・処分基準の該当項目を示す義務があるかどうかという問題がある。最高裁は，建築士法に基づく懲戒処分として行われた建築士免許取消処分をするにあたり，どの程度の理由が付記されていなければならないかが争点とされた事案（最判平成23・6・7民集65巻4号2081頁［百選Ⅰ120］〔一級建築士免許取消処分取消事件］）において，建築士に対する懲戒処分については，設定・公表されていた処分基準が複雑なものと

150 ● CHAPTER 8 行政手続

なっていることからすると，懲戒処分に際して同時に示されるべき理由として，処分の原因となる事実と処分の根拠法条に加えて本件処分基準の適用関係が示されなければ，処分の名宛人はいかなる理由に基づいてどのような処分基準の適用によって免許取消処分が選択されたのかを知ることは困難であることを指摘し，当該事案における免許取消処分について，行政手続法 14 条 1 項本文の定める理由提示の要件を欠いた違法な処分である，と判断している。

CHECK

① 行政手続の具体例を挙げながら，行政手続の整備はなぜ必要といえるのかについて考えてみよう。

② 日本国憲法と行政手続（の整備）との関係について，学説や判例ではどのような考え方が示されているだろうか。

③ 行政手続法は，行政活動ごとに，どのような手続を定めているだろうか。

④ 行政手続に違法がある行政処分の効力について，学説や判例ではどのような考え方が示されているかについて，整理してみよう。

3 行政手続の違法を理由とする処分の取消し ● 151

CHAPTER

第 **9** 章

行政による情報の収集・管理・利用・開示

情報という観点からみた行政と私人との関わり

　　行政活動は，事実を正確に把握するために，情報を収集することから始まる。もっとも，情報は行政によって利用されるだけではない。行政活動のために収集・作成された情報は，「みんなのもの」として，主権者である国民に対してオープンにされねばならない。だが，行政機関が保有する情報のなかにはオープンにしてはならないものもある。私たちは，特に，自らのプライバシーに関わるような情報については，自らの権利利益を守るため，それがみだりに第三者の目に触れないようにするだけでなく，その収集・管理・利用が適切に行われるよう，コントロールする必要がある。

　　行政は，情報の収集・管理・利用にあたって，どのようなルールに服さなければならないか，また，私たちは，みんなの情報をどのように扱いうるのか，そして，自らの情報をどのように守りうるのか。本章では，情報の有する法的な意味と役割に着目しながら，行政による情報の収集・管理・利用・開示という一連のサイクルを規律している行政調査制度，情報公開制度および個人情報保護制度を学ぶ。

1 行政調査制度

1 行政調査とは何か

QUESTION

　痛ましい児童虐待の事件が後を絶たないなか，児童虐待のおそれがあるとの通報がなされた場合，行政が用いうる調査手段としてどのようなものがあるだろうか。そして，行政が調査を行う際にはどのような手続を踏む必要があるだろうか。

(1) 行政調査の役割とその統制の必要性

　児童虐待のおそれがある場合，行政は，一刻も早く児童を保護しなければならないが，実際には虐待が行われていない場合もありうる。行政が必要な調査を行うために，児童虐待の防止等に関する法律は，保護者に対する出頭要求（8条の2第1項），児童の住所への立入り，調査，質問（9条1項），再出頭要求（9条の2第1項），さらに，裁判所の許可状を得た上での児童の住所の臨検，児童の捜索（9条の3第1項）を認めている。しかし，これらの情報収集活動は，家庭内の私的でデリケートな問題に踏み込まざるをえず，私人の権利利益に大きな影響を及ぼしかねない。そこで，適切な行政決定を担保するための資料収集の利益と私人の自由な生活領域の確保という相対立する利益の調整の下で，このような情報収集活動の法的コントロールのあり方が論じられるべきことになる。

(2) 行政調査の種類

　行政調査は，質問，場所や設備の検証・検査，書類や物件の閲覧・検査，住居への立入り・検証といった事実行為や，報告・物件提出命令といった法行為など，実に様々な手法を通じて行われる。なお，申請や届出も行政にとって重要な情報収集手段であるが，これらは行政が能動的に行うものではないから，以下では取り上げない。

1 行政調査制度 ● 153

多種多様に展開される行政調査活動は，強制力の有無や強制の態様という観点から，①任意調査，②間接強制調査，③直接強制調査に分類される。

①**任意調査**とは，相手方が調査に応じるか否かを任意に決定しうる，強制力のない調査である。②**間接強制調査**とは，正当な理由のない調査拒否に刑罰を科すことによって，間接的に調査への協力を強制する手法である。現行法制度にはこの類型が多く（児童虐待 9 条 2 項等），特に税法分野は，間接強制調査の手法を一般的制度として備えている（税通 74 条の 2，128 条 2 号）。③**直接強制調査**とは，相手方の同意なしに，かつ，その抵抗を実力で制圧しつつ断行できるものであって，即時強制としての性格をもつ（第 **7** 章 ③ 参照）。この最強の手法は，現行法制度上，例外にとどまっている（税通 132 条の臨検・捜索・差押え，児童虐待 9 条の 3 第 1 項の臨検・捜索等）。

これら三つの手法は，一つの調査目的のために，ソフトなものからハードなものへと段階的に用いられることがある。QUESTION においては，任意調査として，保護者を出頭させて調査・質問を行い，間接強制調査として，住所に立ち入って調査・質問を行うという手法が功を奏さないときには，直接強制調査として，裁判所の許可状を得て，強制的に住所の臨検や児童の捜索を行うといった段階を踏んで調査が進められていく。

2　行政調査の法的統制

> **CASE**
> 　税務職員 Y は，民主商工会（民商については後述の Column ❽参照）の会員である事業者 X に対し，所得税確定申告調査のため帳簿書類等の検査をしようとしたが，X は，Y の腰部を押すなどして調査を拒んだことから，検査の拒否妨害の罪で起訴された。X は，調査に関する事前告知を受けておらず，令状の提示もなされなかった。このような調査は許されるか。

(1) 実体的統制

行政調査の法的統制は，実体面と手続面の双方から論じられている。特に税務調査は，他の行政領域に比べて積極的かつ強力に行われ，相手方との衝突を引き起こしてきたがゆえに，行政調査論の代表的な舞台として，判例法理の発

展をもたらしてきた。

　所得税法による税務調査の実体的要件として，判例は，まず，同法が「客観的な必要性」がある場合に調査をする権限を認めるものであるとした上で，「質問検査の範囲，程度，時期，場所等実定法上特段の定めのない実施の細目については，……質問検査の必要があり，かつ，これと相手方の私的利益との衡量において社会通念上相当な限度にとどまるかぎり，権限ある税務職員の合理的な選択に委ねられている」と判示した（最決昭和 48・7・10 刑集 27 巻 7 号 1205 頁［百選 I 104]）。すなわち，税務職員には調査についての裁量が認められるが，調査の**必要性**がなければならず，かつ，**比例原則**による統制に服さなければならない。

(2) 手続的統制

　調査の手続的要件に関しては，憲法上の手続保障，具体的には，憲法 35 条による**令状主義**および 38 条による**自己負罪拒否特権**が，行政調査にも及ぶか否かが問題となる。最高裁が二つの民商事件（最大判昭和 47・11・22 刑集 26 巻 9 号 554 頁［百選 I 103]，前掲最決昭和 48・7・10）を通じて明らかにしたのは，憲法による手続保障は，純然たる刑事手続のみならず，それ以外の手続にも及びうるが，税務調査には及ばないという立場である。税務調査は，①国家財政の基本となる徴税権の適正な運用の確保を目的とするものであって，刑事責任の追及を目的とするものではなく，刑事責任追及のための資料の取得収集に直接結びつく作用を一般的に有するものではないこと，②強制の態様・程度は，間接的心理的なものであり，直接的物理的な強制と同視すべき程度まで達してはいないことから，憲法上の保障の枠外にあるとされた。

　なお，税務官庁が行う調査であっても，国税通則法による臨検・捜索・差押え等の犯則調査は，脱税等の税法上の犯罪にかかる刑事責任の追及を目的とするものであり，また，直接的強制が認められているから，憲法上の保障が及び，実定法上も令状主義がとられている。

(3) 行政調査と目的外利用の可否

　行政調査で得られた情報を，当該調査の目的以外の目的のために用いること

1　行政調査制度　● 155

ができるか，という問題がある。質問検査権は犯罪捜査のために認められたものと解してはならないとされている（税通74条の8）。緩やかな規律の下で認められる税務調査によって収集された情報を，より厳格な規律に服するべき犯罪捜査に流用することは，憲法上の刑事手続の保障をないがしろにしてしまうからである。同様の規定は，数多くの法律に設けられている（独禁47条4項，金商190条2項等）。

⑷ 立法の展開

最高裁判例による憲法上の手続保障の限界に鑑みてか，現在では，舞台は立法に移っている。従来から，個別法において，限定的に，身分証明書の携帯・提示義務（所得税法旧236条）等が定められていたが，2011年の**国税通則法**の改正によって，各税法分野を横断する通則法的規律が定められるに至った。調査の開始日時，場所，目的，対象税目，対象期間，対象物件等の事前通知義務（税通74条の9），調査の終了の際の手続（74条の11），身分証明書の携帯義務（74条の13）などが，それである。現在の立法に照らすならば，CASE のような事前通知を欠く調査は手続的瑕疵を帯びることになる。納税者による裁判闘争が立法による権利保障を促したともいえる。

Column ❽ 民商事件

　民主商工会（民商）は，様々な業種の中小業者が，社会的地位を向上させ，営業とくらしを守るという目的を掲げて結成した非営利団体である（会員数約20万人，事務所数約600）。都道府県レベルに連合会があり，全国レベルに全国商工団体連合会（全商連）がある。これらの組織は，税務行政の民主化を求めて，税務当局と衝突を繰り返してきた。1962年に国税通則法が制定される過程においても民商・全商連は反対運動を展開し，これに対して，当時の国税庁長官が翌年の全国国税局長会議において「3年以内に民商をつぶす」旨の発言をしたといわれている。1972年と1973年の二つの民商事件最高裁判決・決定は，このような激しい対立のなかで生み出されたのである。

2 情報公開制度

1 情報公開制度のコンセプト

QUESTION

情報公開制度の活用によって，官官接待の慣行にメスが入ったことにはじまり，厚生省（当時）による薬害エイズ禍に係る文書隠し，警察・検察による不祥事の隠蔽など，行政による違法・不当な数々の事件が明るみに出されてきた。誰でも，自分自身の利益とは直接関係のない情報でも，公開を求めることができるとされているのは，なぜだろうか。

(1) 情報公開制度の意義

行政は日々，積極的に情報提供を行っている。紙媒体の「市政だより」のような広報誌に加え，ウェブサイト，Facebook，Twitterなどを用いた広報によって，市民は，様々な有益な情報を手にすることができる。しかし，このような形で，行政が保有する膨大かつ多種多様な情報をすべて整理して提供することはできない。そこで，私人に開示請求権を付与し，この行使を受けて行政が保有している情報を開示するという情報公開制度が，法律や条例で設けられている。

地方・国レベルを含め，また，日本のみならず世界各国の情報公開制度に大きな影響を与えたのは，アメリカの連邦情報自由法（Freedom of Information Act: FOIA）である。1966年に制定されたこの法律は，**公開性**（openness）と**説明責任**（accountability）を基本的理念としている。民主主義社会にとって，政府がいかに活動しているかについての情報を市民が与えられていることが不可欠であるという認識に立ち，行政の公開性を促進し，行政の市民に対する説明責任を全うさせようとしたものである。情報公開制度は，憲法上の**国民主権**ないし**民主主義**の理念に基づいて，（特定人ではなく）誰もが（自らの利害に全く関係のない情報であっても）いかなる情報も開示請求しうるとするものである。

⑵ 情報公開制度の展開

　国レベルにおける情報公開制度の整備は，1999 年制定の**行政機関の保有する情報の公開に関する法律**（行政機関情報公開法）と 2001 年制定の**独立行政法人等の保有する情報の公開に関する法律**（独立行政法人等情報公開法）によってようやく実現された。

　では，それ以前は行政情報へのアクセスが閉ざされていたかといえば，そうではない。情報公開制度は，国に先駆けて，地方公共団体のレベルで発達してきた。1982 年に山形県の小さな町（旧金山町）が最初に**情報公開条例**を制定してから，全国の地方公共団体に広がり，国レベルの制度づくりを促した。地方公共団体の先行という事象は，行政手続制度とは正反対である。なお，国の情報公開法は国の行政機関のみに適用されるため，地方公共団体が保有する情報については，国の情報公開法の制定後も，各地方公共団体の情報公開条例によって公開を請求することになる。

Column ❾ 公文書管理制度

　情報公開制度は，文書が適切に管理されていないと実際には動かない。開示を請求された文書が廃棄されていたり，文書を見つけ出せなかったりした場合には，文書不存在として開示請求が拒否されてしまうからである。このような事態が実際に起こっていたことも踏まえ，2009 年に公文書等の管理に関する法律（公文書管理法）が制定された。

　公文書管理法は，公文書等が民主主義の根幹を支える「国民共有の知的資源として，主権者である国民が主体的に利用し得るものである」ことを踏まえ，行政の適正・効率的運営を図り，現在および将来の国民への説明責任を果たすことを目的としている（1 条）。公文書管理法は，**文書の作成・取得・整理・保存・利用・移管・廃棄に至るライフサイクル全体を規律する統一的な文書管理ルール**を定めている。また，歴史資料として重要なもので国立公文書館等に移管・寄贈・寄託されたものは，**特定歴史公文書等**として，行政機関情報公開法の開示請求の対象から除外され，独自のルールで利用に供されることになっている。

---

158 ● **CHAPTER 9**　行政による情報の収集・管理・利用・開示

```
Column ❿ 特定秘密保護法
```

　特定秘密の保護に関する法律（特定秘密保護法）は，防衛，外交，特定有害活動（スパイ活動や核兵器の輸出入等）の防止に関する事項およびテロリズムの防止に関する事項という高度な国家秘密を特定秘密として指定し，その取扱者を制限することによって，漏洩の防止を図り，日本と日本国民の安全を守ろうとするものである。

　特定秘密を記録する行政文書も，公文書管理制度や情報公開制度の適用を受けることに変わりはない。しかし，特定秘密として指定されると，5年を超えない範囲内において有効期間が定められ（有効期間は延長可能であるが，原則として30年を超えることはできない），特定秘密の提供が厳しく制限され，かつ，特定秘密の取扱い業務を適性評価に適合した者にのみ行わせ，漏洩行為等を罰するなどの措置がとられる。秘密保護の必要性と民主的コントロールの必要性との間で，指定手続の厳格化や第三者によるチェックの適正化などが引き続き検討されなければならない。

2　情報公開制度の基本構造

```
CASE
```
　Xが，Y県情報公開条例に基づいて，Y県知事の交際費に係る文書の公開を請求したところ，懇談等の日時・場所・出席人数・飲食費用・支払年月日などが記載されている関係業者の請求書・領収書等がこれに該当すると特定された。Y県は，これらの情報をすべて開示する義務を負うか。Y県が開示する義務のない情報があるとしたら，それはどのような理由によるものか。なお，Y県情報公開条例は，不開示とすることができる情報の範囲について，行政機関情報公開法と同様の規定を置いているものとする。

(1) 実体的仕組み

　(a)開示請求権　　まず，誰もがいかなる情報でも開示請求できるという情報公開制度のコンセプトが，法律上どのように表されているか，確認しておこう。

　行政機関情報公開法3条は，「何人も」「開示を請求することができる」と定

2　情報公開制度　● 159

めている。開示請求権を与えられているのは日本国民に限られないし，日本における居住も要件とされていない。外国に居住している外国人も，日本政府の保有する情報の開示を請求しうるのである。ただし，地方公共団体の条例においては開示請求者を住民に限定するケースもある。

　開示請求の対象となる「行政文書」は，行政機関情報公開法2条2項に定義されている。紙の文書のみならず「電磁的記録」も行政文書に含まれる。他方，公務員が職務遂行のために作成した文書でも，当該公務員のみが用いる個人的なメモ書きなどは対象とならず，「組織的に用いるもの」（組織共用文書）に限られる。また，行政機関が「保有しているもの」が対象となり，開示請求を受けて文書を作成することは義務づけられていない。

　(b)不開示情報　　　開示請求がなされた場合，行政はどのように対応しなければならないだろうか。行政機関情報公開法は，**原則としてあらゆる行政文書の開示を義務づけ**，例外的に開示を拒否できる情報（不開示情報）を列挙するという方式を採用している（5条）。

　そこで，当該文書が**不開示情報**に該当するか否かの判断が，情報公開制度の肝となる。不開示情報の類型として，個人に関する情報，法人に関する情報，国の安全等に関する情報（防衛関係情報，外交関係情報等），公共の安全等に関する情報（犯罪の予防・鎮圧，捜査等に関する情報），審議・検討・協議に関する情報（審議・検討・協議の途上にある未成熟な情報），事務・事業情報（試験や人事など，開示によって事務事業の遂行に支障が生ずるような情報）が掲げられている（行政情報公開5条1号～6号）。

　なかでも**個人情報**については，プライバシー保護の観点から慎重に判断する必要がある。行政機関情報公開法は，「個人に関する情報」のうち，「特定の個人を識別することができるもの」（個人識別情報）を原則として不開示としている（5条1号柱書）。なお，開示請求された情報に氏名や住所などの個人識別情報が含まれていなくても，他の情報（例えば新聞報道等）と照合することにより個人が識別される場合も個人識別情報にあたるとされている。しかし，特定の個人が識別されうるだけで不開示とされると，不開示の範囲が広がりすぎるので，個人識別情報であってもなお例外的に開示を義務づける情報が列挙されている（同号ただし書イ～ハ）。例えば，公務員については，職務遂行に係る情報

160 ● CHAPTER 9　行政による情報の収集・管理・利用・開示

のうち，少なくとも，職と職務遂行の内容（ただし書ハ）は明文で開示が義務づけられ，さらに，その場合は公務員の氏名も，ただし書イの「慣行として公にされ，又は公にすることが予定されている情報」にあたるため開示すべきであると考えられている。CASE において，知事の交際の相手方に関する情報は，相手方の個人情報にあたり，かつ，5条1号ただし書にあたらないため，不開示とされる。

(c)部分開示　　開示請求に対する応答として，全部開示ないし全部不開示のほか，部分開示という方法がある。当該文書の一部にのみ不開示情報が含まれている場合であって，その部分を容易に区分して除くことができるときは，当該部分を除いた部分は開示されなければならない（行政情報公開6条1項）。

CASE において，交際費の執行内容を明らかにした文書は，当該個人を識別させる情報（氏名，職業等）を除くことによって，残りの部分（懇談等の日時，場所等）を開示してもよさそうにみえる。しかし，個人識別部分のみならず，残りの部分も含めて相手方の「個人に関する情報」にあたるため，行政機関情報公開法6条1項によって部分開示を義務づけることはできない。そこで，同条2項は，個人識別部分を除くことによって，残りの部分を開示しても，個人の権利利益が害されるおそれがなくなるときは，残りの部分は「個人に関する情報」に含まれないものとみなして開示すべきものとしている。

(d)存否応答拒否　　文書を開示しなくても，当該文書の存否を応答すること自体によって，不開示情報が開示されてしまうことがある。例えば，特定人のカルテの開示を請求された国公立病院は，カルテが存在する場合には個人情報にあたるとして，また，カルテが存在しない場合には不存在を理由として，不開示決定をすればよいのだろうか。しかし，これらの決定をしたら，特定人がその病院で治療を受けたか否か，という個人情報が開示されてしまうことになる。このような場合には，例外的に，当該文書の存否自体を明らかにせずに請求を拒否する方法（存否応答拒否）がとられる（行政情報公開8条）。

(2) 開示または不開示の決定に対する救済手続

(a)不服申立て　　開示請求者が不開示の決定を受けたり，開示請求者以外の第三者が，自己の個人情報を開示する決定がされたりしたような場合，これら

2　情報公開制度　● 161

の者は，司法的救済を求めることができる。これら利害関係者はただちに訴訟を提起することもできるが，情報公開制度においては，行政上の**不服申立て**の仕組みが重要な役割を果たしている。行政機関情報公開法は，行政不服審査法の規定に基づく審査請求がなされた場合に，行政機関の長が，第三者的な専門的審査機関（**情報公開・個人情報保護審査会**。以下「審査会」という）に諮問した上で，審査請求に対する判断をすることを義務づけている（19条1項）。審査会の答申は，諮問庁を法的には拘束しないものの，事実上ほぼ完全に尊重されており，答申を受けて不開示決定が改められることも少なくない。

(b)**インカメラ審理**　審査会は，必要と認めるときは，諮問庁に対し，開示請求に係る文書の提示を求めることができ，諮問庁はこの求めを拒むことはできない。審査会は，自ら当該文書を見分した上で判断しうる。これを**インカメラ審理**という。

他方，このような審理を訴訟の段階で裁判所が行うことは，憲法82条との関係で許されないのではないかという議論があった。憲法82条は，裁判の公開を原則としており（1項），公開の法廷でインカメラ審理を行うことは文書を開示することに等しい。確かに，憲法82条は「裁判官の全員一致で，公の秩序又は善良の風俗を害する虞があると決した場合」に非公開を認めているが（2項），裁判の公正の確保の要請に照らして，この例外は厳格に解釈されていたのである。

最高裁は，最決平成21・1・15（民集63巻1号46頁［百選Ⅰ39]）において，インカメラ審理を認めなかったが，その理由として，訴訟で用いられる証拠は当事者の吟味・弾劾の機会を経たものに限られるという民事訴訟の基本原則に反するからであると述べた。つまり，最高裁は，憲法82条違反を問わないことで，立法政策の問題であることを明らかにしたのである。立法上は，1996年の民事訴訟法改正によって，文書提出命令の対象性の判断に際してインカメラ審理が導入されており，行政機関情報公開法を改正してインカメラ審理を導入することも議論されている。

(c)**開示決定によって害される第三者の権利保護のための手続**　情報公開争訟には，開示請求者が不開示決定を取り消すよう求めるもののみならず，開示請求者以外の第三者であって開示決定により不利益を受ける者が，開示決定を争

162 ● CHAPTER9　行政による情報の収集・管理・利用・開示

うというものもある。行政が，第三者の個人情報や企業秘密に関わる情報など
を開示しようとするとき，第三者の開示されない利益は，それとして正当に保
護しなければならない。そのための手続として，開示請求の対象とされた行政
文書に第三者の情報が記録されているときには，開示決定に先立ち，当該**第三
者に意見書提出**の機会が与えられている（行政情報公開 13 条）。ただし，第三者
が反対意見を述べたとしても，行政はこれに拘束されず，開示決定を下すこと
は可能である。その場合には，この手続のポイントは，反対意見を提出した者
に対して開示決定の通知がなされ，かつ，開示決定後ただちに開示が実施され
ないこと，つまり，開示の実施を止めるための執行停止を求める時間が第三者
に与えられることにある。

図表 9.1 情報公開請求の流れ

開示請求（3 条）

    → 原則開示（5 条）……第三者による意見書提出手続（13 条）

    → 不開示情報（5 条各号）── 全部不開示，部分開示（6 条），存否応答拒否（8 条）

    → 文書不存在 ── 不開示

    → 不服申立て → 審査会への諮問（19 条），インカメラ審理，答申

        → 諮問庁による裁決・決定

    → 訴訟

（かっこ内は行政機関情報公開法の条文）

Column ⓫ 大量請求の問題

　開示請求権は何人に対しても目的を問わずに権利として認められているが，
現実には，開示請求に対する応答自体が行政にとって極めて重い負担となるこ
とがある。行政は，時には，数千ページに及ぶ公文書を対象文書として特定し，
一字一句ごとに不開示情報該当性を判断しなければならない。大量請求である
というだけの理由で請求を拒否しえないとしても，個別の事務処理や特定の職
員への不満を背景にした，嫌がらせ目的による開示請求や，開示された文書を
閲覧しないまま繰り返される大量の文書の開示請求などは，もはや権利濫用と
評価されるべきであろう。権利行使と権利濫用との判別の基準をいかに設定す
るか，また，権利濫用を許さないような制度をいかに設計するか（例えば，開
示請求権の濫用禁止規定の明文化，開示実施手数料の予納制度）といった課題
にも真剣に取り組む必要がある。

2　情報公開制度　● 163

③ 個人情報保護制度

1 個人情報保護制度のコンセプト

CASE

Xは，Y県立A高校を卒業し，大学に入学した後，入学試験の判定材料の一つとなった自らの高校内申書を確かめたいと思っている。内申書には，担当教員による主観的な評価や各教科の学習到達段階を示した学習記録が記載されている。Y県個人情報保護条例が，行政機関個人情報保護法と同様の規定を置いている場合において，Xは，Y県個人情報保護条例に基づいて内申書の開示請求をすることができるか。また，開示請求に対して，不開示決定がなされた場合や，開示された情報に誤りがあると思われる場合に，Xはどのような救済を求めることができるか。

(1) 個人情報保護制度の基礎理念

②で学んだ情報公開制度が，国民の行政への参加と監視のために，何人に対してもいかなる情報へのアクセスをも認めるものであるのに対し，③で学ぶ個人情報保護制度は，憲法上の**プライバシー権**という個人的権利を基礎にしている。

プライバシー権は，かつては，私生活をみだりに公にされない権利と解されていたが，今日では，**自己情報コントロール権**をその内容とするという学説が有力である。これは，憲法13条を根拠に，情報に関する個人の自己決定権として，自己に関わる情報を公権力がどのように取り扱うべきかをコントロールする権利が認められるべきであるとするものである。自己情報コントロール権の概念は判例上いまだ認められていないものの，行政機関個人情報保護制度は，開示請求，訂正請求，利用停止請求に関する本人の権利を保障することを通じて，自己情報コントロール権を具体化しているとみることもできる。なお，プライバシー権は，国家のみならず他の私人からも保護されるべきであることから，個人情報保護制度は広く私人間をも規律の対象としている。

164 ● CHAPTER9 行政による情報の収集・管理・利用・開示

(2) 個人情報保護制度の展開

情報公開制度と同様に，個人情報保護制度も，地方公共団体による条例の制定・運用が国に先行した。国レベルでの法制度の整備は，まず，1988年の「行政機関の保有する電子計算機処理に係る個人情報の保護に関する法律」から始まり，2003年になって，基本法に相当する部分と私人間のルールを定める**個人情報の保護に関する法律**（個人情報保護法）とともに，行政機関および独立行政法人等による個人情報の取扱いを規律する**行政機関の保有する個人情報の保護に関する法律**（行政機関個人情報保護法）および**独立行政法人等の保有する個人情報の保護に関する法律**（独立行政法人等個人情報保護法）が制定された。他方，地方公共団体による個人情報の取扱いには，法律は適用されず，条例等で規律されている。以下では，法律の定めを主たる対象として説明する。

2 個人情報保護制度の基本構造

(1) 個人情報保護制度の目的と行政機関の義務

行政機関個人情報保護法は，「行政の適正かつ円滑な運営を図り，並びに……個人情報の有用性に配慮しつつ，個人の権利利益を保護すること」を目的とし（1条），個人情報を取り扱う行政機関に次のような義務を課している。①個人情報の**収集**の段階においては，本人から直接書面により収集するときは，原則として事前に利用目的を明示しなければならず（4条），②収集された個人情報の**保有**の段階においては，個別的具体的に特定された利用目的を超えた保有は許されず（3条），③個人情報の**利用・提供**の段階においては，利用目的以外の目的のために自ら利用し，第三者に提供することは，原則として禁止される（8条）。このように，行政機関個人情報保護法は，**利用目的**の観点から，個人情報の収集・保有・利用・提供を通じて，**保護と利用の調整**を図っているといえる。

(2) 個人情報に係る本人の権利

個人情報の収集・保有・利用・提供を通じて行政機関に課されたルールが守られているかをチェックするべく，本人による開示・訂正・利用停止請求制度

3 個人情報保護制度 ● 165

が定められている。

　第1に，行政の保有する個人情報の本人は，自己の情報の開示を求めることができる（行政個人情報12条以下）。情報公開制度の下では，誰がどのような目的で開示請求をしているかは考慮されないので，開示請求者が本人であるか否かを区別せずに，個人識別情報として原則不開示とされるが，個人情報保護制度は，本人が自己情報に限って開示請求をすることができる制度であり，本人であればプライバシーが侵害されるおそれがないため，原則として開示される。ただし，本人の情報であっても，事務事業情報など，他の不開示情報にあたるとされることがあり（例えば，CASEにおける担当教員による主観的評価の部分），また，本人の個人情報以外の情報（本人以外の者の個人識別情報等）が含まれているときは，その部分については情報公開制度とほぼ同様の仕組みの下で不開示とされる場合がある。第2に，行政機関から開示を受けた個人情報の内容が事実でないと思われるときは，その情報の訂正を請求できる（27条以下）。第3に，自己の個人情報につき，違法な取得・利用・提供があると思われるときは，その利用の停止を請求できる（36条以下）。

　開示・訂正・利用停止の請求に対する決定等に不服があるときは，行政機関情報公開法に準じて，情報公開・個人情報保護審査会への義務的諮問等の手続（43条）が定められた不服申立手続を用いることができ，取消訴訟を提起することもできる。

　以上を踏まえると，CASEにおいて，Xは，Y県教育委員会教育長に対して自らの高校内申書の開示を請求することができ，不開示決定を受けた場合には不服申立てや訴訟により救済を求めることができる。また，開示された情報に誤りがある場合には自己情報の訂正請求を行うことができ，これを拒否された場合にも，不服申立てや訴訟を用いることができる。

Column ⓬ 個人情報の利活用

　個人情報保護制度は，住民基本台帳ネットワークの法制化の過程で，個人情報保護に関する法整備の必要性の認識が強まったことを契機として法制度化されたが，個人情報のさらなる利活用との間で，新たな局面を迎えている。

2013 年に成立した「行政手続における特定の個人を識別するための番号の利用等に関する法律」（番号法）は，社会保障と税の一体改革のなかで「公正な給付と負担の確保」を図るために，個人番号の付番とそれをキーとした関係機関間の特定個人情報の共有を定めるものである。個人番号をキーとしたデータマッチングは，重大なプライバシー侵害をもたらすおそれがあることから，この法律は，利用範囲の限定列挙（現在のところ，社会保障，税および災害対策に関する事務に限られている）や提供範囲の限定など，一般の個人情報に比べてより厳格な保護措置を定めており，これまでに説明してきた**個人情報保護三法の特別法**として位置づけられている。

　また，行政機関個人情報保護法の 2016 年改正により，行政機関非識別加工情報提供制度（第 4 章の 2）が導入された。この制度は，「特定の個人を識別することができない……ように個人情報を加工して得られる個人に関する情報であって，当該個人情報を復元することができないようにしたもの」（2 条 8 項柱書）を事業者に提供し，個人情報の活用による新産業の創出等を目指すものである。基本的な仕組みは，民間部門を規律する個人情報保護法の匿名加工情報制度と共通しているが，公的部門ならではの規律として，[事業者による提案→行政機関の長による審査・判断→利用契約の締結]というプロセスを経た上で，行政機関の長は行政機関非識別加工情報を作成し提供することとされている。

　なお，医療情報については特別法（医療分野の研究開発に資するための匿名加工医療情報に関する法律）が制定されている。

CHECK

① 情報の収集の段階における法的規制について，行政調査制度と個人情報保護制度を念頭に置きつつ，考えてみよう。

② 情報の管理の段階における法的規制について，公文書管理法をも含めて整理してみよう。

③ 情報の利用の段階における法的規制について，個人情報保護制度の中核となる考え方はどのようなものだろうか。

④ 情報の開示の段階における法的規制について，特に個人情報をめぐり，情報公開制度と個人情報保護制度を比較してみよう。

3　個人情報保護制度　●　167

第2部
行政救済法

CHAPTER 10 　行政訴訟
　　　　11 　行政上の不服申立て
　　　　12 　国家賠償
　　　　13 　損失補償

CHAPTER

第 **10** 章

行 政 訴 訟
行政活動に特有の訴訟

　私人と国や地方公共団体等の行政主体との間で，または行政主体相互間で訴訟が提起されることがある。こうした訴訟のなかには，民事訴訟もあるが，行政活動に特有の訴訟もあり，これを行政訴訟という。行政訴訟の代表例は取消訴訟であり，不許可処分や免許取消処分などの行政処分に不服がある私人がその取消しを求める訴えである。取消訴訟は行政事件訴訟法で定められており，この法律は取消訴訟以外にも様々な行政訴訟を用意している。この章では，取消訴訟を出発点として，どのような場合にどのような行政訴訟を利用することができるのかを学ぶ。

1 行政訴訟にはどのようなものがあるか

1 処分取消訴訟——行政訴訟の代表例——————————————●

> **CASE**
>
> 　Xは，Y市保健所長から営業許可を受けて，焼肉店を営業している。今月初め，Xの店で食事をした複数の客が食中毒で入院する事故が起きた。この事態を重くみたY市保健所長は，Xに与えた営業許可を取り消す処分をした。それに対してXは，この処分は厳しすぎるので違法ではないかと考えている。XがY市を相手取って訴訟を提起するとしたら，どのような訴訟を提起すればよいだろうか。

(1) 民事訴訟と行政訴訟（取消訴訟）

　私人が提起する訴訟の典型例は民事訴訟であり，民事訴訟では，原告も被告も私人であるのが普通である（訴訟を提起する者を原告といい，訴えられる側の者を被告という）。もっとも，行政主体を被告として提起される民事訴訟もある。公務員の違法・有責な職務行為によって損害を受けた者は，国または地方公共団体に対して損害賠償（国家賠償）を求めることができるのであるが（第12章②），国家賠償を求める訴訟は民事訴訟である。CASE において，Xが営業許可取消処分によって生じた損害について金銭賠償を求めようとするならば，XはY市を被告として国家賠償を求める民事訴訟を提起することができる。

　Xが国家賠償を求める訴訟を提起して勝訴したとしても，営業許可取消処分の効力が消滅するわけではない。Xが，訴訟によって営業許可取消処分の効力を消滅させて，営業を再開したいのであれば，Xは行政事件訴訟法に規定されている処分取消訴訟（行訴3条2項）を提起するべきである。処分を取り消すことのできる訴訟は処分取消訴訟だけである（取消訴訟の排他的管轄。第4章①3(1)(a)参照）。「処分」は，行政行為（第4章）とほぼ同じ行為を意味するが，若干違いもある（この点については②2で詳しく説明する）。行政事件訴訟法は，処分取消訴訟のほか，様々な種類の行政訴訟（行政事件訴訟）を用意している（処分取消訴訟以外の行政訴訟は2で紹介する）。

1　行政訴訟にはどのようなものがあるか　● 171

(2) 取消訴訟制度が設けられている理由

処分を取り消すために，取消訴訟という特別の訴訟が設けられているのはなぜだろうか。主な理由は，取消訴訟を提起することができる期間を制限することや（出訴期間。⚡5(2)参照），裁判所による仮の救済について民事訴訟の場合よりも厳しい要件を定め，処分の効力や執行が簡単には停止しないようにすることで，公益が害されたり第三者に不測の損害が生じたりすることを防ぐという点にある（仮の救済については⚡で説明する）。CASE の X のように，営業許可取消処分を受けた事業者が，裁判所に仮の救済を申し立てれば簡単に営業を再開することができるとすると，顧客に被害が発生したり拡大したりすることを防ぐことができず，公益に反する結果がもたらされる場合もあるだろう。

もっとも取消訴訟は，違法な処分によって権利利益を侵害される者を救済するための制度でもある。取消訴訟制度が公益を優先する側面をもっていることは確かであるが，国民の権利利益の救済をおろそかにしてもよいということではない。2004 年には，国民の権利利益のより実効的な救済手続を整備するために行政事件訴訟法が改正され，取消訴訟に関しては，原告適格（取消訴訟を提起することができる資格。⚡3参照）の拡大，出訴期間の延長，執行停止（仮の救済）の要件の緩和などの制度改革が行われた。

2 処分取消訴訟以外の行政訴訟 ─────────●

(1) 処分取消訴訟以外の抗告訴訟

行政事件訴訟法は，「行政庁の公権力の行使に関する不服の訴訟」を**抗告訴訟**と呼んでいる（3条1項）。処分はここでいう公権力の行使のなかに含まれるので，処分に関する不服の訴訟は抗告訴訟である。行政事件訴訟法は，抗告訴訟の類型として，処分取消訴訟のほか，裁決取消訴訟・無効等確認訴訟・不作為の違法確認訴訟・義務付け訴訟・差止訴訟を法定している（同条2項以下。それ以外の抗告訴訟は，法定外抗告訴訟または無名抗告訴訟と呼ばれる）。

(a)裁決取消訴訟 裁決取消訴訟は，不服申立てに対する裁決・決定などの行為の取消しを求める訴訟である。不服申立てとは，行政庁の処分その他の行使にあたる行為に不服がある者が行政庁に対してその取消しなどを求める制度

172 ● CHAPTER 10 行政訴訟

である（第11章）。行政事件訴訟法は，不服申立て一般を審査請求と呼び，これに対する裁断行為である裁決・決定などを総称して裁決と呼んでいる。CASEのXがY市保健所長から営業許可取消処分を受けた場合，XはY市長に対して審査請求をすることができる。Y市長が審査請求を斥ける裁決をした場合，裁決取消訴訟を提起できる。裁決は行政行為の一種であるが，訴訟手続上通常の処分とは異なる取扱いをする必要があるため，裁決取消訴訟と処分取消訴訟は区別されている（これらの訴訟の使い分けについては，25(1)(b)を参照）。

(b)**無効等確認訴訟**　無効等確認訴訟は，処分の無効などの確認を求める訴訟である。行政行為は違法であっても一応有効であるが，少なくともその違法性が重大かつ明白である場合には無効となる（第4章32参照）。営業許可取消処分を受けたXが，その処分は無効であって，これを裁判所に確認してもらいたいと考えている場合には，処分無効確認訴訟を提起できる可能性がある（詳しくは，31で説明する）。

(c)**不作為の違法確認訴訟**　Xが飲食店営業許可を申請したところ，Y市保健所長から不許可処分を受けた場合には，Xは処分取消訴訟を提起することができる。それに対して，Y市保健所長が許可も不許可もしない場合には，処分取消訴訟を提起することができない。このような場合において，申請に対する不応答（不作為）が違法であることの確認を求める訴訟が，不作為の違法確認訴訟である（詳しくは，32で説明する）。

(d)**義務付け訴訟**　Xの飲食店営業許可の申請に対し，Y市保健所長が不許可処分をした場合や申請に対して応答しない場合には，Xは，Y市保健所長が申請を認容して営業許可をすることの義務付けを求める訴訟（義務付け訴訟）を提起することもできる。また，義務付け訴訟では，法令上申請をすることが認められていない処分（行政庁の職権による処分）の義務付けを求めることもできる（詳しくは，33で説明する）。

(e)**差止訴訟**　XがY市保健所長から営業許可を取り消す処分を受けた場合には，その取消訴訟を提起することができるが，処分がなされる前の時点で，その差止めを求めることはできるだろうか。行政事件訴訟法は，行政庁が一定の処分をしてはならない旨を命ずることを求める訴訟を認めており，これが差止訴訟である（詳しくは，34で説明する）。

1　行政訴訟にはどのようなものがあるか　● 173

(2) 抗告訴訟以外の行政訴訟

　行政事件訴訟法は，抗告訴訟以外の行政訴訟として，当事者訴訟・民衆訴訟・機関訴訟という3種の訴訟を定めている（2条，4条~6条）。

　(a)**当事者訴訟**　当事者訴訟は，処分を直接争うのではなく，民事訴訟と同様に，金銭の給付や権利義務の存否の確認などを求める訴訟である（行訴4条）。当事者訴訟は，公法上の法律関係に関する訴訟（実質的当事者訴訟）と，実質的には処分に関する不服の訴訟であるが法令の規定により当事者訴訟の形式をとるもの（形式的当事者訴訟）に分けられる。公務員の勤務関係に関する訴訟（未払いの給与の支払請求など）が前者の典型例であり，土地収用法に定める損失の補償に関する訴え（収用133条2項・3項）が後者の典型例である（詳しくは，4**1**で説明する）。

　(b)**民衆訴訟・機関訴訟**　抗告訴訟や当事者訴訟は，原告の権利利益の救済を目的とする訴訟であるが（このような訴訟を**主観訴訟**という），民衆訴訟や機関訴訟は，そのような目的をもたず，客観的な法秩序の維持または公益の保護を目的とする訴訟である（このような訴訟を**客観訴訟**という）。客観訴訟は，当事者間の具体的な権利義務を争うものではなく，法律がこの種の訴訟を認めた場合に限り裁判所の権限に属すると考えられている。

　民衆訴訟は，国または公共団体の違法行為の是正を求める訴訟で「自己の法

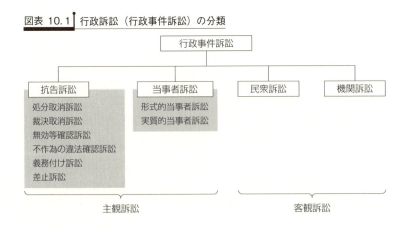

図表 10.1　行政訴訟（行政事件訴訟）の分類

律上の利益にかかわらない資格」で提起するものをいう（行訴5条）。地方公共団体の住民が，地方公共団体の違法な財務運営を統制する住民訴訟（自治242条の2）がその代表例である（詳しくは，4 2(1)で説明する）。機関訴訟は，国または公共団体の機関相互間における権限の存否やその行使に関する紛争についての訴訟である（行訴6条）。地方自治法には，地方公共団体の議会の議決や選挙の適法性に関する紛争について，地方公共団体の長または議会の出訴を認める仕組みがある（自治176条。詳しくは，4 2(2)で説明する）。

取消訴訟

　行政事件訴訟法は，処分取消訴訟と裁決取消訴訟をまとめて取消訴訟と呼んでいる（9条1項参照）。実務上重要なのは，処分取消訴訟のほうである（裁決取消訴訟が利用される場合については，5(1)(b)参照）。以下では処分取消訴訟を中心に学習しよう。

1　取消訴訟の訴訟要件

　処分取消訴訟が提起された場合，処分が違法であるかどうかが審理され，違法が判明すれば取消判決（請求認容判決）が下される，というのが基本的な流れである。しかし，出訴期間が経過した後で処分取消訴訟が提起された場合などのように，訴訟を提起するための要件が満たされていない場合には，処分が違法であるかどうかについての裁判所の判断が示されることなく，訴えが却下される。訴え却下判決は，いうなれば「門前払い判決」である。

　訴訟を提起するための要件を**訴訟要件**という。どんな訴訟であっても訴訟要件が満たされていなければ不適法として却下されるが，民事訴訟の場合には，

図表 10.2 処分取消訴訟の提起〜判決

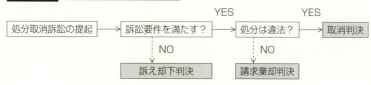

訴え却下判決が出されることはほとんどない。それに対して行政訴訟では，訴訟要件を満たしていないことを理由に訴え却下判決が下されることも少なくない。以下では，取消訴訟の訴訟要件にはどのようなものがあるのか，それが満たされるのはどのような場合かについて学習しよう。

2 取消訴訟の訴訟要件①
——取消訴訟の対象となる処分（処分性）————————————●

　行政事件訴訟法は，裁決を除く「行政庁の処分その他公権力の行使に当たる行為」を取消訴訟の対象とし，これを略して処分と呼んでいる（3条2項）。この処分は，取消訴訟以外の抗告訴訟の対象でもある。取消訴訟の対象になるものは「処分性を有する」といわれることがある。処分性を有するのは，具体的にはどのような行為だろうか。

▌(1) 当然に処分性を有するもの ▌

　処分性を有する行政活動の典型例は，**行政行為**である。やや古い判例であるが，最判昭和39・10・29（民集18巻8号1809頁［百選Ⅱ148］〔東京都ごみ焼却場事件］）は，「行政庁の処分とは……公権力の主体たる国または公共団体が行う行為のうち，その行為によつて，直接国民の権利義務を形成しまたはその範囲を確定することが法律上認められているものをいう」と判示していた。ここで示された処分の定義を分析すると，①公権力の行使にあたる行為であること（**権力性**），②国民の権利義務を形成確定すること（**法効果**），③国民の権利義務を「直接」形成確定すること（法効果の**直接性**または具体性），④法律の根拠があること，が必要とされている。現在でも，①～④のすべての要素をもつものは処分性を有すると考えられている。行政行為は，①～④の要素をもつものであり，取消訴訟の対象となる処分である。

　私人の身体や財産に実力を加える**行政代執行**や**直接強制**，即時強制は，①の権力性を有するものの，②の法効果をもたない事実行為である。しかし，行政事件訴訟法の制定時から，これらの権力的な事実行為は，相手方の権利自由を侵害する可能性をもつので，「その他公権力の行使に当たる行為」（行訴3条2項）にあたり，取消訴訟の対象になると考えられている。もっとも，事実行為

176 ● CHAPTER **10** 行政訴訟

を取消訴訟の対象とする意味は，裁判所に事実行為の違法を認定してもらい，事実行為を中止させることにある。したがって，実際に取消訴訟の対象にすることができる事実行為は，継続性のあるものだけである（例えば，即時強制として行われる強制入院）。それに対して，すぐに完了してしまうものは，実際上取消訴訟の対象にすることはできない。

①〜④の要素を備えているかどうかを問わず，法律の規定が一定の行政活動を処分とみなしている場合もある。国家公務員法は，懲戒処分を受けた職員は人事院に審査請求をすることができること（90条1項），懲戒処分の取消訴訟は，審査請求に対する人事院の裁決を経た後で提起すべきこと（92条の2）を定めている。公務員に対する懲戒処分は民間の会社が従業員に対してする懲戒と同じような性質の行為とみることもできるが，国家公務員法は，職員に対する懲戒処分を取消訴訟の対象になるものとしている。なお，審査請求の対象も抗告訴訟と同様に処分であるため，一定の行政活動について審査請求を認める規定のみが置かれている場合でも，その行政活動は処分性を有すると考えられている。

▌(2) 当然に処分性を有するとはいえないもの▐

即時強制などの権力的な事実行為を別にすると，①〜④のいずれかの要素を欠いている行政活動は，当然に処分性を有するとはいえない。行政主体と私人の合意により締結される**行政契約**は，国民の権利義務を直接形成する法効果（②および③）を有するものの，権力性（①）をもたないので，処分にはあたらない（指名競争入札における指名回避措置も処分ではないと考えられている。第**5**章**2**1(2)参照）。相手方の自主的な協力を必要とする**行政指導**も，権力性（①）や法効果（②）をもたないから，処分とはいえない。行政が私人に対して一定の事項を通知する行為についても，それが法効果（②）をもたなければ，処分性は否定される（公売の通知の処分性を否定した判例として，最判昭和50・6・27訟月21巻8号1749頁）。**行政機関相互間における行為**（行政内部行為とも呼ばれる）も，通常は国民の権利義務を直接形成確定する法効果（②または③）が認められないので，その処分性は否定される（処分性否定例として，最判昭和34・1・29民集13巻1号32頁［百選Ⅰ20］〔消防長同意取消事件〕，最判昭和43・12・24民集22巻13

2 取消訴訟 ● **177**

号 3147 頁〔百選 I 55〕〔墓地埋葬法通達事件〕。最判昭和 53・12・8 民集 32 巻 9 号 1617 頁〔百選 I 2〕〔成田新幹線事件〕は，大臣が公団に対してした認可を行政機関相互間における行為とみて，その処分性を否定した）。

　法律や条例，**法規命令**を制定する行為は，権力性（①）と法効果（②）を有している。しかしこれらの法規範は，通常の場合，国民の権利義務を一般的抽象的に定めるにとどまり，行政行為によってはじめて具体的な法効果が生ずることになる。したがって，法令制定行為について法効果の直接性または具体性（③）を認めることは難しい。**行政計画**を策定する行為も，当然に処分性を有するとはいえない。都市計画法上の用途地域（用途地域については，補章 ① **2**(2)(a) 参照）として，工業地域（主として工業の利便を増進するため定める地域で，ホテル・旅館，学校，病院などの建築が原則として禁止される）を指定する都市計画決定の処分性が問題になった事件で，最判昭和 57・4・22（民集 36 巻 4 号 705 頁〔百選 II 153〕）は，用途地域指定は地域内の土地所有者の権利を制限する法効果を有するものの，これは法令に類似した一般的抽象的なものにすぎず，建築確認申請を拒否する処分などの具体的な処分を受けた段階で争えば足りると述べ，処分性を否定している。

▌(3) 処分性の拡大 ▌

　当然に処分性を有するとはいえない行政活動について，処分性を肯定した判例がある。どのような理由で処分性が認められたのかを学習しよう。

> **CASE**
>
> 　Y 市内にある A 駅の駅前地区は，道路の幅が狭く，駅前広場もなかったので，A 駅の利用者からは不便であるとの苦情が出ていた。Y 市は，A 駅の駅前地区の宅地所有者から土地を少しずつ提供してもらい，駅前広場や歩道付きの道路を設けるという内容の土地区画整理事業の事業計画を決定し，施行地区を公告した。それに対して，施行地区内の宅地を所有している X は，Y 市の事業計画は宅地所有者の利益を十分考慮しておらず，違法ではないかと考えている。この事業計画の決定は取消訴訟の対象になるだろうか。

　(a)行政計画（土地区画整理事業の事業計画の決定）　　かつて最高裁は，土地区画整理事業の事業計画の決定の処分性を否定していた（最大判昭和 41・2・23

178 ● CHAPTER **10** 行政訴訟

民集 20 巻 2 号 271 頁。土地区画整理事業については，補章 ① **2** **(2)**(b)参照）。その理由は，①事業計画では事業の施行によって利害関係者の権利にどのような変動が及ぶかが具体的に確定されておらず，事業計画はいわば事業の「青写真」たる性質を有するにすぎない（青写真論），②事業計画が公告されると施行地区内での建築が制限されるが，これは法律が特に付与した公告に伴う附随的な効果にとどまる（附随的効果論），③換地処分等の具体的な処分がなされた時点で取消訴訟を認めれば足り，事業計画の決定・公告の段階では訴訟事件として取り上げるに足りるだけの成熟性を欠く（未成熟論）という 3 点であった。

　それに対して最大判平成 20・9・10（民集 62 巻 8 号 2029 頁［百選 II 152］〔浜松市土地区画整理事業計画事件〕）は，判例変更をして，事業計画の決定の処分性を肯定した。この判決は，事業計画が決定されると，事業の施行によって施行地区内の宅地所有者の権利にいかなる影響が及ぶかについて，一定の限度で具体的に予測することが可能になる上，特段の事情がない限り，事業計画に従って具体的な事業がそのまま進められ，換地処分が当然に行われることになることを指摘して，施行地区内の宅地所有者等は，事業計画の決定がされることによって，「土地区画整理事業の手続に従って換地処分を受けるべき地位に立たされるものということができ，その意味で，その法的地位に直接的な影響が生ずる」と判示した。最高裁は，事業計画の決定が施行地区内の宅地所有者等に対して直接的な法効果を有することを認めたのである。

　さらに最高裁は，換地処分等がされた段階では，すでに工事が進捗しており，換地処分等の取消訴訟において，宅地所有者等が事業計画の違法を主張し，その主張が認められたとしても，事情判決（処分が違法であっても，処分を取り消すことにより公益に支障が及ぶことを理由に取消請求を棄却する判決。**6** **(2)**(b)）がなされる可能性が相当程度あることから，「事業計画の適否が争われる場合，実効的な権利救済を図るためには，事業計画の決定がされた段階で，これを対象とした取消訴訟の提起を認めることに合理性がある」と述べている。換地処分は工事が完了した後に出されるものであり，換地処分を受けてから取消訴訟を提起したのでは，施行地区を元の状態に戻すことは，社会経済的損失や多数の利害関係者への影響を考えると難しいであろう。違法な事業計画に基づく土地区画整理事業によって権利利益を侵害される者を救済するためには，早期の段階で

2　取消訴訟　● 179

出訴することを認める必要があるのである。

(b)条例（保育所廃止条例の制定行為）　最判平成 21・11・26（民集 63 巻 9 号 2124 頁［百選Ⅱ204]）は，市立保育所を廃止することを内容とする「横浜市保育所条例の一部を改正する条例」の制定行為の処分性を認めた。この条例は，保育所の廃止のみを内容とするもので，他に行政庁の処分を待つことなく，その施行により保育所廃止の効果を発生させ，その保育所に入所中の児童とその保護者という限られた特定の者に対して，直接，その保育所で保育を受けることを期待できる法的地位を奪う結果を生じさせるから，その制定行為は行政庁の処分と実質的に同視することができるというのがその理由である。他の処分を待つことなく直接法的地位を奪うというのがポイントの一つであり，法効果の直接性が認められているとみることができる。さらに，法効果を受ける者が限られた特定の者であり，それゆえに条例制定行為を処分と同視することができるという論理が示されている（反対に，法効果を受ける者が限定・特定されていないことを理由として条例制定行為の処分性を否定した判例として，最判平成 18・7・14 民集 60 巻 6 号 2369 頁［百選Ⅱ155]〔高根町給水条例事件]）。

(c)観念の通知（輸入禁制品該当通知）　法効果も権力性もないようにみえる通知行為について，処分性を認めた判例がある。外国から貨物を輸入しようとする者は，貨物の品名などを税関長に申告して必要な検査を経て，輸入の許可を受けなければならないものとされているところ（関税 67 条），申告された貨物が関税定率法（1980 年改正前のもの）により輸入が禁止される物品にあたるという内容の税関長の通知がなされた事件がある。輸入禁制品該当通知は，輸入不許可処分とは異なり，輸入禁制品にあたるという税関長の判断を示す行為（観念の通知）にすぎないので，当然に処分性を有するとはいえない。しかし最大判昭和 59・12・12（民集 38 巻 12 号 1308 頁［百選Ⅱ159]）は，貨物の輸入申告に対して許可が与えられない場合にも，不許可処分がされることはないというのが確立した実務の取扱いであり，輸入禁制品通知がなされたときは，輸入申告者は貨物を適法に引き取ることができないことになるので，輸入禁制品該当通知は実質的な不許可処分として機能していると述べている。実務の取扱いを重視して通知の処分性を認めた判決である。

(d)行政指導（病院開設中止勧告）　行政指導の性質を有する勧告について，

180 ● CHAPTER **10** 行政訴訟

その処分性を認めた判例もある。最判平成17・7・15（民集59巻6号1661頁［百選II160]）は，医療法（1997年改正前のもの）に基づく病院開設中止勧告の処分性を認めた。この勧告は，病院開設許可を申請した者に対してなされるが，相手方が勧告を無視した場合でも，そのことを理由に不許可処分をすることはできず，その意味では行政指導である。しかし，この勧告に従わずに病院を開設した者は，健康保険法（1998年改正前のもの）に基づく保険医療機関の指定を申請したときに，相当程度の確実さをもって拒否処分がなされるというのが実務上の取扱いであった。保険医療機関の指定を受けない病院は，健康保険の仕組みを利用することができない。患者の側からみれば，医療費の全額が自己負担になるということであり，このような病院をあえて利用しようとする者はいないだろう。そうすると，保険医療機関の指定を受けられない場合には，実際上病院の開設自体を断念せざるをえないことになる。最高裁は，このような病院開設中止勧告の保険医療機関の指定に及ぼす効果と，病院経営における保険医療機関の指定のもつ意義を考えると，病院開設中止勧告は処分にあたると判示した。

(4) 処分性の拡大と行政事件訴訟法改正——取消訴訟か，それとも当事者訴訟か

処分性をもたない行政活動に不服がある者は，その取消訴訟を提起することはできないものの，実質的当事者訴訟（行訴4条）により，原告と行政の間の公法上の法律関係を争うことができる場合がある。2004年の行政事件訴訟法改正で，「公法上の法律関係に関する確認の訴え」が実質的当事者訴訟に含まれることが条文上明記されており（④1(2)(b)），これは，抗告訴訟の対象とならない行政活動によって公法上の法律関係についての争いが生じた場合には，確認訴訟を活用すべきというメッセージを送ったものである。そうすると，当然に処分であるとはいえない行政活動については，無理に処分性を認めなくても，実質的当事者訴訟としての確認訴訟を認めればよいのではないかとも考えられよう。もっとも最高裁は，行政事件訴訟法改正後に，病院開設中止勧告，土地区画整理事業の事業計画の決定，保育所廃止条例制定行為の処分性を認めており，処分性を有する行政活動の範囲はむしろ拡大している。処分性を認めて取消訴訟の提起を可能にすると，取消判決には第三者効が認められるので（②6

(3)），利害関係者の救済や紛争解決に資する面がある（前掲最判平成21・11・26は，保育所廃止条例制定行為の処分性を肯定するにあたって，取消判決には第三者効があることを指摘している）。しかしながら，従来は処分ではないと考えられていた行政活動の処分性が肯定された場合，出訴期間内に取消訴訟を提起しなければその効力を原則として否定することができず，仮の救済の要件も厳格になるという点で，救済が制限される側面もある。

Column ⑬ 都市計画争訟制度の構想

　すでに説明したように，土地区画整理事業計画のような，公共事業を実施するための都市計画については処分性が認められたが，用途地域のように，私人の土地利用を規制・誘導するための都市計画には依然として処分性が認められていない。このような都市計画についても，それを直接争えるようにするための特別の制度を設ける構想が発表されている。都市計画争訟研究会が2006年に公表した「都市計画争訟研究報告書」では，都市計画決定を不服申立ての対象となる処分とした上で，不服申立てを受けてなされる裁決により都市計画決定の（変更）手続を都市計画決定権者に義務づけることを認めるとともに，裁決についてのみ訴訟を提起することができるものとする「不服審査（裁決主義）制度」が提案された。他方で2009年に都市計画争訟のあり方検討委員会が公表した報告書は，都市計画の違法性を判決により確認し，当該計画の効力を停止するとともに，都市計画決定権者が都市計画の手続をやり直すように義務づけられるという「都市計画違法確認訴訟（仮称）」を設けることを提案している。いずれの提案も，都市計画決定を直接取消訴訟で争うことを認めないものであり，計画策定（変更）手続を通じて問題を解決する方向が示されている。都市計画決定を取消訴訟の対象にしない理由に関しては，都市計画決定の取消判決が出された場合には，その効力がただちに過去に遡って消滅することになり，それによって様々な問題が生じることが指摘されている。

3　取消訴訟の訴訟要件②
――取消訴訟を提起することができる資格（原告適格）――

> **CASE**
> Xは，Y県知事から公衆浴場経営許可を受けて銭湯を経営している。公衆浴場法に基づきY県が条例で定めた許可基準では，公衆浴場を新規開業する場合には既存の公衆浴場から250メートル以上離れていることが必要とされている。ところがY県知事は，Aに対して，Xの経営する銭湯から100メートルほどしか離れていない場所で公衆浴場を経営することを認める許可を与えた。これに不服があるXは，取消訴訟を提起することができるだろうか。

(1) 判例の「法律上保護された利益説」の展開

(a) **原告適格が問題になる場面**　ある行政活動の処分性が認められたとしても，誰もがその取消訴訟を提起できるわけではない。処分取消訴訟を提起することができるのは，処分の取消しを求めるについて「**法律上の利益を有する者**」に限られている（行訴9条1項）。この規定は，取消訴訟を提起することができる資格（**原告適格**）を定めたものである。処分の相手方（**名あて人**）がその取消訴訟の原告適格を有することは当然であると考えられているので，実際に原告適格の有無が問題になるのは，処分の名あて人以外の第三者が取消訴訟を提起する場合である。

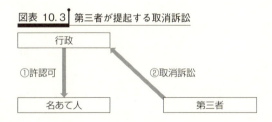

図表 10.3　第三者が提起する取消訴訟

(b) **法律上保護された利益説**　判例は，処分の取消しを求めるについて法律上の利益を有する者とは，「当該処分により自己の権利若しくは**法律上保護された利益**を侵害され，又は必然的に侵害されるおそれのある者」であると解釈している（後掲最判昭和53・3・14〔主婦連ジュース事件〕）。そして判例は，処分

の名あて人については，権利を侵害される者として当然に原告適格を認めている。他方で第三者については，事実上の利益では足りず，法律上保護された利益を侵害される者のみが原告適格を有するものとされている。CASE の X の場合は，許可を受けた A の営業により客入りが悪化して営業上の不利益を受けるというだけでは原告適格は認められず，公衆浴場法や Y 県条例が既存業者の営業上の利益の保護をも目的として距離制限規定を置いていると解釈できる場合にのみ，原告適格が認められる。このような考え方に基づき，既存の公衆浴場経営者の原告適格を認めた判例として，最判昭和 37・1・19（民集 16 巻 1 号 57 頁［百選Ⅱ170］）がある。以上のように，訴訟の対象とされている処分について定めている行政法規によって保護された利益を侵害される者にのみ原告適格を認める考え方を，**法律上保護された利益説**という。

(c)**公益と個別的利益の区別**　判例によれば，第三者の利益が行政法規によって保護されている場合であっても，当然に原告適格が認められるわけではない。不当景品類及び不当表示防止法（景表法）に基づき，事業者団体に対して，果汁 5% 未満のジュースは「合成着色飲料」などと表示すればよいものとする公正競争規約の締結を認める処分がなされたところ，このような表示は適正な表示ではないと主張する消費者団体が第三者の立場でその取消しを求めた事件がある。最判昭和 53・3・14（民集 32 巻 2 号 211 頁［百選Ⅱ132］［主婦連ジュース事件］）は，景表法は公正競争規約の認定に関する規定を設けることにより公益の実現を図ろうとしていると解すべきであって，同法の規定により一般消費者が受ける利益は，個人的な利益を保護することを目的とする法規により保障される法律上保護された利益とはいえないと判示した。

最判昭和 57・9・9（民集 36 巻 9 号 1679 頁［百選Ⅱ177］［長沼ナイキ基地事件］）は，森林法に基づく保安林指定解除処分に対して付近住民が取消訴訟を提起した事件で，公益に包含される不特定多数者の具体的利益は法律の保護する個別的利益の地位を有しないと述べる一方，法律がこれらの利益を一般的公益のなかに吸収解消せしめるにとどめず，個々人の個別的利益としても保護すべきものとすることも可能であって，特定の法律の規定がこのような趣旨を含むと解されるときには，当該法律に違反してされた処分に対し，これらの利益を害されたと主張する個々人は原告適格を有すると判示している。最高裁は，森林法

上「直接の利害関係を有する者」に手続参加権が認められていることを指摘して，同法は森林の存続によって不特定多数者の受ける生活利益のうち一定範囲のものを公益と並んで保護すべき個人の個別的利益としてとらえていると述べ，「直接の利害関係を有する者」が原告適格を有することを認めている。

その後の判例も，法律上保護された利益は，「当該処分を定めた行政法規が，不特定多数者の具体的利益を専ら一般的公益の中に吸収解消させるにとどめず，それが帰属する個々人の個別的利益としてもこれを保護すべきものとする趣旨を含むと解される場合」に認められるものとしている（後掲最判平成 4・9・22〔もんじゅ事件〕）。つまり判例のいう法律上保護された利益とは，①当該処分を定めた行政法規によって保護された利益であり，しかも②一般的公益のなかに吸収解消されず，個々人の個別的利益としても保護された利益である。①と②を両方満たす必要があるため，第三者の原告適格が認められる場合は必然的に限定される。文化財保護条例に基づく史跡指定解除処分の取消訴訟が提起された事件では，文化財の保存・活用から個々の県民や国民が受ける利益は公益のなかに吸収解消されているという理由で，第三者の原告適格は否定されている（最判平成元・6・20 判時 1334 号 201 頁［百選Ⅱ169］〔伊場遺跡事件〕）。

(d)**法的保護に値する利益説**　法律上保護された利益説に対しては，立法者が保護しようとした利益だけが保護されるのは不合理であるとか，そもそも法律が処分の相手方以外の第三者の利益を保護することを明記することはないといった批判がある。学説のなかには，処分の根拠法規の解釈を離れて，処分によって侵害される第三者の利益が法的保護に値するといえるのであれば，原告適格が認められるべきであると主張する説もある（法的保護に値する利益説）。この説をとる場合，利益が法的保護に値するか否かをどのような方法で判断すればよいのかが問題となる。考えられるのは，利益の重要性や利益侵害の度合いに着目することである。判例は，以下で説明するように，法律上保護された利益説の判断枠組みを維持しながら，どのような利益がどの程度侵害されるのかも考慮する方向に進んでおり，法律上保護された利益説と法的保護に値する利益説の差が縮まっている。

(e)**判例における原告適格判断の柔軟化**　航空法に基づく定期航空運送事業免許に不服がある空港周辺住民が取消訴訟を提起した事件で，最判平成元・

2 取消訴訟　● 185

2・17（民集 43 巻 2 号 56 頁［百選II 192］〔新潟空港事件〕）は，航空法は飛行場周辺住民が航空機の騒音によって著しい障害を受けないという利益を個別的利益としても保護すべきとする趣旨を含むと述べて，そのような著しい障害を受けることとなる者は原告適格を有すると判示した。その際最高裁は，当該行政法規が個別的利益を保護する趣旨を含むか否かは「当該行政法規及びそれと目的を共通する関連法規の関係規定によつて形成される法体系の中において」判断すべきであるとして，国際民間航空条約や「公共用飛行場周辺における航空機騒音による障害の防止等に関する法律」の規定を参照している。これらの関係法令も参照して，航空法が定期航空運送事業免許について定める「航空保安上適切なものであること」という要件には航空機の騒音による障害を防止する趣旨が含まれると解釈したのである。また最高裁は，飛行場周辺住民はある程度の騒音を甘受すべきであるが，騒音による障害が著しい程度に至ったときにはその防止・軽減を求めるための法的手段に訴えることが許されると述べており，被害の性質や程度も考慮されている。

　原子炉施設「もんじゅ」にかかる原子炉設置許可に不服がある周辺住民が出訴した事件で，最判平成 4・9・22（民集 46 巻 6 号 571 頁［百選II 162］〔もんじゅ事件〕）は，当該行政法規が個別的利益を保護する趣旨を含むか否かは「当該行政法規の趣旨・目的，当該行政法規が当該処分を通して保護しようとしている利益の内容・性質等」を考慮して判断すべきであると述べて，原子炉設置許可の基準を定める規定のうち災害防止の目的を有するもの（2012 年改正前の原子炉等規制法 24 条 1 項 3 号の一部および 4 号）は，原子炉事故等がもたらす災害により直接的かつ重大な被害を受けることが想定される範囲の住民の生命・身体の安全等の利益を個別的利益としても保護すべきものとする趣旨を含むと判示した。この事件でも，周辺住民の受ける被害の性質や程度が考慮されている。その後の判例も，処分について定めた規定が災害防止の目的を有する場合には，災害により直接的な被害を受ける周辺住民の生命や身体の安全等の利益は個別的利益としても保護されていると解している（都市計画法上の開発許可につき最判平成 9・1・28 民集 51 巻 1 号 250 頁，森林法上の林地開発許可につき最判平成 13・3・13 民集 55 巻 2 号 283 頁［百選II 163］。最判平成 14・1・22 民集 56 巻 1 号 46 頁［百選II 164］は，建築基準法上の総合設計許可につき，同法が財産の保護をも目的とする

186 ● CHAPTER **10** 行政訴訟

ことを考慮して，生命・身体だけでなく財産としての建築物も個別的利益として保護されているとする）。

Column ⓮ 処分によって第三者の権利が侵害される場合とは？

処分によって第三者の「権利」が侵害されることを理由にその原告適格を認めた判例がある。最判平成 25・7・12（判時 2203 号 22 頁）は，滞納者と他の者が共有している不動産の滞納者の持分について差押処分がなされた事件で，差押処分の法的効果によって他の共有者も当該不動産の処分の権利を制限されるとして，他の共有者に原告適格が認められると判示した。処分の第三者であっても，処分の法的効果による権利の制限を受ける場合には，名あて人と同視され，法律上保護された利益の有無を判断するまでもなく原告適格が認められるということである。

⑵ 行政事件訴訟法 9 条 2 項の追加とその意義

(a)**考慮事項の明示**　2004 年の行政事件訴訟法改正で，新潟空港事件やもんじゅ事件などの最高裁判決で示された柔軟な判断方法が明文化された。それが行政事件訴訟法 9 条 2 項である。この規定は，裁判所が第三者の原告適格の有無を判断するにあたっては，処分の根拠法令の規定の文言だけでなく，①根拠法令の趣旨・目的を考慮し，当該法令と目的を共通にする**関係法令**があるときはその趣旨・目的をも参酌すること，②処分において考慮されるべき利益の内容・性質を考慮し，処分が根拠法令に違反してされた場合に**害されることとなる利益の内容・性質**やこれが害される態様・程度を勘案することを求めている。第三者の原告適格が問題となるすべての事例でこれらの事項が考慮されるようにして，原告適格が広く認められるようになることを意図したものである。以下，行政事件訴訟法改正後の判例を紹介しよう。

(b)**騒音・振動による被害**　行政事件訴訟法 9 条 2 項を活用して第三者の原告適格を認めた判例として，都市計画法に基づく都市計画事業の認可（鉄道高架化事業等の認可）の取消訴訟が提起された事件に関する最大判平成 17・12・7（民集 59 巻 10 号 2645 頁［百選Ⅱ165］〔小田急事件〕）がある。最高裁は，都市計画

2 取消訴訟 ● **187**

法では，都市計画事業の内容が都市計画に適合し，都市計画が公害防止計画に
適合することが要求されていること，さらに都市計画の案について住民等が意
見書を提出することができることを指摘した上で，公害防止計画に関する公害
対策基本法の規定を参照し，都市計画事業の認可に関する規定は騒音・振動等
による健康または生活環境に係る著しい被害の発生を防止することを趣旨・目
的とすると述べている。この判示は，公害対策基本法を都市計画法の関係法令
とみてその趣旨・目的を参酌したものとみることができる。また最高裁は，違
法な都市計画決定を基礎として都市計画事業の認可がされた場合，騒音・振動
等による被害を直接的に受けるのは事業地の周辺の一定範囲の地域に居住する
住民に限られること，そのような被害を反復・継続して受けた場合，健康や生
活環境に係る著しい被害にも至りかねないことを指摘している。この判示は，
処分が根拠法令に違反してされた場合に害されることとなる利益の内容・性質
やこれが害される態様・程度を勘案したものとみることができる。結論として，
都市計画法が，騒音・振動等によって健康または生活環境に係る著しい被害を
直接的に受けるおそれのある個々の住民に対して，そのような被害を受けない
という利益を個別的利益としても保護する趣旨を含むこと，そのような被害を
直接的に受けるおそれのある者が原告適格を有することが認められている。

　(c)良好な生活環境　　自転車競技法（2007 年改正前のもの）に基づく場外車券
発売施設の設置許可に不服のある周辺住民等が取消訴訟を提起した事件で，最
判平成 21・10・15（民集 63 巻 8 号 1711 頁［百選 II 167］〔サテライト大阪事件〕）は，
許可の基準を定める省令が，「文教上又は保健衛生上著しい支障を来すおそれ
がないこと」という基準を定めていたことから，この基準が，医療施設等の開
設者の利益を個別的利益として保護する趣旨を含むことを認めた。しかしなが
ら最高裁は，その他の周辺住民については原告適格を否定した。その理由に関
しては，場外施設が設置・運営された場合に周辺住民等が被る可能性のある被
害は，交通・風紀・教育など広い意味での生活環境の悪化であって，ただちに
周辺住民等の生命・身体の安全や健康が脅かされたり，その財産に著しい被害
が生じたりすることまでは想定し難いという点や，省令では「周辺環境と調和
したものであること」という漠然とした要件しか定められていないことが指摘
されている。被害が深刻なものではない場合には，個別的利益を保護する趣旨

188 ● CHAPTER **10** 行政訴訟

をうかがわせるような具体的手がかりが法令に存在しない限り，原告適格は認められないという考え方がとられている。

(d)景観利益　　下級審裁判例であるが，景観を享受する利益が個別的利益として保護されていることを認めたものがある。広島県の「鞆の浦」における公有水面埋立て事業に対し，歴史的景観の破壊などを理由として，鞆地区の住民が埋立免許の差止訴訟を提起した事件で，広島地判平成 21・10・1（判時 2060号 3 頁）は，公有水面埋立法およびその関連法規が，鞆の景観を享受する利益をも個別的利益として保護する趣旨を含むと判示し，鞆地区の住民が原告適格を有することを認めた。この判決は，瀬戸内海環境保全特別措置法が瀬戸内海の景観を保護する趣旨を含むことを指摘するとともに，埋立てによって侵害される鞆の景観の価値および回復困難性といった被侵害利益の性質，侵害の程度をも勘案している。行政事件訴訟法 9 条 2 項に掲げられた事項を考慮して第三者の原告適格を認めた判決といえる。

(e)鉄道利用者の利益　　行政事件訴訟法 9 条 2 項に掲げられた事項を考慮して，鉄道利用者の原告適格を認めた裁判例がある。かつて最高裁は，旧地方鉄道法に基づく特急料金値上げ認可の取消訴訟が提起された事件で，認可について定める規定の趣旨はもっぱら公益を確保することにあると述べ，特急利用者の原告適格を否定していた（最判平成元・4・13 判時 1313 号 121 頁［百選Ⅱ168]〔近鉄特急事件〕）。それに対して，鉄道事業法に基づく旅客運賃認可処分等に不服のある鉄道利用者が出訴した事件で，東京地判平成 25・3・26（判時 2209 号79 頁〔北総鉄道事件第 1 審判決〕）は，旅客運賃認可処分に関し，少なくとも居住地から職場・学校への日々の通勤・通学の手段として反復継続して日常的に鉄道を利用している者が有する利益は法律上保護された利益に該当すると判示した。東京地裁は，鉄道事業法が，旧地方鉄道法とは異なって，鉄道利用者の利益の保護を目的規定で掲げており，旅客の利用を困難にするおそれがないことを認可の要件として定めていたこと，関係法令が鉄道利用者に手続的関与の機会を付与していることに加えて，日常的に鉄道を利用している者については，違法に高額な旅客運賃設定がされるならば，日常生活の基盤を揺るがすような重大な損害が生じかねないことを指摘している。処分が違法にされた場合に害されることとなる利益の内容・性質やこれが害される態様・程度をも勘案して，

一定の鉄道利用者の原告適格を肯定したものといえる（控訴審の東京高判平成
26・2・19訟月60巻6号1367頁は東京地裁の上記判示を是認した。上告審の最決平成
27・4・21判例集未登載は上告を棄却し，高裁判決が確定した）。

　(f)**既存業者の利益**　　前掲最判昭和37・1・19は，公衆浴場経営許可につい
て距離制限規定があることに着目して，既存の公衆浴場経営者の原告適格を肯
定していたが，最判平成26・1・28（民集68巻1号49頁［百選Ⅱ171］）は，距離
制限規定のない一般廃棄物処理業許可の取消訴訟が提起された事件で，既存の
許可業者の原告適格を認めている。最高裁は，一般廃棄物処理業許可について
は，その申請の内容が市町村の一般廃棄物処理計画に適合するものであること
が要件とされており，許可業者の濫立等によって事業の適正な運営が害される
ことのないよう，需給状況の調整が図られる仕組みが設けられていること，廃
棄物処理法において一般廃棄物処理業は自由競争に委ねられるべき性格の事業
とは位置づけられていないことを指摘して，同法は既存の許可業者の営業上の
利益を個別的利益としても保護すべきものとする趣旨を含むと結論づけている。
自由競争が法律上制限されている場合には，それに対応して個々の事業者の経
営が保護されていると解される余地があることになる。

Column ⓯ 団体訴訟制度

　消費者契約法では，商品について事実と異なる説明をして契約させるなど，
事業者の不当な行為があった場合に，消費者が契約を取り消すことが認められ
ている。しかしながら，消費者被害が起きた後で個別に解決していく方法では
被害の拡大を防止することができない。そこで2006年の同法改正により，内
閣総理大臣の認定を受けた適格消費者団体が事業者に対して不当な行為の差止
めを請求することができるようになった。その後，2013年に消費者裁判手続
特例法が制定され，事業者が消費者に対して返還すべき金銭を支払わないなど
の場合に，適格消費者団体のなかから内閣総理大臣が認定した特定適格消費者
団体が，事業者に対して訴訟を提起することができるものとされている。現行
の消費者団体訴訟制度は行政訴訟ではないが，主婦連ジュース事件（前掲最判
昭和53・3・14。(1)(c)参照）のような事案では，個々の消費者の原告適格を認
めることが困難であることから，消費者団体が行政訴訟を提起することを認め
るべきであるという意見もある。一方，海外では，環境に影響を及ぼす行政決

定に対して環境保護団体が行政訴訟を提起することを認める国も少なくない（例えばドイツでも，行政訴訟としての環境団体訴訟を認める法律が制定されている）。日本では，環境保護団体が行政訴訟を提起することを認める法律の規定は存在せず，行政訴訟としての環境団体訴訟制度を導入するべきであるという声が高まっている。

4 取消訴訟の訴訟要件③
——訴えの客観的利益（狭義の訴えの利益）——

(1) 訴えの客観的利益——処分を取り消す実益

　処分性や原告適格が認められるとしても，処分を取り消す実益がない場合がある。例えば，10月1日に市民ホールを使用する目的で使用許可を申請したところ不許可処分を受けたXが，ただちにその取消訴訟を提起したものの，判決が出る前に10月1日が過ぎてしまったとしよう。この場合，もはや10月1日に市民ホールを使用することはできないので，不許可処分を取り消す実益がない。また，公務員の懲戒免職処分の取消訴訟が提起された後で，行政庁がその処分を職権で取り消してしまい，裁判所が取消判決をする必要性がなくなるケースもある。こういった場合には，「処分の取消しを求める訴えの利益が消滅した」という理由で，訴え却下判決が下される。つまり，処分を取り消す実益という意味での訴えの利益が，取消訴訟の訴訟要件として必要とされるのである。このような意味での訴えの利益は，**訴えの客観的利益**（または狭義の訴えの利益）と呼ばれている。「客観的」（あるいは「狭義の」）という言葉が用いられているのは，原告適格も広い意味では訴えの利益のなかに含まれるため，両者を明確に区別する必要があるからである。

(2) 行政事件訴訟法9条1項かっこ書の意義

　取消訴訟の対象である処分の効果が何らかの理由で消滅した場合には，訴えの客観的利益が消滅するのが原則である。しかし，行政事件訴訟法9条1項かっこ書は，処分の効果が期間の経過その他の理由によりなくなった後において

2　取消訴訟　● 191

もなお処分の取消しによって**回復すべき法律上の利益**を有する者も，取消訴訟を提起できると規定している。この規定を用いて訴えの客観的利益を肯定した判例として，最大判昭和40・4・28（民集19巻3号721頁）がある。この事件は，免職処分を受けた国家公務員が，取消訴訟を提起して争っている間に，市議会議員の選挙に立候補したというものである。議員の選挙に立候補した公務員は立候補の届出の日に公務員を辞職したものとみなされるので（公選90条），この事件の原告は，免職処分が取り消されたとしても，もはや元の職場に復帰することはできない。そうすると免職処分を取り消す実益はないようにも思えるが，最高裁は，免職処分が取り消された場合，免職の日から立候補の届出の日までの間の給料の支払いを求めることが可能になることを理由として，なお訴えの客観的利益が認められるものとした。

　許認可の効力や事業を一定期間停止する処分は，停止期間が満了すると，処分の効果がなくなるので，もはや処分を取り消す実益はないようにもみえる。しかしながら，停止期間が満了した後においても，停止処分を受けたことを理由として重い処分をすることが認められている場合には，なお訴えの客観的利益が認められる。例えば，道路交通法違反者に対する不利益処分の場合，過去3年以内に運転免許停止処分を受けたことがある者は，そうでない者よりも重い処分を受けることになっている（ただし，無違反・無処分で1年を経過した者は処分歴のない者として扱われる）。したがって，運転免許停止処分の取消訴訟については，上記の不利益な取扱いがなされる可能性がある限り，訴えの客観的利益が認められる（最判平成27・3・3民集69巻2号143頁［百選Ⅱ175］は，行政手続法12条1項により公にされている処分基準の定めにより不利益な取扱いを受ける期間内においても，訴えの客観的利益が認められるとする。第3章❷**2**も参照）。他方で，停止処分を受けたことで名誉・感情・信用を事実上損なう可能性があるとしても，そのことを理由として訴えの客観的利益が認められることはないというのが判例である（最判昭和55・11・25民集34巻6号781頁［百選Ⅱ176］）。

　建築・開発等の工事を行うことを認める処分に関しては，工事が完了した場合に，その取消しを求める訴えの客観的利益が消滅するのかどうかという問題がある。建築確認について，判例は，以下のような理由を述べて，工事が完了した場合においては建築確認の取消しを求める訴えの利益は失われるとしてい

192 ● CHAPTER **10** 行政訴訟

る（最判昭和59・10・26民集38巻10号1169頁［百選Ⅱ174]）。まず，建築確認は，それを受けなければ工事をすることができないという法的効果を付与されているにすぎず，工事が完了すると，この法的効果は消滅するといわざるをえない。また，工事完了後の検査や違反是正命令は，建築物またはその敷地が法令の規定に適合しているかどうかを基準としており，建築確認の有無が検査や違反是正命令に影響を及ぼすことはない。したがって，行政事件訴訟法9条1項かっこ書によっても，回復すべき法律上の利益は認められないのである。

5　その他の訴訟要件
―――審査請求前置，出訴期間，被告適格，管轄―――――――――●

(1) 取消訴訟と審査請求の関係

(a)自由選択主義と例外としての審査請求前置　　処分が違法であり取り消されるべきであると考えている者は，取消訴訟を提起することもできるし，審査請求をしてもよい（自由選択主義。行訴8条1項本文）。もっとも，法律の特別の定めにより，審査請求に対する裁決を経た後でなければ，処分取消訴訟を提起することができないものとされている場合もある（同項ただし書参照）。このような仕組みを審査請求前置主義（または不服申立前置主義）という。

かつては96もの法律が不服申立前置主義を定めていたのであるが，2014年の行政不服審査法改正にあわせて，68の法律で不服申立前置主義が廃止・縮小された。不服申立前置主義が存置される場合は，①不服申立てを経た後で高等裁判所に出訴することが認められており国民の手続的負担の軽減が図られている場合（電波法，特許法等），②大量の不服申立てがありただちに出訴されると裁判所の負担が大きくなると考えられる場合（国税通則法，地方税法，労働者災害補償保険法等），③第三者機関が専門的な判断を行うことにより裁判所の負担が低減されると考えられる場合（公害健康被害の補償等に関する法律，国家公務員法，地方公務員法等）に整理されることとなった。

法律が審査請求前置主義を定めている場合には，適法な審査請求をして，裁決を経る必要がある。処分についての審査請求には審査請求期間が定められているので（行審18条参照），この期間を経過した後で審査請求をしても，不適法として却下される。この場合には，審査請求前置の要件を満たしたことには

ならない。それに対して，適法な審査請求であるにもかかわらず，誤って却下裁決が下された場合には，審査請求前置の要件を満たしたものとして扱われる。

法律が審査請求前置主義を定めている場合でも，①審査請求があった日から3か月を経過しても裁決がないとき（行訴8条2項1号），②処分，処分の執行または手続の続行により生ずる著しい損害を避けるため緊急の必要があるとき（同項2号），③その他裁決を経ないことにつき正当な理由があるとき（同項3号）には，裁決を経ずに処分取消訴訟を提起することができる。②は，ただちに処分取消訴訟を提起して裁判所に執行停止（5 1 参照）を求める必要がある場合を念頭に置いたものである。例えば，生活保護法に基づき，生活保護を廃止する（打ち切る）処分を受けた者が，健康で文化的な最低限度の生活を維持することができなくなるような場合には，②の要件が満たされるだろう。

(b)原処分主義　　例えば，Xが処分についての審査請求をしたところ，その処分は正当であるとして審査請求を棄却する裁決がなされたとしよう。納得がいかないXは，処分取消訴訟と裁決取消訴訟のどちらを提起したらよいのだろうか。行政事件訴訟法は，処分取消訴訟とその処分についての審査請求を棄却した裁決の取消訴訟の両方を提起することができる場合，裁決取消訴訟では「処分の違法を理由として取消しを求めることができない」と規定している（10条2項）。審査請求の対象とされた処分（これを原処分という）が違法であることを主張したいのであれば処分取消訴訟で主張せよということである。このような仕組みを**原処分主義**という。原処分主義は訴訟要件ではないが，原処分主義がとられる場合，原処分が違法であることを理由としてこれを取り消してもらいたいと考える者は，処分取消訴訟を提起すべきことになる。

裁決は理由を記載した裁決書によりしなければならないが（行審50条1項），棄却裁決の裁決書に理由が全く記載されていなかった場合はどうであろうか。この違法は原処分の違法ではなく，裁決に固有の違法である。このような裁決に固有の違法を理由として裁決の取消しを求める場合には，裁決取消訴訟を提起して争うべきことになる。ただし，裁決取消訴訟で勝訴しても，原処分が違法とされるわけではなく，裁決をやり直してもらえるだけである。

他方，一部の法律（電波法，弁護士法等）は，原処分の取消訴訟の提起を認めず，裁決取消訴訟のなかで原処分の違法性も主張させることとしている。これ

を裁決主義という。

(2) 取消訴訟を提起することのできる期間（出訴期間）

　取消訴訟は，①処分または裁決があったことを知った日から6か月を経過したときは提起することができず（**主観的出訴期間**。行訴14条1項），②処分または裁決の日から1年を経過したときも提起することができない（**客観的出訴期間**。同条2項）。①と②のいずれか一方を徒過すると処分取消訴訟を提起できない。したがって，処分がなされた日からまだ1年経っていない場合であっても，原告がその処分を知ってから6か月経っているときには，処分取消訴訟を提起することはできない。ただし，①と②のいずれについても，出訴期間を守れなかったことについて正当な理由があるときには例外が認められる（同条1項ただし書・2項ただし書）。例えば，原告が受け取った処分通知書に「この通知書を受け取った日から1年を経過するまで取消訴訟を提起できます」という誤った記載があり，原告がこれを信用して主観的出訴期間を徒過してしまった場合が考えられる。

(3) 取消訴訟の被告（被告適格）・取消訴訟を提起すべき裁判所（管轄）

> **CASE**
>
> 　沖縄県に住んでいるXは，防衛大臣に対して，行政機関情報公開法に基づく行政文書の開示請求をしたところ，防衛大臣は不開示決定をした。Xは不開示決定の取消訴訟を提起するつもりである。この場合Xは，誰を被告として，どの裁判所に取消訴訟を提起したらよいだろうか。

　(a)**被告適格**　　2004年の行政事件訴訟法改正前においては，取消訴訟をはじめとする抗告訴訟については，処分や裁決をした行政庁が被告となる（**被告適格を有する**）というのが原則であった。それに対して現在では，処分や裁決をした行政庁が所属する国または公共団体（行政主体）が被告適格を有するというのが原則である（**行政主体主義**。行訴11条1項）。民事訴訟や当事者訴訟でも，国や公共団体の機関の被告適格は認められておらず，法人としての国や公共団体が被告となるので，これらの訴訟と同じ仕組みが採用されたといえる。

2　取消訴訟 ● 195

CASE の場合，処分庁である防衛大臣は国に所属しているから，被告適格を有するのは国である。なお，処分や裁決をした行政庁が行政主体に所属していない場合には，その行政庁が被告適格を有する（同条 2 項）。民間の法人に処分権限が与えられている場合（私人が行政活動を担う場合については，第 1 章 1 2 (3)参照），処分庁は行政主体に所属していないので，その民間法人が被告になる。

　(b)**管 轄**　取消訴訟やその他の行政訴訟は，法律に特別の定めがない限り，地方裁判所に提起しなければならない（裁 24 条 1 号，33 条 1 項 1 号かっこ書。東京高裁に訴訟を提起すべきものとする規定として，電波 97 条，特許 178 条等）。それでは，どの地方裁判所に訴訟を提起すればよいのだろうか。これに関しては，「被告の普通裁判籍の所在地」または「処分若しくは裁決をした行政庁の所在地」を管轄する裁判所に訴訟を提起するのが原則である（行訴 12 条 1 項）。国の普通裁判籍は訴訟について国を代表する官庁の所在地により定まる（民訴 4条 6 項）。国を当事者とする訴訟については法務大臣が国を代表するので（法務大臣権限 1 条），国が被告となる場合，被告の普通裁判籍の所在地を管轄する裁判所は，法務省の所在地を管轄する東京地方裁判所である。処分をした行政庁が大臣である場合，その所在地を管轄する裁判所も東京地方裁判所である。

　地方に住んでいる原告が，国を被告とする取消訴訟を，自分の住所の近くにある地方裁判所に提起することはできないだろうか。まず，不動産または特定の場所に係る処分・裁決の取消訴訟は，その不動産または場所の所在地の裁判所にも提起することができる（行訴 12 条 2 項）。例えば，国土交通大臣が土地収用法に基づいて事業認定をした場合，これによって自己の土地を収用される者は，当該土地の所在地の裁判所にも取消訴訟を提起することができる。また取消訴訟は，当該処分・裁決に関し事案の処理にあたった下級行政機関の所在地の裁判所にも提起することができる（同条 3 項）。例えば，地方部局に勤務する国家公務員に対して大臣が懲戒処分をした場合で，当該地方部局の調査・報告に基づいて当該処分がなされたときには，その所在地の裁判所にも取消訴訟を提起することができる。

　さらに，国や独立行政法人等を被告とする取消訴訟は「原告の普通裁判籍の所在地を管轄する高等裁判所の所在地を管轄する地方裁判所」（**特定管轄裁判所**）にも提起することができる（同条 4 項）。CASE の X が出訴する場合，原告

の普通裁判籍の所在地を管轄する高等裁判所は福岡高等裁判所であり，その所在地は福岡県福岡市である（ここでいう高等裁判所の所在地に高等裁判所の支部の所在地は含まれない）。したがって，福岡市を管轄する福岡地方裁判所が特定管轄裁判所にあたり，Ｘは国を被告とする取消訴訟を福岡地方裁判所にも提起することができる。

6　取消訴訟の審理と判決──取消訴訟が提起された後の展開 ─●

(1) 取消訴訟の本案審理──処分（または裁決）が違法かどうか

(a)要件審理と本案審理　　訴訟における審理は，訴訟要件が満たされているかどうかについての審理（要件審理）と，原告の請求に理由があるかどうかについての審理（本案審理）に区別することができる。処分取消訴訟の場合，原告の請求は処分取消請求であるが，裁判所が処分を取り消すことができるのは，その処分が違法である場合に限られる。したがって，処分取消訴訟の本案審理の対象（訴訟物）は，その処分が違法であるかどうかである。行政庁に裁量が認められる処分については，裁量権の範囲をこえまたはその濫用があった場合に限り裁判所はその処分を取り消すことができるということが確認的に規定されている（行訴30条。裁量権の逸脱・濫用については第4章22を参照）。

(b)取消しの理由の制限　　行政事件訴訟法10条1項は，「取消訴訟においては，自己の法律上の利益に関係のない違法を理由として取消しを求めることができない」と規定している。「法律上の利益」という言葉が用いられているが，この規定は，原告適格を制限しているのではなく，原告の請求に理由があるかどうかに関するものである。

処分の違法が原告以外の他人の利益のみに関係するものである場合には，そのような違法を理由として処分の取消しを求めることはできず，処分取消請求は棄却される。例えば，税金を滞納したことを理由として財産の差押処分を受けたＡは，差押処分の取消訴訟における原告適格を有するものの，その財産が他人のＢのものであることを理由として差押処分の取消しを求めることはできない。滞納者ではないＢの財産を差し押さえる処分は違法であるが，これはＢの利益に関係する違法であって，Ａの利益に関係のない違法であるからである。

2　取消訴訟　● 197

それでは，公益に関係する違法の場合はどうだろうか。まず，処分の名あて人が提起した取消訴訟においては，通常，公益に関係する違法を理由として処分の取消しを求めることも認められている。公益上の理由がなければ，処分によって名あて人の権利利益を制限することは許されないという意味で，名あて人の法律上の利益に関係があるといえるからである。それに対して，第三者が原告となる場合には，処分によって自己の法律上保護された利益を侵害されるという理由で原告適格を認められた者は，公益のみを保護する規定の違反を理由として処分の取消しを求めることはできないとする考え方が，裁判例では有力である。処分が第三者の利益を保護する趣旨を含む規定に違反していないのであれば，当該第三者の個別具体的な利益は十分保護されていると考えられているのである（ただし，第三者が公益保護規定の違反を主張することを認めた裁判例もある。東京高判平成13・7・4判時1754号35頁参照）。

　(c)理由の追加・差替え　　処分取消訴訟が提起された場合に，被告（行政）側が，処分時に提示した理由とは別の理由に基づいて，処分は適法であると主張することは許されるだろうか。例えば，情報公開の場合，複数の不開示事由が法定されており，そのうち一つに該当する場合には不開示決定をすることができる。そこで行政庁が不開示事由①に該当するという理由で不開示決定をしたところ，取消訴訟が提起されたときに，被告が「仮に不開示事由①に該当しないとしても，不開示事由②に該当するので，やはり不開示決定は適法である」と主張することが許されるかという問題である。このような主張が認められることになると，処分庁の恣意を抑制し，相手方の不服申立てに便宜を与えるという理由提示の趣旨が没却されるおそれがある（第8章3 1(3)参照）。しかしながら他方で，理由の追加・差替えを禁止したとしても，処分を取り消す判決が出された後で行政庁が別の理由を提示して再び同一の処分をすることが許されるのであれば（後述の(3)(c)），紛争の一回的解決が図れないという問題がある。逗子市情報公開条例に基づく公文書非公開処分の取消訴訟が提起された事件で，最判平成11・11・19（民集53巻8号1862頁［百選Ⅱ189]）は，同条例に定める理由通知の目的は，非公開の理由を具体的に記載して通知させること自体をもってひとまず実現されるという立場に立ち，処分の通知書に付記されなかった非公開事由を被告が追加主張することを認めている。

(d)**違法判断の基準時**　　行政庁が処分をした時点（処分時）と，裁判所が判決をする時点（判決時。正確には口頭弁論終結時）との間に法令の改正や事実の変化があった場合に，どちらの時点を基準にして違法判断を行えばよいのだろうか。最判昭和27・1・25（民集6巻1号22頁［百選Ⅱ193]）は，取消訴訟において裁判所の判断すべきことは係争の行政処分が違法に行われたかどうかの点であると述べ，原則として処分時を基準とする説（**処分時説**）を採用した。学説においても，処分取消訴訟に関しては処分時説が有力である。処分無効確認訴訟についても処分時説が通説といえるが，不作為の違法確認訴訟や義務付け訴訟・差止訴訟のように，まだ行われていない処分を求めたり禁止したりする訴訟の違法判断に関しては判決時を基準とする説（**判決時説**）が有力である。

(2) 判決の種類──どのような判決が下されるのか

(a)**判決の3区分**　　判決は，訴え却下判決，請求棄却判決，請求認容判決に分けることができる。訴え却下判決は，訴訟要件が満たされておらず，訴えが不適法である場合に下される判決である。訴訟要件が満たされている場合には，原告の請求に理由があるかどうかが問題となる。処分取消訴訟における原告の請求は処分取消請求であり，処分が違法であれば，原則として，処分を取り消す判決（請求認容判決）が下される。処分が違法でない場合には，原告の請求を斥ける判決（請求棄却判決）が下される。

> **CASE**
>
> 　Y市が土地区画整理事業の事業計画を決定・公告したところ，施行地区内の土地所有者Xが，その取消訴訟を提起した。訴訟要件は満たされており，事業計画が違法であることも判明したが，工事はすべて完了してしまった。施行地区を工事前の状態に戻すことは，物理的には可能であっても，膨大な費用が無駄になるし，多数の利害関係者に影響が及ぶので大変な混乱が生じそうである。この場合，どのような判決が下されることになるだろうか。

(b)**事情判決**　　裁判所が，処分は違法であると判断した場合には，取消判決を下さなければならないが，行政事件訴訟法は，そのような場合であっても例外的に請求棄却判決をする余地を認めている。**CASE**のように，公共事業が実施された後で処分が違法として取り消されることにより，建設された公共施設

2　取消訴訟　● 199

を撤去したり施行地区を原状に回復したりしなければならなくなるとすれば，公益に著しい障害を生ずる場合がある。このような場合に裁判所は，原告の受ける損害の程度や，その権利利益が処分の取消し以外の方法（損害賠償等）によって救済されるかどうかといった「一切の事情」を考慮した上で，処分の取消しが公共の福祉に適合しないと認めるときには，請求棄却判決をすることができる（行訴31条1項前段）。この判決は**事情判決**と呼ばれている。裁判所は，事情判決をする場合には，判決の主文において，処分または裁決が違法であることを宣言しなければならない（同項後段）。主文というのは判決の結論を表示する部分のことで，事情判決の主文には，「原告の請求を棄却する」という文章と，「処分（または裁決）は違法である」という文章が記載される。

(3) 判決の効力──判決が下された後の取扱い

(a)**既判力**　第1審・第2審の裁判所の判決に不服がある当事者は上訴（控訴・上告）することができるが，上訴されなかった場合や最高裁の判断が下された場合には，判決が確定する。判決が確定した場合，当事者がその判決の結論を再び訴訟で争うことは禁止され，裁判所もこれに反する判断をすることはできない。このような確定判決の効力を**既判力**という。既判力は確定判決に認められる効力であり（民訴114条1項），取消判決に特有の効力ではない。

(b)**形成力・第三者効**　処分取消判決が確定すると，処分の効力は処分時に遡って消滅し，その処分は最初からなかったことになる（行政庁がその処分を取り消す行為をする必要はない）。取消判決はこのように法律関係を変動させる効力（**形成力**）をもつため，形成判決といわれる。行政事件訴訟法は，取消判決は第三者に対しても効力を有すると規定しているが（**第三者効**。32条1項），この規定は，取消判決の形成力が第三者に対しても及ぶことを定めたものと解されている。Y県知事が事業者Aに対して廃棄物処理施設の設置許可を与えたところ，付近住民XがY県を被告として取消訴訟を提起し，判決によって許可が取り消された場合には，判決の第三者効により，訴訟外の第三者である事業者Aにとっても許可は最初からなかったものとなる。この場合の事業者Aのように，取消判決により権利を害されるおそれのある第三者は，取消訴訟に参加することができる（行訴22条，民訴42条）。このような第三者で，自己の責め

に帰することができない理由により取消訴訟に参加することができなかったものについては，確定判決に対して再審の訴えを提起することが認められている（行訴34条）。

(c)**拘束力**　　取消判決は，その事件について，処分または裁決をした行政庁その他の関係行政庁を拘束する（**拘束力**。行訴33条1項）。この規定には，裁判所が違法であるとした理由と同一の理由に基づいて，同一人に対し同一の行為をすることを禁ずる趣旨がある。それに対して，別の理由があれば行政庁が再度同じ内容の処分をすることも許される。例えば，行政庁が免許取消処分をしたところ，理由提示が不十分であるという理由で処分を取り消す判決が確定した場合，行政庁は十分な理由を提示して再度免許取消処分をすることもできる（理由提示の不備の問題については，第**8**章₃**1**(3)参照）。

申請拒否処分が判決で取り消された場合，その処分をした行政庁は，再度の申請がなくても，判決の趣旨に従い，改めて申請に対する処分をしなければならない（同条2項）。この場合も，裁判所が違法であるとした理由とは別の理由に基づいて再度申請拒否処分をすることは許されるというのが伝統的な考え方である（それに対して，行政側が取消訴訟において提出することのできた理由に基づいて再度申請拒否処分をすることは許されないとする説もある）。申請認容処分については，手続に違法があることを理由として取り消された場合にのみ，処分のやり直しの義務が生じる（同条3項）。申請認容処分に実体的な違法がある場合には，やり直しても申請認容処分がされる可能性はないので，やり直しの必要はないと考えられたからである。

CHECK

① 取消訴訟の対象となる処分とはどのようなものか。具体的に説明してみよう。

② 処分の名あて人以外の者が，その処分の取消訴訟を提起することを認められる場合がある。どのような場合があるのか。

③ 事情判決というのは，どのような内容の判決であり，どのような場合に下されるものなのか。

④ 不許可処分を取り消す判決が確定した場合，行政庁はどのような義務を負うのか。

3 取消訴訟以外の抗告訴訟

　行政事件訴訟法は，取消訴訟以外の抗告訴訟として，無効等確認訴訟・不作為の違法確認訴訟・義務付け訴訟・差止訴訟を法定している（3条4項〜7項）。どのような場合にどの訴訟を利用することができるのかを学習しよう。

1 無効等確認訴訟
——取消訴訟の出訴期間経過後に利用できる訴訟 ————————●

> **CASE**
>
> 　A原発は，10年以上前に原子炉設置許可を受けて設置されたものである。最近，その原子炉設置許可には安全性の審査に関して重大な落ち度があったとする新聞報道があった。A原発の安全性に不安を抱いた付近住民Xは，A原発の稼働を阻止するために，原子炉設置許可の効力を争いたいと考えている。この場合Xは，どのような抗告訴訟を提起すればよいだろうか。

▍(1) 無効等確認訴訟の意義・特色 ▍

　CASE の原子炉設置許可は，10年以上前になされたものであるので，その取消訴訟の出訴期間（⚫5(2)）はすでに経過してしまっているといわざるをえない。しかし，処分の違法性が重大かつ明白であるような場合には，処分は取消訴訟で取り消すまでもなく当然に無効であると解されているので（第4章⚫2(2)参照），取消訴訟以外の訴訟で救済を求めることができる。行政事件訴訟法は，このような場合のために，抗告訴訟の一類型として，「処分若しくは裁決の存否又はその効力の有無の確認を求める訴訟」（**無効等確認訴訟**）を用意している（3条4項）。無効等確認訴訟では，処分の有効や存在・不存在の確認を求めることもできるが，実際に提起されているのは，ほとんどが処分の無効確認を求める訴訟である。CASE のXとしては，原子炉設置許可の無効確認訴訟を提起することが考えられる。

　無効等確認訴訟には出訴期間の制限がないことはもちろん，審査請求と取消訴訟の関係を定めた行政事件訴訟法8条の規定も準用されないので（行訴38条

202 ● CHAPTER **10** 行政訴訟

参照），個別法で審査請求前置主義が採られている場合でも，無効等確認訴訟を提起する前に審査請求をしておく必要はない。原告適格に関しては，取消訴訟の場合と同様の「法律上の利益」が必要となる（取消訴訟の原告適格については，**2 3** 参照）。原子炉施設の付近住民は，原子炉事故により生命・身体に直接的かつ重大な被害を受けるおそれがあると認められる範囲に居住している限り，原子炉設置許可の無効の確認を求めるにつき法律上の利益を有する（ちなみに最判平成 4・9・22 民集 46 巻 6 号 571 頁［百選 II 162］〔もんじゅ事件〕は，原子炉から約 58 キロメートルの範囲内の住民に原告適格を認めている）。

　もっとも，「法律上の利益」があれば，当然に無効等確認訴訟の原告適格が認められるわけではない。この点を以下で説明しよう。

▎(2) 行政事件訴訟法 36 条の趣旨とその解釈 ▎

　処分が無効であることを主張して救済を求めることができる訴訟は，無効等確認訴訟だけではない。処分が無効であることを前提に現在の法律関係を争う民事訴訟や当事者訴訟を提起して救済を求めることができる場合がある。例えば，Y 市が道路建設用地を取得するため収用裁決を申請し，A 県収用委員会が，X の土地を Y 市が取得するという内容の裁決（権利取得裁決）をしたとしよう。この場合において X が，権利取得裁決には重大かつ明白な違法があるので無効であり，その土地の所有権は Y 市に移転していないということを主張したいとすれば，X は，権利取得裁決が無効であることを理由として，自分がその土地の所有権を有することの確認を求める訴訟（民事訴訟）を提起することができる。また，免職処分を受けた公務員が，その処分は無効であり，現在も自分は公務員の地位を有するということを主張したいとすれば，免職処分の無効を理由として，公務員としての地位を有することの確認を求める訴訟（当事者訴訟）を提起することができる。民事訴訟と当事者訴訟は，どちらも法律関係を争う訴訟であるが，その法律関係が私法上のものか公法上のものかという点で区別される（当事者訴訟については，**4 1** を参照）。

　行政事件訴訟法 36 条は，以上のような，現在の法律関係を争う民事訴訟や当事者訴訟によって十分な救済を受けられる場合には，無効等確認訴訟の原告適格を認めないこととしている。処分無効確認訴訟を提起することができるの

3　取消訴訟以外の抗告訴訟 ● **203**

は, ①後続処分により損害を受けるおそれのある者か, ②当該処分の無効の確認を求めるにつき法律上の利益を有する者で, 当該処分の無効を前提とする現在の法律関係に関する訴訟によって目的を達することができないものに限られている。

　①は, 後続処分を予防するために無効確認訴訟の提起を認める趣旨である。課税処分を受けた者が, 当該課税処分にかかる税金を納付していないために, 滞納処分を受けるおそれがある場合において, 課税処分の無効確認訴訟を認めた判例がある (最判昭和51・4・27民集30巻3号384頁)。②は, 現在の法律関係に関する訴訟によって救済が達せられない場合における補充的な訴訟として無効確認訴訟の提起を認める趣旨である。上記の収用裁決や免職処分の無効が主張される事例では, 当該処分の無効を前提とする現在の法律関係に関する訴訟 (土地所有権や公務員の地位を有することの確認訴訟) によって目的を達することができるので, 無効確認訴訟を提起することはできないことになる。それに対して, 申請拒否処分を受けた者がその無効を主張する場合のように, 当該処分の無効を前提として現在の法律関係を争う形をとることが不可能な場合には, 無効確認訴訟の提起は妨げられない。

　原子炉設置許可の無効を主張する場合はどうであろうか。もんじゅ事件では, 原子炉設置許可の無効確認訴訟を提起した住民らが, 人格権等に基づいて原子炉施設の建設・運転の差止めを求める民事訴訟を提起していたため, ②の要件が満たされるかどうかが問題となった。最高裁は, 住民らの提起した民事訴訟は原子炉設置許可の無効を前提とする現在の法律関係に関する訴訟とみることができないという点を指摘して, 原子炉設置許可の無効確認訴訟を適法とした (最判平成4・9・22民集46巻6号1090頁 [百選Ⅱ181])。原子炉設置許可には, 人格権に基づく差止請求を制限する効果はなく, たとえ許可が有効であったとしても差止請求をすることができるからである。したがって, 原子炉設置許可の無効確認訴訟と, 人格権に基づく民事差止訴訟は, 全く別の訴訟として, どちらが優先することもなく, 両方の訴訟を提起することも許されることになる。

204 ● CHAPTER **10** 行政訴訟

2　不作為の違法確認訴訟
──申請に対する応答がない場合のための訴訟──

> **CASE**
>
> 　Xは，Y県内において産業廃棄物の焼却施設を設置することを計画し，廃棄物処理法に基づいて，Y県知事に設置許可を申請した。Y県では，産業廃棄物処理施設の設置許可については行政手続法6条に従って標準処理期間が設定・公表されており，産業廃棄物の焼却施設の場合は180日となっていた。しかしながらY県知事は，180日が経過したにもかかわらず，Xの申請に対する処分をしなかった。Xが苦情を申し出たところ，Y県の担当職員は，申請の審査は終了しているが，地元で反対運動が起きているので，これが収束するまでは許可は出せないと説明した。納得がいかないXは，どのような抗告訴訟を提起すればよいだろうか。

(1) 不作為の違法確認訴訟とその訴訟要件

　許認可等を求める申請を行政庁が放置して，全く処分をしない場合には，取消訴訟や無効等確認訴訟では救済できない。この場合に申請者を救済するためには，別の訴訟による必要がある。そこで行政事件訴訟法は，「行政庁が法令に基づく申請に対し，相当の期間内に何らかの処分又は裁決をすべきであるにかかわらず，これをしないことについての違法の確認を求める訴訟」（**不作為の違法確認訴訟**）を用意している（3条5項）。CASE のXは不作為の違法確認訴訟を提起することができる。

　不作為の違法確認訴訟は，法令に基づく申請がなされたことを前提とするものであり，申請が法令に基づくものであることも不作為の違法確認訴訟の訴訟要件であると解するのが判例である（最判昭和47・11・16民集26巻9号1573頁［百選Ⅰ122]）。したがって，法令上申請をすることが認められていない処分（行政庁の職権による処分）については，不作為の違法確認訴訟を提起することはできない。不作為の違法確認訴訟の原告適格を有するのは，申請者だけである（行訴37条）。

3　取消訴訟以外の抗告訴訟　● 205

(2) 不作為の違法の判断——「相当の期間」の経過

　不作為の違法確認訴訟の本案審理により，不作為が違法であることが判明した場合には，不作為違法確認判決が下される。「相当の期間」を経過しているにもかかわらず行政庁が処分をしていない場合，その不作為は違法である。法律で処分をすべき期間が定められている場合はその期間が「相当の期間」となる。行政庁が標準処理期間を設定・公表している場合には，それが長すぎたり短すぎたりするときを除いて，その期間を経過しているかどうかが一つの判断基準となる。ただし，標準処理期間はあくまでも行政庁自身がいわば目安として設定する期間であるから，これを経過したことがただちに違法であるとまではいえない。標準処理期間が経過した場合には，それを正当化するような事情がないかどうかを検討する必要がある。CASE の場合，Y 県が定めた 180 日の期間については問題はないと考えられるから（自治体によっては 120 日や 200 日とするところもある），この期間の経過を正当化するような事情があるかどうかが問題となる。Y 県においては X の申請の審査は終了していることからすると，反対運動があることだけを理由として不作為を正当化することは困難だろう。

(3) 不作為違法確認判決の効力とその限界

　不作為違法確認判決が確定した場合，判決の拘束力により（行訴 33 条，38 条 1 項），行政庁は申請に対する処分をすることを義務づけられる。しかしながら，申請認容処分をすることを義務づけられるわけではないので，申請拒否処分がなされる可能性もある。このような場合には，さらに取消訴訟を提起しなければならず，なかなか救済が得られないという問題があった。しかし，2004 年の行政事件訴訟法改正により，不作為の違法確認訴訟に加えて，行政庁が申請認容処分をすることの義務付けを求める訴訟（申請型義務付け訴訟）を提起することができるようになっている。

3　義務付け訴訟——一定の処分を求めるための訴訟————●

　2004 年の行政事件訴訟法改正で，行政庁が一定の処分をすることの義務付けを求める訴訟（義務付け訴訟）が，抗告訴訟の一類型として法定された（3 条

206 ● CHAPTER **10** 行政訴訟

6項)。行政事件訴訟法は，申請認容処分の義務付け訴訟（申請型義務付け訴訟。同項2号）と，法令に基づく申請を前提としない義務付け訴訟（非申請型義務付け訴訟。同項1号）を区別している。両者の違いに注意して学習しよう。

(1) 申請型義務付け訴訟

　申請型義務付け訴訟は，法令に基づいて許認可等を求める申請をした者が，行政庁がその申請を認容する処分をすることの義務付けを求める訴訟である。申請拒否処分を受けた申請者はその取消訴訟を提起することができるし，取消訴訟の出訴期間徒過後であっても無効等確認訴訟を提起することができる。行政庁が申請に対する処分をしない場合には不作為の違法確認訴訟を提起することができる。しかしながら，これらの訴訟で原告が勝訴したとしても，行政庁が必ず申請認容処分をするとは限らない。そこで行政事件訴訟法は，申請拒否処分の取消訴訟・無効等確認訴訟や不作為の違法確認訴訟に加えて，申請認容処分の義務付け訴訟を提起することもできるものとしている。

　申請認容処分の義務付け訴訟の原告適格を有するのは，法令に基づく申請をした者だけである（行訴37条の3第2項）。また申請型義務付け訴訟は，申請拒否処分がなされた場合にはその取消訴訟または無効等確認訴訟と**併合提起**しなければならず，申請に対する応答がない場合には不作為の違法確認訴訟と併合提起しなければならない（同条3項）。例えば，先ほどの CASE の事例で，X が許可の義務付け訴訟を提起するときには，不作為の違法確認訴訟とセットで提

図表 10.4 申請型義務付け訴訟の併合提起

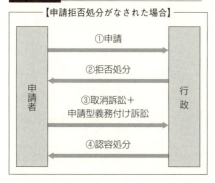
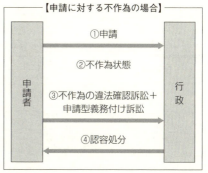

起しなければならない。X の申請に対して不許可処分がなされた場合において，X が許可の義務付け訴訟を提起するときには，不許可処分の取消訴訟（または無効等確認訴訟）とセットで提起しなければならない。

(2) 非申請型義務付け訴訟

> **CASE**
> Y 県内において事業者 A が設置した産業廃棄物処分場で，ずさんな埋立処分が行われたため，地下水が鉛で汚染されていることが判明した。周辺住民 X は，井戸水を生活用水として利用しており，健康被害を心配している。この場合 X は，どのような抗告訴訟を提起することができるだろうか。

　義務付け訴訟では，法令上申請をすることが認められていない処分（行政庁の職権による処分）の義務付けを求めることもできる。法令に基づく申請を前提としない義務付け訴訟が，**非申請型義務付け訴訟**である。名あて人に利益を与える職権処分の義務付けが求められる場合もあるが（住民票記載の義務付け請求を認容したものとして，東京地判平成 19・5・31 判時 1981 号 9 頁），違法な事業活動により不利益を受ける第三者が原告となって，行政庁が事業者に対して事業活動を規制する処分をすることの義務付けを求める場合もある。後者は**規制権限発動型の義務付け訴訟**と呼ばれることがある。CASE のような，産業廃棄物処分場の地下に鉛が浸透した事件で，福岡高判平成 23・2・7（判時 2122 号 45 頁）は，廃棄物処理法 19 条の 5 第 1 項に基づいて知事が当該処分場の事業者に対して生活環境の保全上の支障の除去または発生の防止のために必要な措置を講ずべきことを命ずることを求める義務付け請求を認容している。

図表 10.5　非申請型義務付け訴訟の 2 類型

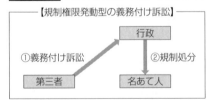
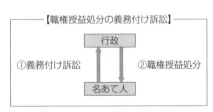

(a)訴訟要件①——一定の処分　　規制権限発動型の義務付け訴訟の場合には，どのような処分の義務付けを求めればよいのかが問題になることがある。事業者の事業活動を規制する処分といっても，許可取消処分，事業停止命令・改善命令など，様々なものがありうるし，改善命令の場合には，どのような改善を命ずるのかという問題もある。行政事件訴訟法は，義務付け訴訟の対象となる処分を「一定の処分」と規定している。義務付け訴訟の対象となる処分は，義務付け訴訟の要件を満たしているか否かについて裁判所の判断が可能な程度に特定される必要があるものの，それ以上に厳密な特定は要しないという趣旨である。前掲福岡高判平成23・2・7の事案では，原告側は生活環境の保全上の支障の除去等のために必要な措置の具体的内容については特定していなかったが，処分の根拠法令や処分の対象となる者および産業廃棄物処分場は特定されていたので，裁判所は「一定の処分」性が満たされることを認めている。

(b)訴訟要件②——重大な損害の要件　　非申請型義務付け訴訟の訴訟要件として，一定の処分がされないことにより**重大な損害**を生ずるおそれがあることが必要とされている（行訴37条の2第1項）。このような重大な損害の要件が定められている理由に関しては，非申請型義務付け訴訟を認めることは法令上の申請権がない者にあたかも申請権を認めることと同じような結果となるので，非申請型義務付け訴訟が認められる場合は救済の必要性が高い場合に限られるべきであるとの説明がある。裁判所が重大な損害を生ずるか否かを判断するにあたっては，損害の回復の困難の程度を考慮し，損害の性質・程度，処分の内容・性質をも勘案するものとされている（同条2項）。損害の回復困難性は要考慮事項である。生命の侵害や重大な身体的損害は回復困難性が高いから，少なくとも，そのような損害が生ずるおそれが大きい場合には，重大な損害の要件が満たされるだろう。CASE のように地下に浸透した鉛などの有害物質の摂取によって健康被害が生ずるおそれがある場合も同じである。

(c)訴訟要件③——補充性の要件　　重大な損害の要件が満たされる場合であっても，非申請型義務付け訴訟の提起が認められるためには，その損害を避けるため他に適当な方法がないことが必要である（行訴37条の2第1項）。これは補充性の要件と呼ばれている。補充性の要件が満たされない場合の例としては，損害を避けるための方法が個別法で特別に法定されている場合（例えば，過大

3　取消訴訟以外の抗告訴訟　● 209

な申告をした場合に税額の減額を求める更正の請求の制度）がある。CASE の A の事業活動によって不利益を受ける X は，A を被告として民事訴訟を提起することも不可能ではないが，民事訴訟を提起することができるからといって，補充性の要件の充足が否定されることはない。民事訴訟を提起することができる場合には義務付け訴訟は提起できないとすると，規制権限発動型の義務付け訴訟を提起することができる場面がほとんどなくなってしまい，非申請型義務付け訴訟の存在意義が大幅に失われることになってしまうからである。

(d)訴訟要件④——原告適格　　規制権限発動型の義務付け訴訟の場合，処分の名あて人以外の第三者が原告となるから，原告適格の有無が争いになりやすい。行政事件訴訟法は，処分の義務付けを求めるにつき「法律上の利益」を有する者が非申請型義務付け訴訟を提起できることを規定し，取消訴訟における第三者の原告適格に関する同法9条2項の規定を準用している（行訴37条の2第3項・4項）。したがって，非申請型義務付け訴訟の原告適格は取消訴訟の場合と同様の方法で判断される。前掲福岡高判平成23・2・7は，廃棄物処理法が，産業廃棄物の埋立処分に伴う地下水の汚染等によって健康または生活環境に係る著しい被害を受けないという利益を個々人の個別的利益としても保護する趣旨を含むことを認め，そのような被害を直接的に受けるおそれのある者は原告適格を有するものとしている。

4　差止訴訟——一定の処分を予防するための訴訟——————●

CASE

　健康保険法に基づき保険医療機関の指定を受けて歯科医院を開設している X は，同法の規定による調査を拒否したことを原因事実として，予定される不利益処分を保険医療機関指定取消処分とする聴聞の通知を受けた。取消処分がなされた場合，X の医院においては，保険診療を行うことができなくなり，患者数が大幅に減少することが予想されるほか，取消処分がなされたことが法令に基づいて公示されることになっている。取消処分がなされることを防ぎたい X は，どのような訴訟を提起すればよいだろうか。

210 ● CHAPTER 10　行政訴訟

(1) 差止訴訟の意義・特色

処分がなされた場合，当該処分に不服がある者は，その取消訴訟を提起することができる。他方で，処分がなされる前において，当該処分がなされることを差し止める必要がある場合もある。そこで行政事件訴訟法は，「行政庁が一定の処分又は裁決をすべきでないにかかわらずこれがされようとしている場合において，行政庁がその処分又は裁決をしてはならない旨を命ずることを求める訴訟」（差止訴訟）を，抗告訴訟の一類型として法定している（3条7項）。差止訴訟は，処分（または裁決）を攻撃する訴訟であるという点で取消訴訟との共通性があり，事前の取消訴訟といわれることもある。CASE のXとしては，保険医療機関指定取消処分がなされる前に，その差止訴訟を提起することが考えられる。

(2) 差止訴訟の訴訟要件

(a)一定の処分と蓋然性の要件　　差止訴訟の対象となる処分は，義務付け訴訟と同様に，「一定の処分」とされている。差止訴訟の要件を満たしているか否かについて裁判所の判断が可能な程度の特定を要するものの，それ以上に厳密な特定は必要ないという趣旨である。他方で処分の差止訴訟は，一定の処分が「されようとしている場合」の訴訟であるから，一定の処分がされる**蓋然性**があることが訴訟要件として必要である（最判平成24・2・9民集66巻2号183頁［百選Ⅱ207］〔東京都教職員国旗国歌事件〕）。行政手続法に基づいて聴聞の通知や弁明の機会の付与の通知がなされた場合には，一定の処分がされようとしている場合にあたるといえる。また，これらの手続がとられる前においても，一定の処分がされる蓋然性が認められることはありうる。

(b)重大な損害の要件　　差止訴訟は，一定の処分または裁決がされることにより**重大な損害**を生ずるおそれがある場合に限り提起することができる（行訴37条の4第1項本文）。裁判所は，重大な損害を生ずるか否かを判断するにあたっては，損害の回復の困難の程度を考慮し，損害の性質・程度，処分の内容・性質を勘案する（同条2項）。重大な損害を生ずるか否かの判断方法は，非申請型義務付け訴訟の場合と文言上は同じである。もっとも差止訴訟の場合には，

処分がされた後に取消訴訟等を提起して執行停止の決定を受けることにより容易に救済を受けることができるのであれば，重大な損害を生ずるおそれは認められない（前掲最判平成24・2・9）。取消訴訟等の原告が執行停止の申立てをした場合，重大な損害を避けるため緊急の必要があるときには，裁判所は，執行停止の決定をすることができる（詳しくは，§1参照）。このようにして，重大な損害が生ずることを避けることができるのであれば，差止訴訟の重大な損害の要件は満たされないのである。

CASE の X については，保険医療機関指定取消処分がなされることによって患者数が大幅に減少することが予想されており，医院の経営が破たんすることも考えられるし，当該処分が公表されることによって X の歯科医師としての評価や信用が害されるおそれもある。これらの損害は回復困難性の高いものであるから，重大な損害にあたるといえるだろう。また X は，当該処分がなされた後に，その取消訴訟を提起して執行停止の申立てをすることはできるが，執行停止の決定がなされるまでには一定の日数が必要であり，少なくとも当該処分が公表されることによる社会的評価や信用の低下を容易に防止することができるとはいえない。このように考えると，重大な損害の要件は満たされるといえるだろう。

(c)**補充性の要件**　重大な損害の要件が満たされる場合であっても，その損害を避けるため他に適当な方法があるときには，差止訴訟を提起することができない（行訴37条の4第1項ただし書）。この要件は補充性の要件と呼ばれている。差止訴訟の対象とされた処分（処分①）の前提となる処分（処分②）があって，処分②の取消訴訟を提起すれば当然に処分①をすることができないことが法令上定められている場合には（税徴90条3項等），補充性の要件は満たされず，差止訴訟は不適法となる。保険医療機関指定取消処分については，このような法令の定めはなく，前提となる処分の取消訴訟による救済も考えられないので，補充性の要件により差止訴訟の提起が妨げられることはない。また，非申請型義務付け訴訟と同様に，民事訴訟を用いることができる場合であっても差止訴訟の提起は妨げられない。

(d)**原告適格**　差止訴訟の訴訟要件として原告適格も必要である。差止訴訟を提起することができるのは，処分または裁決の取消しを求めるにつき「法律

212 ● CHAPTER **10** 行政訴訟

上の利益」を有する者に限られ，その判断については，取消訴訟における第三者の原告適格に関する行政事件訴訟法9条2項の規定が準用されている（行訴37条の4第3項・4項）。差止訴訟の原告適格は，取消訴訟の場合と全く同じ方法で判断される。CASE のように，不利益処分の名あて人となる者が出訴する場合には，当然原告適格が認められる。

Column ⑯ 公権力の行使に関わる民事差止訴訟の制限

　公共事業など，公権力の行使にあたらない事実行為の差止めは，民事訴訟としての差止訴訟によるのが原則である。道路から生ずる騒音等の防止を求める場合については，民事差止訴訟を適法とした判例がある（最判平成7・7・7民集49巻7号2599頁〔国道43号線事件〕。ただし請求は棄却）。しかし，非権力的な事実行為の差止めを求める民事訴訟が，公権力の行使に影響が及ぶことを理由として不適法とされる場合がある。かつて国営空港であった大阪国際空港の周辺住民が，騒音被害を理由に，空港を航空機の離着陸に使用させることの差止めを求める民事訴訟を提起した事件で，最大判昭和56・12・16（民集35巻10号1369頁〔百選Ⅱ149〕〔大阪国際空港訴訟〕）は，国営空港の供用は非権力的権能である空港管理権と公権力の行使を本質的内容とする航空行政権の不可分一体的な行使の結果であり，上記の差止請求は不可避的に航空行政権の行使の取消変更等を求める請求を包含することとなると述べ，民事訴訟を不適法とした。また，厚木基地における自衛隊機等の離着陸の差止めを求める民事訴訟が提起された事件で，最判平成5・2・25（民集47巻2号643頁〔第1次厚木基地訴訟〕）は，自衛隊機の運航に関する防衛庁長官の権限の行使はその運航に必然的に伴う騒音等について周辺住民の受忍を義務づけるので，公権力の行使にあたると述べて，やはり民事訴訟を不適法としている。学説においては民事差止訴訟を認めるべきという批判が強いが，判例の論理からすれば，国営空港や自衛隊基地から生ずる騒音の防止を求める場合には抗告訴訟を選択すべきことになる。厚木基地における自衛隊機等の運航差止めを求める行政訴訟が提起された事件で，最判平成28・12・6（民集70巻8号1833頁〔百選Ⅱ150〕〔第4次厚木基地訴訟〕）は，自衛隊機の運航差止請求に係る訴えを行政事件訴訟法3条7項の差止訴訟として適法とした（ただし請求は棄却）。

4 抗告訴訟以外の行政訴訟

1 当事者訴訟——法律関係の当事者が原告・被告となる訴訟 ——●

当事者訴訟は，民事訴訟と同様に，法律関係の当事者が原告・被告となって，金銭の給付や権利義務の存否の確認などを求める訴訟である。その法律関係が公法上のものであるという点で，民事訴訟とは異なる。どのような場合に当事者訴訟を利用することができるのかを学習しよう。

(1) 形式的当事者訴訟

形式的当事者訴訟とは，行政事件訴訟法4条前段に規定された訴訟で，実質的には抗告訴訟なのであるが，法令の定めにより当事者訴訟の形式をとるものとされている訴訟である。形式的当事者訴訟の代表例は，収用委員会の権利取得裁決で定められた損失補償の額を争う訴訟である。権利取得裁決がなされると，起業者は，公益事業のために必要な土地の所有権を取得する一方で，当該土地に関する権利を失う者に対して一定額の補償金を支払う義務を負う（第**4**章**1**1**(1)**参照）。権利取得裁決は取消訴訟の対象となる処分であり，自己の所有地を収用されることに不服がある土地所有者は，権利取得裁決の取消訴訟を提起して争うことになる。それに対して，土地所有者が，権利取得裁決で定められた補償金の額に不服がある場合には，権利取得裁決の取消訴訟を提起するのではなく，起業者を被告として，損失の補償に関する訴えを提起して補償金を請求すべきものとされている（収用133条2項・3項）。処分をした行政庁の所属する行政主体が被告になるのではないという点で，抗告訴訟とは異なっている。このような仕組みが採用されている理由は，補償金の額に関する事項は直接公益に影響するものではなく，むしろ直接利害関係を有する当事者双方で解決させることが適当であるという点にある。

(2) 実質的当事者訴訟

(a)**意 義** **実質的当事者訴訟**とは，公法上の法律関係に関する訴訟のこと

をいう（行訴4条後段）。民事訴訟が私法上の法律関係に関する訴訟であるから，実質的当事者訴訟は民事訴訟の対になるような存在である。実質的当事者訴訟の典型例は公務員の勤務関係に関する訴訟であり，公務員としての地位の確認を求める訴訟や，公務員（または公務員であった者）が未払いの給与や退職金の支払いを求める訴訟がある。憲法29条3項に基づく損失補償を求める訴訟や，納税義務（租税債務）がないことの確認を求める訴訟も，実質的当事者訴訟に分類される。もっとも実質的当事者訴訟と民事訴訟は，給付や確認といった請求の内容や訴訟手続に関してはほとんど違いはない（訴訟手続の違いとしては，職権証拠調べなど，取消訴訟に関する規定のいくつかが準用されている程度である。行訴41条参照）。

(b)**確認訴訟の明示**　このように，実質的当事者訴訟は訴訟手続の点で民事訴訟に対する独自性に乏しいことや，法律関係を公法関係と私法関係とに区別する伝統的な考え方が学説の支持を失っていたことから（第2章¶1(4)参照），一時期は実質的当事者訴訟を廃止すべきであると主張する学説も有力であった。しかし，2004年の行政事件訴訟法改正では，実質的当事者訴訟としての確認訴訟の活用を図るため，「**公法上の法律関係に関する確認の訴え**」が実質的当事者訴訟に含まれることが条文に明示された（行訴4条後段）。改正前においても，実質的当事者訴訟のなかに権利義務の存否の確認を求める訴訟が含まれることについては争いがなかった（薬局開設許可を受けることなく薬局の開設をなしうることの確認が求められた例として，最大判昭和41・7・20民集20巻6号1217頁）。それにもかかわらず，あえて実質的当事者訴訟としての確認訴訟を明示して活用を促すこととされたのは，①取消訴訟の対象となる処分を拡大する法改正を行わないことに対する代償的措置という側面があるほか，②処分とみなしうるような行政活動が全く存在しない場合においても実効的な権利救済を図る必要があるという理由によるものである。

(c)**確認訴訟の活用例**　判例においては，②の類型において注目すべき判断が示されている。公職選挙法の規定により国政選挙における選挙権の行使を制限されていた在外国民が，これを憲法違反であると主張して出訴した事件で，最大判平成17・9・14（民集59巻7号2087頁［百選Ⅱ208］〔在外国民選挙権事件〕）は，次回の衆議院議員の総選挙における小選挙区選出議員の選挙および参議院

議員の通常選挙における選挙区選出議員の選挙において投票をすることができる地位にあることの確認を求める訴訟を，実質的当事者訴訟として適法とし，請求を認容した。この事件では，在外国民の選挙権の行使が法律の規定によって直接制限されており，具体的な処分が出される仕組みにはなっていなかった。そこで最高裁は実質的当事者訴訟による救済を認めたのである。

また，卒業式等の式典における国歌斉唱の際に国旗に向かって起立して斉唱することやピアノ伴奏をすることを命ずる職務命令を受けた教職員らが，これを不服として出訴した事件で，最高裁は，当該職務命令によって課された公的義務の不存在確認訴訟を実質的当事者訴訟として適法とした（最判平成24・2・9民集66巻2号183頁［百選Ⅱ207］〔東京都教職員国旗国歌事件〕）。最高裁は，当該職務命令の処分性を否定した上で，公的義務に違反した場合には，懲戒処分を受けるおそれがあるだけでなく，勤務成績の評価に影響し，昇給が遅れるといった処遇上の不利益が発生し拡大する危険があることを指摘している。懲戒処分は差止訴訟で予防することができるが，差止訴訟ではそれ以外の不利益を予防することができないので，実質的当事者訴訟としての確認訴訟を通じた救済の必要性があるということである。

2 民衆訴訟・機関訴訟
──原告の権利利益の救済を目的としない訴訟──────●

▌(1) 民衆訴訟▐

行政事件訴訟法は，「国又は公共団体の機関の法規に適合しない行為の是正を求める訴訟で，選挙人たる資格その他自己の法律上の利益にかかわらない資格で提起するもの」を**民衆訴訟**と呼んでいる（5条）。代表的な民衆訴訟について学習しよう。

(a)**選挙訴訟・当選訴訟**　　公職選挙法では，①地方公共団体の議会の議員・長の選挙の効力に関する訴訟（203条），②衆議院議員・参議院議員の選挙の効力に関する訴訟（204条），③地方公共団体の議会の議員・長の当選の効力に関する訴訟（207条），④衆議院議員・参議院議員の当選の効力に関する訴訟（208条）が定められている。①〜③は，選挙人（または公職の候補者）が提起することのできる民衆訴訟である。②は，有権者がいわゆる「一票の較差」問題につ

216 ● CHAPTER **10** 行政訴訟

いて裁判所の判断を求める場合にも用いられている。例えば、衆議院議員総選挙の時点において、有権者数の最も少ない選挙区と最も多い選挙区との間での較差が2倍以上になっていた場合に、そのような選挙区割りを定める公職選挙法の規定は無効であると主張する有権者が選挙無効訴訟を提起することがある（近年の最高裁判決として、最大判平成27・11・25民集69巻7号2035頁）。一方、④は、当選をしなかった者だけが提起できるものとされている。

> **CASE**
>
> 　A市長は、A市が適正価格よりも著しく高い価格で土地を購入するという内容の契約を締結しようとしている。A市の住民らは、このような契約を締結することは市民から集めた税金の無駄遣いであると考えている。住民らは、訴訟により、契約を締結しないように求めることができるだろうか。またA市長がその契約を締結し、代金が支払われてしまった場合には、住民らはどのような行政訴訟を提起すればよいだろうか。

(b)**住民訴訟**　　地方公共団体の住民としての資格で提起される民衆訴訟として、**住民訴訟**（自治242条の2）がある。住民訴訟は、地方公共団体の財務運営の適正を確保し、住民全体の利益を保護することを目的とする訴訟であり、地方公共団体の住民であれば、誰もが原告になることができる。住民訴訟では、①地方公共団体の執行機関や職員による違法な公金の支出や契約の締結その他の財務会計上の行為の差止めの請求（同条1項1号）、②補助金の交付決定のように、処分性を有する財務会計上の行為の取消しや無効確認の請求（同項2号）、③地方公共団体の執行機関や職員が公金の賦課徴収や財産の管理を怠る事実がある場合における違法確認の請求（同項3号）、④地方公共団体に損害を与えた者や不当利得を得ている者に対して、地方公共団体の執行機関や職員が損害賠償請求や不当利得返還請求をすることを求める請求（同項4号）をすることができる。

　CASEのA市長が高額な土地の売買契約を締結しようとしている場合、これが違法であると考えるA市の住民としては、①の契約締結の差止めを請求する住民訴訟を提起することが考えられる。契約が締結されてしまった場合には、契約の解除や無効確認を求めることができればよいかもしれないが、現行の制度ではこのような請求は認められていない。A市長が違法な契約を締結し、

4　抗告訴訟以外の行政訴訟　● 217

代金が支払われたことにより，Ａ市に損害が発生した場合は，Ａ市の住民としては，Ａ市長にその損害を賠償させるため，④の住民訴訟を提起することが考えられる。この場合，原告であるＡ市の住民は，Ａ市の執行機関であるＡ市長を被告として，Ａ市に損害を与えた個人としてのＡ市長に損害賠償請求をすることを求めることになる。

図表 10.6 長の行為により損害が発生した場合

住民は，住民訴訟をいきなり提起することはできず，まず**住民監査請求**をしなければならない（自治242条の2第1項参照）。住民監査請求とは，地方公共団体の機関である監査委員に対して，違法または不当な財務会計上の行為を防止することや是正すること，財務に関する怠る事実を改めることなどを請求するものである（自治242条1項）。財務会計上の行為があった日または終わった日から1年を経過すると，正当な理由があるときを除いて，住民監査請求をすることはできず（同条2項），その財務会計上の行為について住民訴訟を提起することもできなくなる。

(2) 機関訴訟

> **CASE**
> Ａ町長が，Ａ町立Ｂ小学校を廃止することを内容とする条例案を提出したところ，Ａ町議会はこれを否決する議決をした。しかしながらＡ町長は，この議決の手続に関してはＡ町議会の会議規則に違反する行為があったと考えている。この場合，Ａ町長は訴訟を提起して議決の適法性を争うことができるだろうか。

国や地方公共団体の機関は，法人格をもたず，権利の主体ではないので，本来は訴訟を提起することはできない。しかしながら法律の特別の定めにより，機関が出訴することが認められることもある。例えば地方自治法には，地方公

共団体の長と議会の間で議会の議決や選挙の適法性が争われている場合に、長または議会が裁判所に出訴することを認める規定がある（176条7項）。地方公共団体の長と議会は、議院内閣制の下にある内閣と国会との関係とは異なり、ともに住民によって直接選挙された代表機関として対等の関係にある。そこで、地方公共団体の長と議会の間で議会の議決や選挙の適法性に関する紛争が生じた場合には、最終的に裁判所が判断することによって解決を図る趣旨である。行政事件訴訟法は、「国又は公共団体の機関相互間における権限の存否又はその行使に関する紛争についての訴訟」を**機関訴訟**と呼んでおり（6条）、地方公共団体の議会の議決や選挙の適法性に関する訴訟は、機関訴訟の典型例といえる。

　地方公共団体の長は、議会の議決が違法であると認める場合であっても、ただちに出訴することができるわけではなく、まずはこれを再議に付し、議会の再考を求めなければならない（自治176条4項）。その結果、違法が是正された場合には、裁判所への出訴は行われない。また、議会が同様の違法を繰り返して議決を行ったとしても、長が裁判所に出訴するためには、総務大臣または都道府県知事に対する審査の申立て（同条5項）をしなければならない。この審査の申立てに対する裁定があった場合にのみ、出訴することが認められる。

　市が新たな税を導入しようとして総務大臣に同意を求めたところ、総務大臣が違法な不同意をした場合のように、地方公共団体の事務処理に関する違法な国の関与があった場合において、地方公共団体の長その他の執行機関が裁判所に出訴することが認められている（国の関与に関する訴え。自治251条の5）。また、沖縄県知事が沖縄防衛局に対する埋立承認を取り消したところ、国土交通大臣が埋立承認取消しを取り消すよう是正の指示をした事件では、知事が埋立承認取消しを取り消さないことが違法であることの確認を求める訴訟（普通地方公共団体の不作為に関する国の訴え。自治251条の7）が提起され、違法確認判決が出されている（最判平成28・12・20民集70巻9号2281頁〔辺野古訴訟〕）。これらの訴訟も一般に機関訴訟として理解されているが、一つの行政主体内部の訴訟ではなく、実質的には、地方公共団体と国という行政主体間の訴訟とみることも可能である。

CHECK

① 処分の取消訴訟と無効確認訴訟は，どのように使い分けたらよいのだろうか。処分の取消訴訟と差止訴訟の場合はどうか。

② 申請型義務付け訴訟の要件（行訴 37 条の 3）と非申請型義務付け訴訟の要件（37 条の 2）を比較して，その違いを明らかにしてみよう。

③ 実質的当事者訴訟としての確認訴訟（行訴 4 条後段）はどのような場合に利用することができるのだろうか。具体例を示して説明してみよう。

④ 住民訴訟（自治 242 条の 2）と取消訴訟の間には様々な違いがある。どのような点が異なっているのかを説明してみよう。

---

⑤ 仮の救済

▶▶ 判決が確定するまでの間における権利利益の保護

訴訟を提起したとしても，すぐに判決が出るわけではない。第 1 審の判決が出るまでに 1 年以上かかる場合もあるし，最高裁の判決が出るころには 10 年が経過していることもある。違法な免職処分を受けた公務員が，ただちにその処分を争ったにもかかわらず，取消判決が確定するまで何年も職場復帰できない状態が続いてしまうおそれもある。そうすると，判決が確定するまでの間において権利利益を保護するための仕組み（**仮の救済**）が必要となる。

民事訴訟では，民事保全法が**仮処分**という名称の仮の救済の仕組みを定めている。この仮処分は，行政庁がする処分ではなく，裁判所が命じるものである。民間の会社を解雇された労働者が，労働契約上の地位を有することを仮に定める仮処分および賃金の仮払いを命ずる仮処分の申立てをしたり，廃棄物処理施設の操業により健康被害を受けるおそれのある付近住民が，仮に操業禁止を命ずる仮処分の申立てをしたりすることがある。

行政事件訴訟法は，行政庁の処分その他公権力の行使にあたる行為については，民事保全法に規定する仮処分をすることができないものとしているが（44条），他方で，執行停止・仮の義務付け・仮の差止めという 3 種類の仮の救済を用意している。以下では，行政事件訴訟法に定められている仮の救済の仕組

220 ● CHAPTER **10** 行政訴訟

みについて，より詳しく学習しよう。

1 執行停止
──取消訴訟（または無効等確認訴訟）が提起された場合の仮の救済 ─●

> **CASE**
>
> 　日本の大学に在籍している留学生Xは，生活費を賄うために毎日飲食店でアルバイトをしていたところ，報酬を受ける活動をもっぱら行っていると明らかに認められるという理由で退去強制令書発付処分を受けた。現在Xは収容施設に収容されており，このままでは本国に強制送還されてしまう。少なくとも強制送還は避けたいXとしては，どのような法的措置をとればよいだろうか。

(1) 執行停止の意義

　行政事件訴訟法は，取消訴訟が提起されたとしても，それだけでは処分の効力や執行，手続の続行は停止しないものとしている（25条1項）。これを**執行不停止原則**という。しかし，裁判所に処分の効力や執行，手続の続行の停止（これらをまとめて「**執行停止**」という）の申立てをすることが認められている（同条2項）。CASEにおいて，退去強制令書発付処分を受けたXが，その取消訴訟を提起したとしても，それだけでは施設への収容や強制送還は停止しない。しかし，執行停止の申立てが認められれば，取消訴訟の決着がつくまで，収容や強制送還を免れることができる。したがってXとしては，執行停止の申立てをするべきである。

(2) 執行停止の要件

　裁判所が執行停止の決定をするためには，いくつかの要件が満たされなければならない。まず，取消訴訟（または無効等確認訴訟）が提起されていなければならない。提起された訴訟が訴訟要件を満たす適法なものであることも必要である。さらに，執行停止の申立てが必要である。裁判所が職権で執行停止をすることはできない。

　執行停止をすることができるのは，**重大な損害**を避けるため緊急の必要がある場合に限られる（行訴25条2項）。裁判所は，重大な損害を生ずるか否かを

5 仮の救済 ● 221

判断するにあたっては，損害の回復の困難の程度を考慮し，損害の性質・程度や処分の内容・性質をも勘案するものとされている（同条3項）。処分の執行により生ずる損害を考慮するだけでなく，処分の執行が停止された場合に害されるおそれのある利益についても，処分の内容・性質の一部として勘案し，利益衡量を行う趣旨である。退去強制令書発付処分の場合，強制送還に関しては，執行停止を認める裁判例が多い。強制送還された者は，一定期間日本に入国することができなくなり，その不利益が大きいことに加え，強制送還のみを停止しても，送還が先送りになるだけで，行政上の支障はほとんど生じないからである。それに対して施設への収容に関しては，執行停止を認めない裁判例が多い。強制送還の場合に比べれば，処分の名あて人に生ずる不利益が大きくないことに加え，収容を解除した場合に生ずる行政上の支障が大きいと考えられているからである。

　執行停止が公共の福祉に重大な影響を及ぼすおそれがあるときや，本案について理由がないとみえるときには，執行停止をすることはできない（行訴25条4項）。本案について理由がないというのは，提起された取消訴訟（または無効等確認訴訟）における原告の請求に理由がないという意味である。原告が勝訴する見込みが乏しい場合には，仮の救済の必要もないということである。

Column ⓱ 内閣総理大臣の異議の制度

　執行停止の申立てがあった場合や，執行停止の決定があった場合に，内閣総理大臣は裁判所に異議を述べることができる（行訴27条1項）。異議があったときは，裁判所は，執行停止をすることができず，すでに執行停止の決定をしているときは，これを取り消さなければならない（同条4項）。このような制度が設けられたのは，日本が連合国の占領下にあった時代に発生した平野事件が契機となっている。1948年1月，内閣総理大臣により公職追放の該当者に指定された平野力三衆議院議員が，東京地方裁判所に仮の救済を求めたところ，同年2月2日，指定の効力を停止する決定がなされた。しかしながら，連合国最高司令官からこの決定を即時取り消すべきとの指令があり，同月5日にこの決定は取り消された。同年7月に制定された行政事件訴訟特例法は，平野事件の発生を受けて，内閣総理大臣が異議を述べたときは裁判所が執行停止をすることができない旨を規定した。この制度に対しては，当時においても行政

権による司法権への不当な干渉であるとの批判があり，現在でも違憲説が主張
されている。内閣総理大臣の異議により執行停止決定を取り消したものとして，
広島地決昭和46・4・16（行集22巻4号531頁）があるが，その後の実例は
ない。

2　仮の義務付け──義務付け訴訟が提起された場合の仮の救済 ─●

> CASE
> 　生活に困窮しているXは，生活保護の開始を申請したところ，申請拒否処分を受
> けた。これに不服があるXは，取消訴訟と生活保護開始決定の義務付けを求める申
> 請型義務付け訴訟を提起した。この場合Xは，どのような仮の救済を求めることが
> できるだろうか。

(1) 仮の義務付けの意義

　申請拒否処分を受けた申請者は，その取消訴訟を提起することはできるもの
の，執行停止の申立てをすることはできないと考えられている。行政事件訴訟
法33条2項は，申請拒否処分が判決により取り消された場合における処分の
やり直しについて定めているが，この規定は執行停止の決定には準用されてい
ない（同条4項）。したがって，たとえ裁判所が申請拒否処分について執行停止
の決定をしたとしても，行政庁は再度申請に対する処分をする義務を負わない。
そのため，申請拒否処分の執行停止の申立ては，申立ての利益が認められない
ので却下されるべきであると考えられている。もっとも，許認可等の申請者が
全く仮の救済を受けられないということではない。行政事件訴訟法は，義務付
け訴訟が提起された場合の仮の救済として，**仮の義務付け**の制度を設けている。
　仮の義務付けは，裁判所が，申立てに基づいて，義務付け訴訟の対象とされ
ている処分または裁決を仮に行政庁がすべきことを命ずる仕組みである（行訴
37条の5第1項）。義務付け訴訟は，申請型義務付け訴訟であっても非申請型義
務付け訴訟であってもよい。CASEのように，生活保護申請拒否処分を受けた

5　仮の救済　● 223

申請者が，申請型義務付け訴訟を提起するとともに仮の義務付けの申立てをする場合もある（認容例として，福岡高那覇支決平成22・3・19判タ1324号84頁）。事業者の違法な事業活動により不利益を受ける周辺住民が，規制権限発動型の義務付け訴訟を提起するとともに仮の義務付けの申立てをすることも考えられる。

(2) 仮の義務付けの要件

　裁判所が仮の義務付けの決定をするためには，義務付け訴訟が適法に提起されていること，仮の義務付けの申立てがあることが必要である。仮の義務付けをすることができるのは，**償うことのできない損害**を避けるため緊急の必要がある場合に限られる（行訴37条の5第1項）。「償うことのできない損害」は，執行停止の要件である「重大な損害」より損害の性質および程度が著しい損害をいうのであるが，金銭賠償ができない損害だけでなく，金銭賠償のみによって損害を甘受させることが社会通念上著しく不相当と評価される損害を含むと説明されている。判決が確定するまでの間に，申立人（原告）の生命・健康が損なわれるおそれがある場合には，金銭賠償のみによって損害を甘受させることは社会通念上著しく不相当であり，償うことのできない損害を避けるため緊急の必要があるといえるだろう。

　さらに，仮の義務付けをするためには，本案について理由があるとみえることが必要とされている（行訴37条の5第1項）。提起された義務付け訴訟において原告の請求に理由があると一応認められることが必要であり，執行停止よりも厳格な要件になっている。仮の義務付けは，執行停止と異なり，新しい行政処分を行わせるものであるので，義務付け訴訟において原告の請求が認容されるか否かが不明の場合に仮の義務付けの決定をすることはできないと考えられたからであろう。また，仮の義務付けは，公共の福祉に重大な影響を及ぼすおそれがあるときは，することができない（同条3項）。この点は執行停止の場合と同じである。

3　仮の差止め——差止訴訟が提起された場合の仮の救済———●

差止訴訟が提起された場合の仮の救済として，仮の差止めの制度が設けられ

ている。仮の差止めは，裁判所が，申立てに基づいて，差止訴訟の対象とされている処分または裁決を仮に行政庁がしてはならないことを命ずる仕組みである（行訴37条の5第2項）。処分の差止訴訟を提起したとしても，差止判決が確定するまでの間はその処分がなされることを防ぐことができないとしたら，差止訴訟の存在意義は大幅に失われることになるだろう。差止訴訟による救済を実効的なものとするためには，差止訴訟の対象とされている処分がなされることを仮に差し止める制度が不可欠である。

　仮の差止めの要件は，仮の義務付けの要件とほぼ同じである。裁判所が仮の差止めの決定をするためには，差止訴訟が適法に提起されていること，仮の差止めの申立てがあることのほか，償うことのできない損害を避けるため緊急の必要があり，かつ，本案について理由があるとみえることが必要である。また，公共の福祉に重大な影響を及ぼすおそれがあるときは，仮の差止めはできない。事業者に対する制裁的な処分がなされた場合に，それがただちに公表されるために，当該事業者の社会的評価や信用が害されるおそれがあるケースにおいて，差止訴訟の提起を認めた裁判例がある（大阪地判平成20・1・31判タ1268号152頁）。このような場合には，判決が確定するまでの間に当該処分がなされることにより償うことのできない損害が生ずることがありうると考えられる。

CHECK

① 行政事件訴訟法は，仮の救済の制度として，執行停止・仮の義務付け・仮の差止めを用意しているが，このような制度がなぜ必要なのかを説明してみよう。

② 執行停止の要件（行訴25条）と仮の義務付け・仮の差止めの要件（37条の5）を比較して，どのような点が異なっているかを明らかにしてみよう。

CHAPTER

第 **11** 章

行政上の不服申立て

処分に関する不服がある者を行政機関が救済する仕組み

　　処分に関する不服がある者を救済するための仕組みとして，抗告訴訟とは別に，行政機関による救済手続である行政上の不服申立ての制度が設けられている。不服申立てと訴訟はどのような点で異なっているのだろうか。また，不服申立てを通じて，どのような救済を受けることができるのだろうか。この章では，不服申立ての基本となる審査請求の仕組みを中心にして，その特色について学ぶ。

1 不服申立ての概要

1 不服申立ての意義と特色 ─────────────●

> **CASE**
>
> 　Xは，Y市情報公開条例に基づいて，Y市に新たに建設される予定のゴミ焼却場
> に関する文書の開示を請求したところ，Y市長から不開示決定を受けた。Xは，この
> 不開示決定には不満であるが，訴訟をするとお金も時間もかかってしまう。訴訟以外
> の方法で，不開示決定の取消しを求めることはできないだろうか。また，Xの開示請
> 求に対してY市長が開示決定も不開示決定もしない場合はどうか。

(1) 行政不服審査法に定める不服申立て

　行政庁の処分その他公権力の行使にあたる行為（以下では「処分」と略記する）
に関する不服がある者は，行政庁に対して**不服申立て**をすることができる。こ
のような不服申立ての制度について定めているのが，行政不服審査法である。
CASE のXは，①Y市長から不開示決定を受けた場合，不開示決定の取消し
や開示決定をすることを求めて，Y市長に対して不服申立てをすることができ
る（処分についての審査請求。行審2条）。また，②Y市長が開示決定も不開示決
定もしないまま，開示請求から相当の期間が経過した場合には，不作為状態を
解消し，さらには開示決定をすることを求めて，Y市長に対して不服申立てを
することができる（不作為についての審査請求。行審3条）。

(2) 不服申立てと訴訟の違い

　不服申立ては，処分に不服がある者の権利利益を救済する制度であり，その
点で抗告訴訟との共通性がある（処分取消訴訟と審査請求の関係については，第**10**
章**2**5**(1)**も参照）。しかしながら，不服申立てと訴訟の間には，様々な違いがあ
る。第1の違いとして，不服申立ての場合は，裁判所ではなく，行政機関が審
理・裁断を行うという点がある。行政が行政活動をチェックする（行政の自己
統制）という仕組みであるから，審理・裁断の中立性や客観性という点では限

1 不服申立ての概要 ● **227**

界がある。ただし，不服申立ての裁断機関が行政機関であることは，不服申立てをする側にとってメリットもある。裁判所は，違法でない行政活動を是正することはできないが，不服申立ての場合は，違法ではないものの**不当な処分**の取消しを求めることも認められているからである（もっとも，実態としては，裁判所が違法と判断するような処分であっても不服申立てにおいては妥当と判断されるケースも少なくない）。

第2に，訴訟は時間がかかるものであるが，不服申立ては，簡易迅速な手続により国民の権利利益を救済することを目的としている。訴訟の場合，原告・被告が裁判官の面前で口頭弁論を行うのが原則である。それに対して不服申立ての場合は，書面審理が原則である。また，訴訟は原則三審制であるが，不服申立ては原則一審制である。したがって，不服申立てのほうが，より早くそしてより容易に結論を得ることができる。もっとも，不服申立てにおいては，訴訟の場合に比較すると簡易な審査しか行われない。この点は不服申立てのデメリットでもある。

第3の違いとして，訴訟を提起する場合には裁判所に手数料を納めることが必要であるが，不服申立ての手数料は無料であるという点がある。不服申立ては，弁護士に依頼することなく行われることも多く，その場合には弁護士費用もかからない。

Column ⑱ 行政不服審査法の制定と改正

　不服申立ての歴史は古く，明治憲法の時代の 1890 年に制定された訴願法が，行政処分を受けた者による行政庁への訴願を認めていた。日本国憲法制定後も訴願法は存続し，この法律が廃止されたのは 1962 年のことである。同年，行政事件訴訟法とともに制定された行政不服審査法は，行政庁に対して処分の取消しなどを求めることのできる仕組みを不服申立てと呼び，不服申立てについては，他の法律に特別の定めがある場合を除いて，この法律が定めることとなった。その後，行政不服審査法については大きな改正が行われない状態が続いていたが，2014 年の通常国会に，行政不服審査法の全部を改正する行政不服審査法案が提出され，新しい行政不服審査法が制定された。この改正では，審理の公正性を向上させる観点から，審理員による審理や行政不服審査会等への

諮問の仕組みが導入されたほか，審査請求とは手続が異なる異議申立ての制度を廃止して審査請求に一元化するなどの制度改革が行われた。以下の説明では，2014年改正前の行政不服審査法を旧行政不服審査法ということにする。

2 不服申立ての種類

(1) 基本となる不服申立て──審査請求

不服申立てには，**審査請求・再調査の請求・再審査請求**という3種のものがある。再調査の請求と再審査請求は例外的な不服申立てであるので，基本的には「不服申立て＝審査請求」と考えてよい。すでにみたように，審査請求には，**処分についての審査請求と不作為についての審査請求**がある。処分がなされた場合において，当該処分に不服がある者は，処分についての審査請求をすることができる（行審2条）。また行政不服審査法は，法令に基づき許認可等を求める申請に対して行政庁が何らの処分もしないことを「不作為」と呼んでおり，この不作為についても審査請求をすることができる（3条）。処分をした行政庁を「**処分庁**」といい，不作為の状態にある行政庁を「**不作為庁**」という（4条1号参照）。審査請求については，２以降でより詳しく学習しよう。

(2) 例外的な不服申立て──再調査の請求・再審査請求

(a)再調査の請求　　**再調査の請求**は，処分庁以外の行政庁に対して処分についての審査請求をすることができる場合において（どの行政庁に対して審査請求をすればよいのかについては，２**3**参照），審査請求に先立って，処分庁に対して簡易な手続で処分の見直しを求める仕組みである（行審5条1項）。国税・関税など，不服申立てが大量になされるものについて，法律に再調査の請求をすることができる旨の定めがある場合に限り認められる。国税通則法では，国税に関する法律に基づいて税務署長がした処分について，再調査の請求をすることができるものとされている（75条1項1号イ）。国民が利用しやすい仕組みを実現する観点から，再調査の請求をすることができる場合であっても，ただちに審査請求をすることが認められている（行審5条1項ただし書参照）。上記の税務

1　不服申立ての概要　● 229

図表 11.1 審査請求・再調査の請求・再審査請求の関係

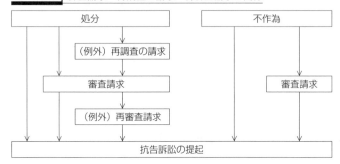

署長がした処分については，再調査の請求をしないで，国税不服審判所長に対する審査請求をすることができる（税通75条1項1号ロ）。

(b)**再審査請求**　再審査請求は，処分についての審査請求を行い，裁決を受けた後に，別の行政庁に対して当該処分または裁決についての審査を求める仕組みである（行審6条）。法律に再審査請求をすることができる旨の定めがある場合に限り認められる。再審査請求は，旧行政不服審査法の下でも存在していた制度であるが，国民の権利利益を簡易迅速に救済する観点から，再審査請求を廃止すべきであるという考え方もあった。しかしながら，制度の廃止は国民の手続的権利を奪うという側面もあるため，社会保険・労働保険など，審査請求の裁決を経た後の救済手続として意義があると認められる場合には，再審査請求を存置することとなった。労働者災害補償保険法に基づく保険給付に関する決定に不服のある者は，労働者災害補償保険審査官に対して審査請求をし，その決定に不服のある者は，労働保険審査会に対して再審査請求をすることができるものとされている（労災38条1項）。

審査請求の適法要件

訴訟要件を満たさない訴訟は不適法として却下されるが，審査請求についても適法要件がある。抗告訴訟の訴訟要件との異同に注意して学習しよう。

1 審査請求の対象・審査請求適格・審査請求の利益 ─────●

(1) 処分についての審査請求の場合

審査請求の対象となる処分は，取消訴訟の対象となる処分（第 **10** 章 **2 2**）と同じである。審査請求をする資格（審査請求適格）を有するのは，「処分に不服がある者」（行審 2 条）であるが，処分取消訴訟の原告適格（第 **10** 章 **2 3**）と同様に考えてよい（不服申立適格について「法律上保護された利益説」を採用した判例として，最判昭和 53・3・14 民集 32 巻 2 号 211 頁［百選 II 132］〔主婦連ジュース事件〕）。処分を取り消す実益（審査請求の利益）も，訴えの客観的利益（第 **10** 章 **2 4**）と同様である。

(2) 不作為についての審査請求の場合

審査請求は，不作為（法令に基づく申請に対して何らの処分をもしないこと）を対象とすることもでき，不作為についての審査請求をすることができるのは，法令に基づき行政庁に対して処分についての申請をした者である（行審 3 条）。この意味での不作為は不作為の違法確認訴訟（第 **10** 章 **3 2**）の対象でもあり，不作為についての審査請求における審査請求適格を有する者は不作為の違法確認訴訟（および申請型義務付け訴訟）の原告適格も有する。なお行政不服審査法は，不作為についての審査請求が，申請から相当の期間が経過する前になされたものである場合は，当該審査請求は不適法であり却下されるという立場をとっている（49 条 1 項）。これに対して不作為の違法確認訴訟の場合は，相当の期間の経過は訴訟要件ではなく本案勝訴要件であり，相当の期間が経過していない場合は請求が棄却される。

2 審査請求期間
──処分についての審査請求をすることができる期間 ─────●

処分についての審査請求をすることができる期間は，処分があったことを知った日の翌日から起算して 3 か月（主観的審査請求期間。行審 18 条 1 項本文），処分があった日の翌日から起算して 1 年（客観的審査請求期間。同条 2 項本文）である。いずれも，正当な理由があるときには例外が認められる（同条 1 項ただし

書・2項ただし書）。主観的審査請求期間は，取消訴訟の主観的出訴期間（6か月。行訴14条1項）に比べると短い期間になっている。

3 審査請求をすべき行政庁
──どの行政庁に審査請求をすればよいのか ──────●

> **CASE**
>
> 　Y県公安委員会から運転免許取消処分を受けたXは，当該処分に不服があり，審査請求をしたいと考えている。この場合Xは，どの行政庁に対して審査請求をすればよいだろうか。Y県公安委員会の下級機関であるY県警察本部長が，Y県公安委員会から権限の委任を受け，Xに対して運転免許停止処分をした場合はどうか。

┃ (1) 審査請求をすべき行政庁の判断基準 ┃

　どの行政庁に対して審査請求をすればよいのかは，やや複雑である。行政不服審査法は，処分庁と不作為庁を一括して「処分庁等」と呼んでいるが（4条1号），処分庁等に上級行政庁があるか否かによって審査請求をすべき行政庁が異なる。処分庁等に上級行政庁がある場合には，**最上級行政庁**に対して審査請求をするのが原則であり，処分庁等に上級行政庁がない場合には，当該処分庁等に対して審査請求をするのが原則である（同条1号・4号）。審査請求をすべき行政庁は，審査請求の裁決を行う審査庁となる行政庁であり，基本的に最上級行政庁がその任にふさわしいと考えられているのである。地方公共団体の長やその他の執行機関が処分庁等である場合には，処分庁等に上級行政庁がないので，法律に特別の定めがない限り，当該処分庁等に審査請求をすべきことになる。CASE のY県公安委員会がした運転免許取消処分について審査請求をする場合には，審査請求をすべき行政庁はY県公安委員会である。Y県公安委員会の下級機関であるY県警察本部長がした運転免許停止処分について審査請求をする場合には，Y県公安委員会が処分庁の最上級行政庁であるので，審査請求をすべき行政庁はやはりY県公安委員会である。

┃ (2) 処分庁等が国の行政機関である場合 ┃

　処分庁等が大臣またはその下級機関である場合には，大臣に対して審査請求

232 ● CHAPTER 11　行政上の不服申立て

をするのが原則である（行審4条1号・3号）。ただし，処分庁等またはその上級行政庁が，①宮内庁長官，②内閣府の外局として置かれる庁の長（例えば，金融庁長官），③省の外局として置かれる庁の長（例えば，国税庁長官）である場合には，それぞれ①〜③の行政庁に対して審査請求をするものとされている（同条1号・2号）。

(3) 法律に特別の定めがある場合

他の法律で，上記の行政庁とは異なる行政庁に対して審査請求をすべきことが定められることもある。例えば，国税に関する法律に基づいて税務署長が処分をした場合，国税庁長官が処分庁の上級行政庁であるが，国税不服審判所長に対する審査請求が認められている（税通75条1項1号ロ）。国家公務員法に基づく不利益処分については人事院に対してのみ審査請求をすることができ（国公90条1項），地方公務員法に基づく不利益処分については人事委員会または公平委員会に対してのみ審査請求をすることができる（地公49条の2第1項）。

ろ 審査請求の手続

1 審理員による審理手続──審査庁が指名する職員による審理 ─●

(1) 審理員による審理手続の意義

旧行政不服審査法においては，審査請求の審理を行う者についての規定がなく，処分に関与した職員が審査請求の審理を行うこともありえた。そこで，審査請求の審理を主宰する者を明確にするとともに，処分に関与していない者によって審理手続が行われるようにするため，**審理員**による審理手続が導入された。

(2) 審理員の指名

審査請求がされた行政庁（**審査庁**）は，原則として，審査庁に所属する職員のうちから審理員を指名し，その旨を審査請求人（審査請求をした者）に通知しなければならない（行審9条1項）。審査請求の対象とされている処分に関与し

ろ　審査請求の手続　● 233

た者や，審査請求の対象とされている不作為にかかる処分（申請により求められ
た許認可等）の手続に関与したり，関与することとなる者を審理員として指名
することは禁止されている（同条2項1号）。処分に関与しない者による審理で
あることが外部からみえるようにするための仕組みも設けられており，審査庁
になるべき行政庁は，審理員となるべき者の名簿を作成する努力義務を負い，
名簿を作成した場合にはこれを公にする義務を負う（17条）。

(3) 弁明書・反論書・意見書の提出

　審理員は，審査庁から指名されたときは，審査請求書を処分庁等に送付し
（行審29条1項），処分庁等に**弁明書**の提出を求める（同条2項）。処分庁等から
弁明書の提出があったときには，審理員はこれを審査請求人に送付しなければ
ならない（同条5項）。審理員は，審査請求人以外の利害関係人が審査請求に参
加することを許可したり，参加することを求めたりすることができるが（13条
1項・2項），それによって審査請求に参加する者（参加人）がある場合には，審
査請求人だけでなく，参加人にも弁明書を送付しなければならない（29条5項）。
弁明書の送付を受けた審査請求人は**反論書**を提出することができ，参加人は**意
見書**を提出することができる（30条1項・2項）。

(4) 口頭意見陳述

　審査請求の審理は書面によるのが原則であるが，審査請求人・参加人は口頭
意見陳述の申立てをすることができる（行審31条1項）。口頭意見陳述は，審
理員が期日・場所を指定し，すべての審理関係人（審査請求人・参加人・処分庁
等）を招集してさせるものとされており（同条2項），口頭意見陳述の申立てを
した申立人は，審理員の許可を得て，処分庁等に対して質問を発することがで
きる（同条5項）。行政不服審査法の規定による口頭意見陳述の方法は，行政手
続法による聴聞期日における審理の方式（行手20条）に近いものになっている
（行政手続法の聴聞手続については，第**8**章**2 2**(2)を参照）。

(5) 審理員意見書

　行政手続法の聴聞手続では，主宰者は聴聞の終結後速やかに報告書を作成し，

234 ● CHAPTER **11**　行政上の不服申立て

調書とともに行政庁に提出しなければならないものとされている（行手24条3項）。審理員による審理手続に関しても，これに類似した規定がある。審理員は，審理手続を終結したときは，審査庁がすべき裁決に関する意見書（**審理員意見書**）を作成しなければならず（行審42条1項），審理員意見書を作成したときは，事件記録とともに審査庁に提出しなければならない（同条2項）。審理員意見書は，審査庁の判断を法的に拘束するものではないが，審査庁は，審理員意見書と異なる内容の裁決をする場合には，その理由を裁決書に記載しなければならない（行審50条1項4号）。

2　行政不服審査会等への諮問──第三者機関の関与─────●

(1) 意　義

　審理員による審理手続により，これまで以上に中立かつ公正な審理が行われることが期待される。しかしながら審理員は，審査庁に所属する職員のなかから選ばれるため，その中立性・独立性には限界がある。そこで行政不服審査法は，審理員意見書の提出を受けた審査庁は，原則として，外部の有識者で構成される**行政不服審査会等**の第三者機関に諮問しなければならず（行審43条），その答申を受けて裁決をするものとしている。従来から，行政機関情報公開法や行政機関個人情報保護法に基づく開示決定等についての不服申立てに関しては，情報公開・個人情報保護審査会への諮問が行われてきた。2014年の行政不服審査法改正にあたっては，新設される行政不服審査会に情報公開・個人情報保護審査会を統合するという案も出されていたが，最終的に情報公開・個人情報保護審査会は廃止されず，行政不服審査会とは別個の機関として存続することとなった。行政機関情報公開法・行政機関個人情報保護法に基づく開示決定等または開示請求にかかる不作為についての審査請求の場合は，原則として，情報公開・個人情報保護審査会への諮問が行われる（審理員による審理手続も適用されない。行政情報公開18条，19条，行政個人情報42条，43条参照。第9章2 2 (2)・3 2 (2)）。

(2) 行政不服審査会等への諮問を要しない場合

　行政不服審査法は，審理員による審理手続を実施した後でさらに行政不服審

3　審査請求の手続　● 235

査会等への諮問を行うという方式をとっているため，裁決までの期間が長期化するおそれもある。そこで，審査請求人が迅速な裁決を希望する場合，行政不服審査会等への諮問を要しない旨の申出をすることが認められている。この申出がなされた場合には，参加人から反対の申出がなされているときを除いて，行政不服審査会等への諮問は不要となる（行審43条1項4号）。そのほか，行政不服審査会等が諮問を不要と認めた場合についても，諮問を省略することができる（同項5号）。

▌(3) 答　申▐

審査庁は，行政不服審査会等から諮問に対する答申を受けたときは，遅滞なく裁決をしなければならない（行審44条）。行政不服審査会等の答申は，審査庁を法的に拘束するものではないが，審査庁が答申書とは異なる内容の裁決をする場合には，その理由を裁決書に記載しなければならない（50条1項4号）。

Column ⑲ 行政不服審査裁決・答申検索データベースと行政不服審査会の答申

　総務省がインターネット上で公開している「行政不服審査裁決・答申検索データベース」では，審査庁の裁決や行政不服審査会等の答申を検索してその内容を閲覧することができる。閲覧できる内容の一例として，ストーカー規制法違反で逮捕された即応予備自衛官（非常勤の自衛隊員）が，免職処分を受けたところ，逮捕は中隊長の指示によって行動した結果であるなどと主張して，防衛大臣に審査請求をした事件がある。この事件では，2019年3月22日付けで行政不服審査会が当該処分は違法であり取り消されるべきである旨の答申を行い，同年4月19日付けの裁決で当該処分が取り消されている。答申を見ると，行政不服審査会は，本件免職処分は事実認定が適切にされていないという点においてその判断過程が著しく不合理なものといわざるをえないと述べている。また，処分庁が本件免職処分の際に審査請求人に交付した辞令書には「即応予備自衛官を免ずる」との記載があるのみであった。行政不服審査会は，公務員の身分に関する処分には行政手続法の理由提示等の規定は適用されないが，免職処分にあたってはその理由を名あて人に対して明らかにするような措置が必要であると付言している。

---

236 ● **CHAPTER 11**　行政上の不服申立て

3 執行停止──処分についての審査請求における仮の救済 ──●

(1) 執行不停止原則と執行停止制度

　取消訴訟と同様に，処分についての審査請求をしても，処分の効力や執行は停止しない（執行不停止原則。行審25条1項）。しかしながら，審査請求の裁決がなされるまでの間に，不利益処分を受けた事業者の経営が破たんしたり，顧客からの信用が失われてしまうことがあるかもしれない。そこで行政不服審査法も，仮の救済としての**執行停止制度**を用意している。審査請求人の申立てがあった場合において，審査庁は，重大な損害を避けるために緊急の必要があると認めるときは，公共の福祉に重大な影響を及ぼすおそれがあるときや本案について理由がないとみえるときを除いて，執行停止をしなければならない（同条4項）。審査庁が執行停止を義務づけられるための要件は，行政事件訴訟法の執行停止の要件と同様のものになっている（第**10**章**5** **1**参照）。

(2) 行政不服審査法の執行停止制度の特色

　行政不服審査法の執行停止制度の特色として，第1に，審査庁が「必要がある」と認める場合に執行停止をすることが認められているという点がある（行審25条2項・3項）。したがって，重大な損害を避けるために緊急の必要があるとは認められない場合でも，審査庁の裁量で執行停止をすることが可能である。第2に，処分庁の上級行政庁または処分庁である審査庁は，職権で執行停止をすることができる（同条2項）。審理員が審査庁に対して執行停止をすべき旨の意見書を提出することも認められており（40条），この意見書が提出されたときには審査庁は速やかに執行停止をするかどうかを決定しなければならない（25条7項）。第3に，処分庁の上級行政庁または処分庁である審査庁は，処分の効力・執行の停止，手続の続行の停止のほか「その他の措置」をとることもできる（同条2項）。その他の措置の例としては，許認可の取消処分を一定期間の停止処分に変更することが考えられる。

3　審査請求の手続 ● 237

4 審査請求の裁決

1 処分についての審査請求の裁決 ─────────────●

│(1) 却下裁決・棄却裁決│

審査請求が不適法である場合には却下裁決がなされる（行審45条1項）。審査請求は適法であるが，処分が違法でも不当でもない場合には棄却裁決がなされる（同条2項）。処分が違法または不当である場合であっても，取消訴訟の事情判決（第**10**章②**6**(2)(b)）と同様の要件が満たされるときには，審査庁は，当該処分が違法または不当であることを宣言しつつ審査請求を棄却する事情裁決をすることもできる（同条3項）。

│(2) 認容裁決│

(a)取消裁決・変更裁決　　審査請求が適法であり，処分が違法または不当であることが判明した場合，審査庁は，当該処分の取消裁決をするほか，処分庁の上級行政庁または処分庁である審査庁は，当該処分を変更する裁決をすることもできる（行審46条1項）。後者は**変更裁決**と呼ばれており，取消訴訟の判決にはみられないものである。変更裁決の例としては，営業許可取消処分を一定期間の営業停止処分に変更する裁決が考えられる。変更裁決は認容裁決の一種であるから，審査請求人の不利益となる変更は許されない（48条）。

(b)**申請拒否処分の取消裁決をする場合の措置**　　申請拒否処分を受けた者はその取消訴訟と申請認容処分の義務付けを求める申請型義務付け訴訟を併合提起することができる（第**10**章③**3**(1)）。審査請求では，審査庁が申請拒否処分の取消裁決をする場合において，当該申請に対しては認容処分をすべきであるとの判断に至ったときは，処分庁の上級行政庁である審査庁が処分庁に対して申請認容処分をするよう命ずること（行審46条2項1号）や，処分庁である審査庁が申請認容処分をすること（同項2号）ができる。処分庁の上級行政庁でも処分庁でもない審査庁が，処分庁に対して申請認容処分をするよう命ずることは認められていない。しかしながら申請拒否処分の取消裁決には，判決の拘束

力（第 **10** 章 ② **6** (3)(c)）と同様の拘束力が認められるので（52条1項・2項），これによって処分庁が申請認容処分をする可能性はある。

2 不作為についての審査請求の裁決 ─────────●

　審査請求が，相当の期間の経過前になされたものである場合その他不適法である場合には，却下裁決がなされる（行審49条1項）。審査請求は適法であるが，不作為が違法でも不当でもない場合には，棄却裁決がなされる（同条2項）。相当の期間が経過しているものの，申請に対する処分をしないことが正当化される場合がこれにあたる。審査請求が適法であり，不作為が違法または不当であることが判明した場合には，審査庁は，裁決で，当該不作為が違法または不当である旨を宣言する（同条3項柱書前段）。この場合において，不作為庁の上級行政庁である審査庁は，不作為庁に対し申請認容処分をするよう命ずることができ（同項1号），不作為庁である審査庁は申請認容処分をすることもできる（同項2号）。

CHECK

① 処分についての審査請求と処分取消訴訟を比較し，共通点・相違点を整理してみよう。

② 処分についての審査請求と不作為についての審査請求は，審査請求の対象のほかにも様々な違いがある。どのような違いがあるのか。

---

4 審査請求の裁決　● **239**

CHAPTER

第 **12** 章

国 家 賠 償

誤った行政活動によって私人が受けた損害の賠償

　　　レストランで食事をした客が食中毒になったり，遊園地のジェット
コースターの整備不良で利用者が怪我をしたりしたら，被害者は，レ
ストランの経営者や遊園地を運営する企業に対し，民法に基づき，不
法行為による損害賠償を求めることができる。都道府県知事が，飲食
店の営業許可を誤って取り消したり，国が管理する道路の整備不良に
より路面が陥没して事故になったりした場合にも，それによって損害
を受けた飲食店経営者や道路利用者は，都道府県や国に対して損害賠
償を求めることができる。ただし，国や地方公共団体などの行政主体
の損害賠償責任については，国家賠償法という特別な法律が存在して
いる。本章では，行政主体のどのような活動に国家賠償法が適用され
るのか，また，どのような要件を満たした場合に賠償責任が認められ
るかについて学ぶ。

1 国賠法の存在理由と守備範囲

国家賠償法（国賠法）とは，国または公共団体（すなわち行政主体）の公務員の違法な行為や，行政主体による物の管理が不十分であったことが原因となって，私人に損害が生じた場合において，被害者が行政主体に損害賠償を求めるための法律である。「国家」賠償法といっても，地方公共団体など，国以外の行政主体にも適用されるが，以下では，国家賠償責任の主体を便宜的に「国」ということにする。

国賠法は，国の活動を原因とするすべての損害を対象とするのではない。国賠法は，違法な「公権力の行使」（1条）や「公の営造物の設置又は管理」の瑕疵（2条）が原因となって生じた損害にのみ適用され，国賠法が適用されない領域については，民法（不法行為法）が適用される。なお，国賠法は，国の賠償責任の要件などを定める実体法であり，訴訟手続についての定めは置いていない。国家賠償請求訴訟は通常の民事訴訟であり，その手続は民事訴訟法に従うことになる。

国の損害賠償責任につき，国賠法という特別な法律が設けられているのは，主として歴史的ないし沿革的な事情によるものである。明治憲法下においては，判例上，「国家無答責」といわれる法理が妥当していた。この法理によれば，行政行為や行政上の強制執行などの公権力の行使にあたる行為によって私人が被った損害，すなわち，現在では国賠法 1 条が適用される損害については，国は損害賠償責任を負わないものとされていた。これに対し，現行憲法は 17 条で，公務員の不法行為については，「法律の定めるところにより」国または公共団体に賠償を求めることができると定め，公権力の行使についても国の不法行為責任が生じることになった。そして，憲法 17 条にいう「法律」として国賠法が制定されたのである。なお，国賠法 2 条の適用される損害については，戦前においても，土地の工作物の管理の瑕疵による損害賠償責任を定める民法717 条が適用されていたため，新たな立法措置が不可欠であったというわけではないが，行政活動についての特則として国賠法 2 条が定められたという経緯がある。

違法な公権力の行使による損害の賠償
▶ 国賠法 1 条による責任

1　国賠法 1 条による責任の性質

　国賠法 1 条による国家賠償責任は，公務員が民法の不法行為にあたるような行為をしたときに，国が被害者に対して賠償責任を負うというものである。公務員個人ではなく，国が賠償しなければならないのはなぜだろうか。この点については，公務員の不法行為責任を国が肩代わりするものとみる**代位責任説**と，私人に対する危険を伴う活動を公務員に行わせた国自身に責任が生じると解する**自己責任説**がある。国賠法 1 条が公務員の故意または過失を国賠責任の要件としていることなどから，国賠法の立法者は代位責任説を前提としていた可能性が高いが，いずれの説をとるかを明言した最高裁判例はない。どちらの説をとっても，国賠法の解釈については大きな違いが生じないと解されているが，自己責任説からは，立法論として，故意または過失の要件は不要であるという主張がされることがある。

2　公権力の行使とは——国賠法 1 条が適用される範囲

> **CASE**
> 　A 市の公立中学校で，クラブ活動中に生徒が熱中症となって死亡する事故が発生した。死亡した生徒の両親は，顧問の教師が適切な熱中症対策を行っていなかったためではないかと考えているが，事故の状況・原因等について納得のいく説明が得られなかった。そこで，事故の原因を解明するとともに，学校の責任を追及するため，A 市に損害賠償を求める訴えを起こそうとしている。このような場合に，両親は，民法と国賠法のいずれの法律に基づいて賠償を求めることができるだろうか。
> 　また，重症で A 市の市立病院に搬送された生徒が，医師の不適切な処置によって死亡した場合に，遺族が A 市に賠償を求めるときはどうだろうか。

(1) 「公権力の行使」の範囲についての学説・判例

国賠法1条は「公権力の行使」によって生じた損害に適用される。公権力の行使という概念は，行政事件訴訟法（行訴法）において抗告訴訟の対象を表す概念としても用いられているが（第 **10** 章 ② **2**），それと同じ意味と考えてよいだろうか。国賠法の公権力の行使の範囲に関する主な学説として，狭義説と広義説がある。

狭義説は，国賠法上の公権力の行使を行訴法上の公権力の行使と同様のものと解する説である。すなわち，行政行為や行政上の強制執行のように，私人の権利義務を一方的に変動させまたは物理的な強制を加える行為（本来の意味での権力的行政作用）が国賠法上の公権力の行使にあたるとする。申請に対する不作為のような公権力の不行使の違法を争える点も，行訴法と同様である。ただし，国賠法上の公権力の行使には，行訴法3条各項のような「行政庁の」という限定がないから，国会議員や裁判官の行為も当然に国賠法の適用対象になる。狭義説は，法律の文言に忠実であり，また，戦前に国家無答責の対象とされていたような行為を国賠法1条の適用対象とするものであるから，立法趣旨にもかなうだろう。

しかし，判例の立場は狭義説ではなく**広義説**である。この説は，非権力的な公行政作用（ただし，国賠法2条の適用対象となるものを除く）も国賠法上の公権力の行使にあたると解するものである。この説によれば，CASE における顧問の教師の行為のような公立学校の教育活動（最判昭和58・2・18民集37巻1号101頁）や，行政指導（最判平成5・2・18民集47巻2号574頁［百選 I 98］，最判平成22・4・20集民234号63頁），情報提供（最判昭和54・7・10民集33巻5号481頁［百選 II 231］，最判昭和56・4・14民集35巻3号620頁［百選 I 42］）といった非権力

図表 12.1 「公権力の行使」の範囲に関する学説

	抗告訴訟の対象と同様の「公権力の行使」	非権力的公行政	私経済行政
狭義説	○	×	×
広義説	○	○	×

2 違法な公権力の行使による損害の賠償 ● 243

的な行為も，公権力の行使にあたることになる。なお，この説によっても，いわゆる私経済作用は公権力の行使から除外される。CASE の後半で挙げた，国公立病院における通常の医療は，国が私人と同じ立場で行う活動であり，国家賠償法は適用されないと解されている（最判昭和36・2・16民集15巻2号244頁）。

(2) 国賠法1条と民法715条

いずれの説をとるにせよ，公権力の行使にあたらない行為については民法が適用される。国賠法1条は，公務員が他人に損害を与えた場合に，当該公務員を用いる国に賠償責任を負わせる規定であるから，これに対応する民法の規定は，被用者の行為について使用者に賠償責任を負わせる民法715条（使用者責任）である。広義説のように，公権力の行使の概念を拡張すると，国賠法1条の適用範囲が広がり，民法715条の適用範囲が縮小することになる。では，国賠法1条の適用範囲を拡大することにどのような意味があるのだろうか。

民法715条1項ただし書は，被用者の選任や事業の監督について使用者が相当の注意をしたときの免責について定めているが，国賠法1条にはそのような規定はない。したがって，国賠法を適用した方が被害者救済に有利であるようにみえる。判例が，法律の文言からはやや無理のある解釈により，公権力の行使の範囲を拡大したのはこのためであろう。しかし，民法715条1項ただし書による免責が認められることは実際にはほとんどないので，結局，どちらを適用してもあまり違いはないことになる。実質的な違いとしては，国賠法1条が適用される場合には，加害公務員が，被害者に対し，民法709条に基づく個人としての賠償責任を負わないということ（**7**参照）を挙げることができるが，これは国の責任の要件とは別の問題である。

3 公務員──国賠法上の「公務員」とは誰のことか ●

(1) 国賠法上の公務員の範囲

CASE

最近では，行政の仕事が民間に委託されることが増えており，その例として，地方公共団体が，その設置する公の施設（スポーツ施設や公会堂など）の管理を民間の企業や団体に委託することが多い。地方自治法244条の2第3項による指定を受け

て公の施設を管理する民間企業等を「指定管理者」という。Ａ市に所在するＢ大学のテニスクラブであるＸが，Ａ市の市営テニスコートの利用を申し込んだところ，指定管理者である株式会社Ｃの担当職員は，以前，Ｘが施設を使用したときに，備品を破損させたり他の利用者に迷惑をかけたりしたことを理由に，使用を不許可とすると通知した。しかし，Ｘのメンバーには身に覚えがないことで，不許可に納得できないため，損害賠償を求めたいと考えている。Ｘは，誰に対して賠償を求めることができるだろうか。

　国賠法１条による賠償責任は，「国又は公共団体の……公務員」が他人に損害を与えた場合に生じる。行政法学では，通常，「公務員」という概念を，国家公務員法や地方公務員法にいう公務員（身分上の公務員）の意味で用いている。しかし，通説・判例は，より広く，公務を委託された私人も国賠法上の公務員にあたる場合があると解している。CASE の指定管理者の職員は身分上の公務員ではない。しかし，公の施設による住民へのサービスの提供は，地方公共団体の公行政活動にほかならず，そのための業務を担当する者は国賠法上の公務員にあたると解されている。

　では，民間の施設に行政の仕事が委託されたような場合はどうだろうか。親の病気により家庭での養育監護が困難になった児童を，県が，児童福祉法に基づき，社会福祉法人が運営する児童養護施設に入所させたところ，その児童が，職員の不注意により，他の児童に暴行されて重傷を負ったという事件において，最判平成19・1・25（民集61巻1号1頁［百選Ⅱ232]）は，次のような理由を述べて，施設の職員の養育監護は県の公務員による公権力の行使にあたるとしている。すなわち，①児童福祉法上，このような児童の養育監護は，本来都道府県が行うべき事務とされていること，②社会福祉法人の長による養育監護は都道府県の公的権限を委譲されて行使するものであることである。

(2) 加害公務員の特定の必要性

CASE

　原子力発電所の廃止を求める集会の参加者が，集団で電力会社の本社を訪れ，要望書を提出しようとしたが，電力会社の社員が敷地内への立入りを拒否したため，もみ合いになった。その際，一部の集会参加者が，警備していた警察官の暴行により負傷

> したとして，国家賠償請求をしようとしているが，警備していた多数の警察官は同じ
> 制服を着てマスクをするなどしており，また，混乱状態であったため，誰が暴行した
> のか特定できていない。加害者である警察官が特定できなくても国家賠償請求が認め
> られるだろうか。

　国家賠償請求をするにあたり，加害公務員が誰かを具体的に特定する必要が
あるだろうか。国賠法 1 条が，**5** で述べるように加害公務員の故意または過失
を国家賠償責任の成立要件としていることからも問題になる。判例は，この点
も緩やかに解しており，複数の公務員のうちいずれが加害者かを特定できなく
ても，複数の公務員のいずれかに故意または過失による違法行為がなければ被
害が生じることはなく，また，どの公務員が加害者であっても当該公務員の属
する行政主体が賠償責任を負う関係にあれば，国家賠償責任が成立するとして
いる（最判昭和 57・4・1 民集 36 巻 4 号 519 頁［百選 II 230］〔岡山税務署健康診断事
件〕）。したがって，CASE のような事例においても，どの警察官が暴行したか
を特定できなくても，賠償を得ることは可能である。

4　職務関連性
──公務員の加害行為が職務行為でない場合でも国家賠償責任が生じるか ─●

> CASE
> 　A 市のまちづくり課の職員である B は，公用車で現場を視察したり関係者宅を訪
> 問したりすることが多かった。B は，ある日，家族が急病で倒れたとの連絡を受け，
> 無断で公用車を運転して病院に駆けつけようとしたところ，X の運転する自動車に追
> 突する事故を起こし，X に怪我をさせてしまった。X は，誰に対して損害賠償を求め
> ることができるだろうか。

　国賠法 1 条は，公務員が「職務を行うについて」他人に与えた損害にのみ国
家賠償責任が生じるものとしている。民法 715 条 1 項にも「事業の執行につい
て」という同様の要件がある。「職務を行うについて」の要件は，職務関連性
要件ともいわれる。この要件によれば，加害行為が職務行為そのものでなくて
も，職務と関係があれば，国家賠償責任が認められる。他方，公務員が勤務時
間中に行った行為であっても，職務と無関係であれば，国家賠償責任が生じる

246 ● CHAPTER **12** 国家賠償

ことはない。職務関連性が否定された場合は，公務員個人に民法709条による賠償を求めるしかないが，加害公務員に資力がない場合には十分な救済が得られない。そこで，被害者救済のため，職務関連性要件が緩やかに解される傾向がある。

CASE のように，公務員が職務執行の意思をもたず，私的な目的のために公用車を利用して事故を起こした場合はどうなるだろうか。判例は，金に困った警察官が非番の日に制服制帽を着用し，拳銃を無断で持ち出して，職務質問のふりをして通行人から財布をだまし取ろうとしたところ，途中で気づかれて大声を出されたため射殺してしまったという事件について，「客観的に職務執行の外形をそなえる行為」については職務関連性が認められるとし，国家賠償責任を認めている（最判昭和31・11・30民集10巻11号1502頁〔百選Ⅱ229〕〔川崎駅非番警察官強盗殺人事件〕）。そうすると，CASE の事例でも，Bは普段から公用車を職務で利用していたのであるから，外形を基準として職務関連性を認めることができるだろう。もっとも，外形によって職務関連性を認めるのは職務の外形への被害者の信頼を保護するためであるから，自動車の運転のように，信頼保護が問題とならない事実行為についても外形を基準とするのは適切ではなく，異なる基準を用いるべきという批判もある。

5　故意・過失
──防ぐことができなかった損害については国家賠償責任は生じない ─●

> **CASE**
> A市の市立中学校で，授業後に体育館で課外クラブ活動をしていた二つのクラブの間で喧嘩になり，他の生徒に殴られた生徒Xが重傷を負った。Xの親は，顧問の教師Bが立ち会っていれば，事故を防ぐことができたのであり，Xの怪我は，Bのミスにより生じたとして，国家賠償を求めている。Xの親の請求は認められるだろうか。

国賠法1条は，民法の不法行為と同様，故意または過失を国家賠償責任の要件とする過失責任主義を採用している。故意は，自己の行為により損害が発生することを知りながらあえてその行為をすることを意味する。過失は，簡単にいえば不注意により損害を発生させたことであるが，もう少し具体化すると，損害が発生することを予見し，回避することができたのに，それを怠ったこと

を意味する。例えば，公務員が法解釈を誤って違法な行政行為を行ったとしても，その当時においては法解釈について学説や下級審裁判例が対立しており，十分な調査をした上で一方の解釈をとったのであれば不注意がないと判断される場合には，過失が否定される（最判平成16・1・15民集58巻1号226頁）。したがって，過失の有無は，違法性の有無を判断した後で判断されることになる。

故意・過失は，このように，加害公務員の主観的状態に関わる要件である。ただし，過失の判断においては，行為者個人の能力を基準とするのではなく，当該職務を担当する公務員に求められる標準的な能力を基準として，注意義務違反の有無が審査される。CASE では，Bが立ち会っていなかったことについて過失が認められるかどうかが問題になるが，判例は，同様の事例で，課外クラブ活動が生徒の自主性を尊重すべきものであることに鑑み，何らかの事故の発生する危険性を具体的に予見できるような特段の事情がある場合を除き，顧問の教師が常時立ち会う義務はないと判断している（前掲最判昭和58・2・18）。

6 違法性

(1) 違法性要件の意義

違法とは，明文または不文の法に違反することを意味する。行政上の強制執行（第7章1）による建物の除却のように，私人間において行われたら違法な権利侵害とされる行為であっても，公務員が法律に基づいて適法に行った場合には，国家賠償責任は生じない。

違法性は，主観的な要件である故意・過失と対比して客観的な要件であるといわれる。ただし，5で述べたように，過失要件が客観化されていることから，両者を明確に区別できない場合もある。5の CASE のように，学校事故についての責任が問われる場合には，教師が学校事故の防止のために何をすべきかを定めた法規範は存在しないため，判例は，違法性要件に触れないまま，過失の存在によって国の責任を認めている（最判昭和62・2・6判時1232号100頁［百選Ⅱ215]）。他方，教師が体罰により生徒に怪我をさせた場合には，体罰が法で絶対的に禁止されていることは教師であれば当然知っているべきであるから，違法性が認定されれば，故意・過失も当然に認定または推定されることになるだろう。

(2) 違法性判断の方法──違法性一元説と職務行為基準説

CASE

Xはアメリカの著名な写真家による写真集を輸入しようとしたが，男性の性器が露出した写真が含まれていたことを理由に，税関長から，輸入禁制品である「風俗を害すべき書籍，図画」にあたるとの通知を受け，輸入ができなくなった。Xはこれに不満をいだき，通知の取消訴訟および通知によって被った損害の賠償を求める国家賠償訴訟を提起した。かつての判例には同様の写真を輸入禁制品にあたると判断したものがあり，税関長の通知もこれに従ったものであったが，今回の事件においては，裁判所は，当該写真は芸術性の高いものであり，税関長の通知は違法であるとして取り消した。裁判所は，国家賠償請求についてどのような判断を下すことになるだろうか。

国賠法 1 条の違法性の判断の方法について争いがあるのは，これを取消訴訟などの抗告訴訟と同様の基準で判断すべきか否かについてである。まず，**違法性一元説**（公権力発動要件欠如説ともいわれる）は，公務員のした行政行為などが，それを行うための要件を充足せず，取消訴訟で違法と判断されるものである場合には，国賠法上も当然違法になると解する。この説によると，CASE においては，税関長の行為は，国賠法上も違法とされるが，過失を認めることは難しいので，国家賠償請求が棄却される可能性が高い。これに対し，近年の判例においては，**職務行為基準説**がとられることが多い。この説によれば，法的要件を充足しない行政行為などが行われただけでは国賠法上の違法性は認められず，公務員が職務上通常尽くすべき注意義務を尽くさずにこのような行為をした場合にはじめて国賠法上も違法になるとされる（最判平成 5・3・11 民集 47 巻 4 号 2863 頁［百選Ⅱ219］など）。違法性と過失をあまり区別しない民事不法行為法に似た違法性判断の方法を国家賠償訴訟に持ち込むものである。この説に従う場合，公務員の注意義務違反の有無を過失要件ではなく違法性要件のなかで判断することになる。CASE においては，税関長が注意義務を怠ったとはいえないから，国賠法上の違法性がない，という判断がされる可能性が高い（最判平成 20・2・19 民集 62 巻 2 号 445 頁〔メイプルソープ事件〕）。

違法性一元説と職務行為基準説の実質的違いは，公務員の注意義務違反を過失要件のなかで判断するか，それとも，違法性要件のなかに取り込んでしまう

か，という点にあるから，国家賠償責任が成立するか否かの結論にただちに影響を及ぼすものではない。しかし，国家賠償訴訟は，金銭的救済だけではなく違法な行政活動の是正や予防という役割も果たしており，職務行為基準説に対しては，こうした違法性統制機能が損なわれるという批判が強い。

(3) 特殊な公務員の行為の違法性

> **CASE**
>
> Xは，殺人の疑いにより逮捕・起訴され，第1審で有罪判決を受けたが，第2審で無罪判決を受け，最高裁でも第2審判決が支持され，確定した。Xは，警察官による逮捕，検察官による起訴および公訴の追行ならびに第1審裁判所の裁判により，重大な不利益を被ったとして，これらの行為の違法を理由とする国家賠償訴訟を提起した。Xの請求が認められる可能性はあるだろうか。

　国賠法は，行政活動のみならず，立法活動や司法活動にも適用されるが，これらの活動を担当する国会議員や裁判官の行為については，その職務の特殊性により，通常の行政活動と比べて違法性が認められる場合を狭く限定する判断基準が用いられている。

　まず，**国会議員の立法行為**の国賠法上の違法性に関するリーディングケースとして，在宅投票事件判決（最判昭和60・11・21民集39巻7号1512頁）がある。事案は，歩行が困難な選挙人のために設けられた在宅投票制度を国会が廃止し，復活させなかったことが違憲・違法であるとして，国家賠償が求められたものである。同判決は，国会議員の立法行為は，立法の内容が違憲であっても，ただちに国賠法上違法と評価されるわけではなく「個別の国民に対して負う職務上の法的義務に違背した」場合にのみ違法となり，具体的には，「立法の内容が憲法の一義的な文言に違反しているにもかかわらず国会があえて当該立法を行うというごとき，容易に想定し難いような例外的な場合」にしか違法にならないと判断した。この判決の考え方は，公務員の行った決定の客観的違憲・違法性ではなく，公務員が職務上の義務に違反したか否かを基準とする点で，(2)で説明した職務行為基準説との共通性を有する。しかし，不注意により違憲の立法をすれば国賠法上違法になるわけではなく，明らかに違憲である法律を故意に制定したような場合にのみ違法になるという厳しいハードルが設けられて

250 ● CHAPTER **12** 国家賠償

いる。このように国賠法上の違法性が厳しく限定されるのは，国民の代表者である国会議員による立法行為は政治的な行為であり，原則として国民による政治的責任の追及に委ねるべきという考え方があるからである。ただし，その後，最大判平成17・9・14（民集59巻7号2087頁［百選Ⅱ208］）は，在外国民の選挙権の行使を可能にする立法措置がとられなかったことを理由にした国家賠償請求を認めるにあたり，立法の内容または立法不作為が憲法上の権利を侵害することが明白な場合や，憲法上の権利の行使の機会を確保するために必要不可欠であることが明白な立法措置を国会が正当な理由なく長期間怠る場合には，国賠法上の違法性が認められるとし，事実上，判断基準を緩和している。

　裁判官による裁判についても，判例は，これを国賠法上違法とするためには，「裁判官が違法又は不当な目的をもつて裁判をしたなど，裁判官がその付与された権限の趣旨に明らかに背いてこれを行使したものと認めうるような特別の事情」を要するとしている（民事事件について最判昭和57・3・12民集36巻3号329頁［百選Ⅱ227］，刑事事件について最判平成2・7・20民集44巻5号938頁）。ここでも，国会議員の立法行為と同様に，国賠法上の違法性が認められる場合は，行政活動に関する職務行為基準説よりも厳しく限定されている。その理由としては，裁判の瑕疵は上訴などの訴訟法上の救済方法によって是正する仕組みがとられていることなどが指摘されている。

　警察官による逮捕や**検察官による起訴**などについて，芦別事件判決（最判昭和53・10・20民集32巻7号1367頁［百選Ⅱ228］）は，裁判で無罪判決が確定したからといってただちに国賠法上違法となるものではないとしている。本判決も，一見職務行為基準説をとったもののようにみえる。ただし，逮捕・起訴については，職務行為基準説をとらない場合であっても，逮捕・起訴された者が無罪であったことをもってただちに違法とすることはできないということに注意する必要がある。逮捕・起訴は，刑事訴訟法により，犯罪の疑いがある者について適法に行うことができ，実際に犯罪を行った者しか逮捕・起訴してはならないという行為規範は存在しないからである。

　以上の説明を前提にすると，CASE の事例では，X が無罪判決を受けたからといって，ただちに，逮捕・起訴および裁判の違法性が認められることはない，ということになる。

⑷ 不作為の違法

CASE

Y市の住民であるXの自宅の隣の土地で，Aが，Y市建築主事から建築基準法上の建築確認を受けて建築工事を始めたが，確認を受けた内容を無視して違法に工事を拡大した。Xは，違法な工事がされると自宅の日照が著しく害されることになるので，Y市役所を訪れて工事をやめさせるよう依頼した。ところが，Y市の担当者は，Aに対して工事を中止するように口頭で指導しただけで，工事中止命令などの規制権限が行使されることはなく，Aは工事を完了させた。Xは，Y市の対応は違法であると考え，Y市に国家賠償請求をしたいと考えている。Xの請求は認められるだろうか。

(a)**不作為の違法が問題となるケース**　公務員が国賠法上の公権力の行使にあたる行為をしないこと，すなわち不作為が原因となって私人に損害が生じた場合にも国家賠償責任が生じうることについては争いがない。不作為責任が問題となるケースは大きく分けて2種類ある。第1は，申請に対する不作為の違法が問われるケースである。申請人が申請をした場合に，行政庁がこれを審査して応答（申請に対する処分）をしなければならないことについては争いの余地がなく（行手7条），申請を処理するために必要な期間を過ぎても正当な理由なく応答しない場合には違法となる（最判昭和60・7・16民集39巻5号989頁［百選Ⅰ124］〔品川マンション事件〕）。

なお，水俣病認定申請に対する不作為について，不作為の違法確認訴訟において違法とされる場合であっても，国賠法上はただちに違法とはならないとした判例がある（最判平成3・4・26民集45巻4号653頁［百選Ⅱ218］〔水俣病認定遅延事件〕）。ただし，本判決は，不作為により不安定な地位が継続することによる精神的苦痛に係る慰謝料請求について判断したものであり，品川マンション事件のように，申請認容処分の遅延により経済的損害が生じるようなケースにおいては，不作為の違法確認訴訟と国家賠償訴訟との間で違法となる時期の違いは生じないだろう。

図表 12.2　申請に対する不作為

第2は，CASEのように，規制権限の不行使の違法が問題となるケースである。このような

ケースにおいては，不作為を違法と判断することに困難が伴う。この場合は，直接の加害者はAのような私人であって，行政はそれを止めなかっただけであるし，規制権限の行使を授権する行政法規は，ほとんど，「○○の場合には，△△を命じることができる」というような定め方をしており，条文上は，権限行使の要件が備わったとしても，行使する義務はなく，裁量が認められるからである。CASEでは，Y市長は，建築基準法9条1項により，工事の施工の停止を命じることが「できる」が，法律上，命令する義務は定められていない。

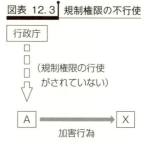

図表 12.3 規制権限の不行使

しかしながら，法律が私人の権利・利益を保護するために規制権限を行政機関に付与している場合に，行政機関の怠慢によって生じた損害につき，国が一切責任を負わないとはいえないであろう。そこで，学説・判例は，一定の場合には規制権限の不行使が違法になるとしている。

(b)**規制権限不行使の違法性の判断基準**　規制権限の不行使がどのような場合に違法となるかについては，様々な考え方があるが，最高裁判例は，「〔規制〕権限を定めた法令の趣旨，目的や，その権限の性質等に照らし，具体的事情の下において，その不行使が許容される限度を逸脱して著しく合理性を欠く」ときは，国賠法上違法になるという一般的な判断基準を示している（最判平成16・4・27民集58巻4号1032頁〔筑豊じん肺訴訟〕，最判平成16・10・15民集58巻7号1802頁〔百選Ⅱ225〕〔熊本水俣病関西訴訟〕）。この基準は抽象的であるが，まず，法令の趣旨・目的や権限の性質に照らして，というのは，法令ないし権限が国民を危険ないし損害から保護することを直接の目的とするものである場合には，違法性が認められやすくなる，ということを意味するであろう。その上で，個々の事案における規制権限の不行使が著しく合理性を欠くものであったかどうかの判断にあたっては，以下のような諸要素が考慮されている。

不法行為の成立を認めるために最低限必要な要件として，①被害発生の危険の存在，②被害発生の予見可能性，③権限行使による結果（被害）回避可能性が必要である。しかし，規制権限の不行使については，これだけでただちに違法になるとはいえず，さらに，以下のような諸事情が考慮されている。まず，

上記の①〜③要件につき，それぞれ，以下のような事情が加わると，違法性が認められやすくなる。①要件が満たされるにとどまらず，生命・健康という重要かつ事後的な回復が困難な法益に，重大な侵害のおそれがあったこと，②要件が満たされるにとどまらず，行政が，被害が発生・継続していることを知り，または，将来の被害の発生を容易に予見しえたこと，③要件が満たされるにとどまらず，容易に被害発生を防止できたこと，である。

　これらに加え，④被害者が自ら被害を防止することが難しかったという事情（補充性）があれば，国民の権利侵害を防止するための権限を付与された行政がそれを行使しないのは極めて不適切であるから，ほぼ確実に違法性が認められるであろう。他方，規制の相手方の権利・利益に配慮する必要性や，行政機関が行政指導など規制権限の行使以外の対処により問題解決に努めていたというような事情が違法性を否定する方向で考慮されることがある。なお，学説のなかには，④の補充性要件およびそれ以下で述べた諸事情をまとめて，「期待可能性」という第4の要件とするものもある。最初に挙げた①〜③の最低限の要件以外の諸要素は，固定的なものではなく総合的に考慮されるので，とりわけ，生命・健康の重大な危険が迫っていたようなケースでは，他の要素については緩やかに判断されることが多い。

　以上の説明をもとに，CASE の事例を検討すると，判例が重視する法令の趣旨・目的については，建築基準法上の規制権限は，近隣住民の日照被害の防止を直接の目的の一つとすると解されており，この点では X に有利である。また，①〜③の最低限の要件は満たされているが，①要件と関わって，被侵害利益がさほど重大なものでないこと，④要件に関し，X 自身が民事訴訟等によって被害を防止することも可能であったこと，さらに，Y 市が行政指導による対処を行っていたこと等に鑑みれば，違法性は認められにくいだろう。

　なお，不作為の結果として侵害された利益が，規制権限を定める法令によって保護されない反射的利益にあたる場合には，国家賠償責任は生じない。例えば，犯罪の被害者または告訴人が，捜査が適正でないことや不起訴処分が違法であることを理由に国家賠償請求をした事案において，裁判所は，犯罪の捜査や公訴提起によって被害者または告訴人が受ける利益は，法的保護の対象とはならない反射的利益にすぎないとして，請求を斥けている（最判平成2・2・20

254 ● CHAPTER 12 国家賠償

判時 1380 号 94 頁)。

7 加害公務員の個人責任

(1) 国の加害公務員に対する求償権の行使

国賠法 1 条 1 項により，国が賠償責任を負う場合において，加害者である公務員は，損害賠償等の責任を負うことはないのだろうか。まず，国賠法がこの点について明文の規定を置いている。同法 1 条 2 項によれば，国が被害者に対して国家賠償責任を負う場合において，加害公務員に故意または重過失がある場合には，国は，加害公務員に対して求償権を行使することができる。しかし，求償権が実際に行使されることは少ないといわれている。

(2) 被害者による民法 709 条に基づく賠償請求

では，被害者が，加害公務員個人に対し，直接民法 709 条に基づいて賠償を求めることはできるだろうか。このような賠償請求を明文で排除する法律の規定はないが，最高裁判例は，国賠法の解釈としてこのような請求はできないものとしている（最判昭和 30・4・19 民集 9 巻 5 号 534 頁 [百選 II 234] など）。判例はその実質的根拠を述べていないが，公務員の職務執行の萎縮の防止のためであると思われる。公務員の職務は，公害を発生させている企業の規制や，警察官による銃の使用のように，重大な被害を発生させるおそれがあるものも少なくないため，ミスをした公務員が個人としても賠償しなければならないとしたら，公務員が必要な権限の行使を躊躇してしまうおそれがある。

しかし，有力な学説や一部の下級審裁判例には，個人責任の全面的な排除は行き過ぎであり，悪質な加害公務員の個人責任の追及は違法な職務行為の防止にも資するとして，個人責任を認めようとするものもある。ただし，求償権の要件に合わせて，加害公務員の故意または重過失を個人責任の要件とする説が多い。

2　違法な公権力の行使による損害の賠償 ● 255

> **Column ⑳ 神奈川県警共産党幹部宅盗聴事件**
>
> 　下級審において，公権力の行使にあたる公務員の民法 709 条による個人責任が認められた著名事件として，神奈川県警共産党幹部宅盗聴事件がある。神奈川県警の警察官が，日本共産党国際部長（当時）の自宅の電話を，付近のアパートから電話回線を工作して盗聴していたことが発覚したが，検察は，警察組織の中枢が盗聴に関与していることが分かったため，警察組織との全面対決をおそれて刑事責任の追及をあきらめてしまった。これに承服できない被害者が，国家賠償請求および警察官個人に対する損害賠償請求を行った。第 1 審の東京地判平成 6・9・6（判時 1504 号 41 頁）は，本件のように，「公務としての特段の保護を何ら必要としないほど明白に違法な公務で，かつ，行為時に行為者自身がその違法性を認識していたような事案」においては，公務員が公務の執行を躊躇するという弊害が生じないばかりか，将来の違法な公務執行の抑制に資するので，公務員の個人責任を否定すべきでないとした。ただし，この判断は第 2 審（東京高判平成 9・6・26 判時 1617 号 35 頁）では否定されている。

 公の営造物の設置・管理の瑕疵による賠償

　　　　　　　　　　　　　　　　　　　　　Ⅲ▶ 国賠法 2 条による責任

1 「公の営造物」の「設置又は管理」──国賠法 2 条の適用対象 ●

> **CASE**
> ①小学生 X は，自宅の近くの Y 市が管理する小公園で，ブランコに乗って遊んでいたところ，ブランコの鎖が腐食しており，落下して怪我をした。X およびその両親は，どのような法律を根拠にして，Y 市に賠償を求めることができるだろうか。
> ② Z 県警察本部に勤務する警察官 A は，かつて交際していた X にストーカー行為を働いた上，職務で使用していた拳銃を勤務終了後に返却せず，無断で持ち出して，X に対して発砲し，重傷を負わせた。このような場合にも，X は Z 県の国賠責任を問うことができるだろうか。

(1) 国賠法2条による賠償責任と民法717条の工作物責任

国賠法2条は，「公の営造物」の「設置又は管理」の「瑕疵」によって生じた損害について行政主体が賠償責任を負うことを定める。この責任は「営造物管理責任」ないし「営造物責任」ともいわれる。**CASE ①**では，ブランコという営造物の管理に瑕疵があったとして，国賠法2条により賠償を求めることができる。国賠法2条に対応する不法行為法の規定は，民法717条（工作物責任）であり，土地に接着して築造された人工の設備を意味する「土地の工作物」の危険性に鑑みて，それを占有または所有する者の特別な賠償責任（危険責任）を定めるものである。ただし，民法上の工作物と国賠法上の営造物の概念は，全く同じではない。以下，どのような物が「公の営造物」にあたるのかを，「土地の工作物」と比較しながら説明しよう。

(2) 「公の営造物」

土地の工作物は，建物，橋などの人工の不動産であり，公の営造物も，本来はそれに近い意味をもっている。もっとも，公の営造物には「公の」という限定があるので，公の目的に供されている物（公物）に限定される。**CASE ①**のブランコは公の営造物にあたるが，例えば，廃校となった学校の建物や施設を行政主体が民間に売却するために保有しているような場合は，公の営造物にあたらず，国賠法2条が適用されない。このような場合には，土地の工作物として民法717条が適用されることになる。

他方，公の営造物は，人工の不動産以外の物も含むと解されている。まず，国賠法2条1項は，道路に加えて河川も公の営造物の例として挙げている。したがって，道路などの人工公物のみならず自然公物である河川や海岸にも国賠法2条が適用される。さらに，判例は，地面に固定されていないテニスの審判台のような動産も公の営造物にあたるものとしている（最判平成5・3・30民集47巻4号3226頁［百選Ⅱ240］）。公の営造物の概念が，動産を含むまで広く解釈されていることには理由がある。国賠法2条は，民法717条と同様に，危険責任の考え方に基づいて無過失責任を認めるものと解されており，その適用範囲を広げることには，被害者の救済が拡大するというメリットがある。

3 公の営造物の設置・管理の瑕疵による賠償 ● 257

CASE ②では，Aの加害行為を職務関連行為とみなして国賠法1条を適用することは難しいだろう（⮕4）。しかし，Aに無断で拳銃を持ち出されてしまったことから，拳銃の管理が不十分であったとして，国家賠償責任を認めることが考えられる。その場合，拳銃の管理が国賠法1条の「公権力の行使」にあたると解することも不可能ではないが，拳銃が「公の営造物」にあたるとして国賠法2条を適用し，無過失責任を認めた方が被害者にとって有利になる。

(3) 「設置又は管理」

「設置又は管理」は，公の営造物の最初の設置とその後の管理を意味する。ここでいう「管理」は，国が，法的権限に基づかずに事実上管理している場合も含む（最判昭和59・11・29民集38巻11号1260頁）。

2 設置または管理の「瑕疵」

(1) 「瑕疵」の基本的な判断方法

国賠法2条による責任の要件のうち，訴訟で争いになることが多いのは，公の営造物の設置・管理に「瑕疵」があったか否かである。

CASE ①のように，営造物の物的な欠陥によって損害が発生した場合が，瑕疵が認められる典型例であるが，CASE ②のように，営造物に物的欠陥がなく，その管理の不行届きによって損害が派生した場合にも，瑕疵が認められる。また，空港や道路が，その周辺の住民に騒音・振動や大気汚染の被害をもたらす場合のように，営造物の利用者との関係では何ら欠陥がなく正常に機能しているが，利用者以外の者に損害をもたらしているという場合においても，瑕疵（供用関連瑕疵）が認められる（最大判昭和56・12・16民集35巻10号1369頁［百選Ⅱ241］〔大阪国際空港訴訟〕）。

もっとも，以上のように営造物に起因して損害が発生した場合に，常に瑕疵が認められるわけではない。判例による瑕疵の具体的判断基準をみてみよう。リーディングケースである，高知落石事件判決（最判昭和45・8・20民集24巻9号1268頁［百選Ⅱ235]）は，「瑕疵」を「営造物が通常有すべき安全性を欠いていること」と言い換えた上で，「過失の存在を必要としない」と述べる。これは，1ですでに述べたように，危険責任の考え方に基づくものである。その上

で，判例は，個々のケースの瑕疵の有無に関する具体的な判断に際しては，営造物管理者において損害発生の予測可能性または結果回避可能性がなかったといえる場合には，瑕疵を否定している。また，そのような判断をするにあたり，最判昭和53・7・4（民集32巻5号809頁）は，「営造物の構造，用法，場所的環境及び利用状況等諸般の事情を総合考慮して具体的個別的に判断すべきもの」と述べる。以下では，予測可能性または結果回避可能性がどのような場合に否定されるのかについて，判例をみていこう。

(2) 予測可能性

> **CASE**
>
> 　Y市の住宅地にある市道上で遊んでいた6歳児のXが，丸い鉄パイプ状の防護柵に腰掛けるなどしているうちにバランスを崩し，道路外の約5メートルの高さの崖から転落して重傷を負った。Xおよびその親は，子どもが道路で遊び，防護柵に腰掛けようとすることは十分予測できるから，崖沿いの危険な道路については，フェンスを設置するなど，もっと安全な状態にしておくべきであったとして，Y市に国家賠償を求めようとしている。Xおよびその親の請求は認められるだろうか。

　損害の発生を営造物管理者が予見できなかった場合には，瑕疵は否定される。想定外の大規模な地震・台風などにより建物が破壊されたり河川が氾濫したりしたケースがその一例である。もっとも，現実の訴訟では，CASE のように，営造物利用者の行動が事故の原因となっている場合に，それが営造物管理者にとって予測可能なものであったかどうかが争われることが多い。前掲最判昭和53・7・4は，CASE と同様の事例において，当該防護柵は，道路を通行する車や人が誤って転落することを防止するという本来の目的からすれば安全性に欠けるところはなく，Xの事故は，道路管理者が通常予測することのできないXの行動に起因するものであったとして，瑕疵を否定している。このように，営造物の本来の用法を外れた行動によって生じた事故は通常予測不可能であるとする考え方は，「守備範囲論」といわれ，学説からは，営造物管理者が予測すべき事故の範囲を限定しすぎているという批判もある。

3　公の営造物の設置・管理の瑕疵による賠償　● 259

⑶ 結果回避可能性

> **CASE**
>
> 　Y県が管理する海岸沿いの崖道を走行していた自動車を，崖の上から落ちてきた岩石が直撃し，乗車していたＡが死亡した。Ａの遺族であるＸは道路の管理に瑕疵があったとしてＹ県に対して賠償を求めているが，Ｙ県は，同様の道路が多数存在しており，すべてについて安全対策を講じることは財政的に不可能であったと反論している。Ｙ県の反論は認められるだろうか。

　損害が予測可能であっても営造物管理者がそれを回避する手段をとることができなかった場合には，瑕疵が否定される。例えば，道路が工事中であることを示すために設置されていた工事標識板，バリケードおよび赤色灯標柱に，夜間，車両が衝突し，それらを倒して走り去ったすぐ後に，そこを通過しようとした別の車両が，直前まで工事現場であることに気付かず，ハンドルを切り損ねて道路外に転落し，同乗者が死亡したという事故について，判例は，道路管理者が安全な状態を回復することが時間的に不可能であったとして，瑕疵を否定している（最判昭和50・6・26民集29巻6号851頁）。

　回避可能性は，物理的な可能性の有無のみによって判断されるのではなく，その時点において社会的に相当とみられる安全対策を施していたかどうかが問われることがある。点字ブロックがまだ今日のように一般的なものではなかった時代に，点字ブロックが設置されていない駅のホームから転落し，電車にひかれて重傷を負った視力障害者が国家賠償を求めた事件において，裁判所は，点字ブロックのような新たに開発された安全設備が設置されていなかったことが瑕疵にあたるかどうかは，当該安全設備が相当程度標準化されて普及しているかどうかなどを考慮して判断すべきであるとしている（最判昭和61・3・25民集40巻2号472頁［百選Ⅱ239］）。

　また，**CASE** のように，営造物管理者が，予算の制約により，安全対策をとることが困難であったと主張することがあるが，判例は，そのような財政的な事情によってただちに賠償責任を免れうるものではないとしている（道路への落石防止のための防護柵の設置費用について，前掲最判昭和45・8・20）。もっとも，安全対策のための費用が，危険の程度に鑑みると不相応に高額となるような事

260 ● CHAPTER **12** 国家賠償

情がある場合には，当該安全対策をとっていなくても瑕疵はないとされることがある（高速道路への小動物の侵入防止対策について，最判平成22・3・2判時2076号44頁）。

(4) 河川管理の特殊性

すでに述べたように，結果回避可能性の判断にあたって予算の制約は原則として考慮しないというのが判例の立場であるが，自然公物である河川の氾濫による被害については，それとは異なる判断基準が用いられている。

河川管理者は，大雨が降るなどして河川の水の流量が増えても水害が生じないように，目標値である計画高水流量を定めて，河道の拡幅・掘削，堤防のかさ上げ，ダムの建設などの河川改修を行っている。かつての下級審裁判例は，河川の改修が完了しておらず，計画高水流量として設定された流量に耐えられない状態であったために水害が生じた場合には，おおむね河川管理の瑕疵を認めていた。しかし，大東水害訴訟最高裁判決（最判昭和59・1・26民集38巻2号53頁［百選Ⅱ237］）は，それまでの裁判例の判断方法を否定し，河川管理の瑕疵が認められる場合を厳しく限定する判断基準を採用した。同判決は，河川は，河川管理者において予想可能かつ回避可能な水害を防止しうる安全性を備えていない場合であってもただちに瑕疵があるとはいえず，河川の改修，整備の過程に対応するいわば**過渡的な安全性**を備えていれば足りるという。同判決は，その根拠として，①河川の管理は，道路等と異なり，危険性をはらむ状態から開始されること，②河川の安全性を高めるための治水事業は，莫大な費用を要するという財政的制約のほか，技術的制約や社会的制約もあって，長い期間を要すること，③道路の一時閉鎖のような簡易，臨機的な危険回避の手段をとることもできないことを指摘している。この判決以後は，未改修河川からの溢水による水害について河川管理の瑕疵が認められることはほとんどなくなった。

大東水害訴訟判決の判断基準について学説からは様々な批判があるが，道路と河川とを完全に同列に扱うことはできないということは，認めざるをえないだろう。もっとも，改修済みの河川については，判例も，計画高水流量規模の流水から予測される水害の発生を防止しうる安全性を要するものと解し，改修済み河川の堤防が計画高水流量以下の水量であったにもかかわらず決壊してし

まったようなケースでは，道路等の人工公物とあまり異ならない基準により瑕疵を判断している（最判平成 2・12・13 民集 44 巻 9 号 1186 頁［百選Ⅱ238］〔多摩川水害訴訟〕）。

> **Column ㉑ 防災から減災へ**
>
> 　戦後における治水事業の中心は，ダムの建設などの様々な方法によって流水を河川に封じ込めることにあった。しかしながら，ダムの建設による環境破壊などに対する批判が強くなり（いわゆる脱ダムの風潮），また，計画高水流量を超えると破堤により大規模な災害に至るおそれがあることから，河川への水の封じ込めにこだわらず，様々な手法による「減災」を目標とする総合的な治水の必要性が説かれるようになっている。具体的には，水害が生じやすい地域の土地利用規制，森林や農地の保水・浸透機能の保全，ハザードマップによる浸水想定区域の公表，避難計画の策定などが代表的なものである。2014 年 3 月に制定された「滋賀県流域治水の推進に関する条例」はそのような対策を重視するものとして注目される。

賠償責任の主体
▶ 複数の行政主体が損害に関わっている場合の国賠請求の相手方

> **CASE**
> 　警視庁に属する警察官に違法に電話を盗聴されるなどの被害を受けたと主張する X は，盗聴を実行した巡査 A に加え，これを指示した上司の幹部警察官 B の行為が違法な公権力の行使にあたると主張して，国家賠償請求をしようとしている。X は誰を被告として訴えを提起したらよいだろうか。

(1) はじめに

　ある損害に，複数の行政主体が関わっている場合においては，被害者がいずれを被告として国家賠償請求できるかが問題となる。国賠法 3 条 1 項は，国民

が被告を間違えて不利益を被ることのないように，国民に対して国家賠償責任を負う主体の範囲を広く定めている。以下，違法な公権力の行使による賠償責任と公の営造物の設置・管理の瑕疵による賠償責任とに分けて説明しよう。

(2) 違法な公権力の行使による賠償責任

国賠法３条１項は，加害公務員の選任・監督者と当該公務員の俸給，給与その他の費用の負担者が異なるときは，いずれも国家賠償責任を負うものとしている。もっとも，判例は，国賠法３条１項を適用する前に，違法な公権力の行使とされる行為がいずれの行政主体の事務として行われたものか，という基準により，国家賠償責任の主体を決定している。この判断基準は，国賠法１条１項の「国又は公共団体の公権力の行使に当る公務員が」という文言を根拠にすることができるといわれている。この基準によると，例えば，都道府県の警察の事務は，一部の特殊なものを除いて都道府県に帰属するので，まずは都道府県が国家賠償責任を負うとされている（最判昭和54・7・10民集33巻5号481頁[百選Ⅱ231]）。そうすると，CASEの場合には，警視庁は東京都の警察組織であるから，東京都が国家賠償責任を負うことになる。その上で，公務員の選任・監督者ないし費用負担者が，事務の帰属主体と異なっている場合には，国賠法３条１項により，事務の帰属主体以外の者も責任を負うことになる。都道府県警察の警察官は，ほとんどが都道府県の地方公務員（地方警察職員）であるが，警視正以上の階級の警察官は国家公務員（地方警務官）の身分を有する。したがって，CASEのＢが警視正以上であれば，国が給与を負担しているので，国も国家賠償責任を負う。また，市町村立学校の事務は当然市町村に帰属するが，その教職員の給与等は都道府県が負担することが義務づけられているので，都道府県も国家賠償責任の主体となる。

(3) 公の営造物の設置・管理の瑕疵による賠償責任

国賠法３条１項は，公の営造物の設置・管理者と設置・管理の費用負担者が異なるときは，後者も国家賠償責任を負うと定めている。ここでの「負担」については，法律上の義務として負担している場合のみを意味するのか，義務ではなくて援助している場合も含むのかについて議論がある。地方財政法は，法

4 賠償責任の主体 ● 263

律上の義務がある場合を「負担」，義務がない場合を「補助」として区別しているが，判例は，一定の場合には，法律上の義務がなくても国賠法3条1項にいう「負担」にあたるとしている。最判昭和50・11・28（民集29巻10号1754頁[百選Ⅱ242]）は，国立公園内の周回路からの転落事故につき，周回路を設置・管理していた地方公共団体のみならず，その費用を補助していた国も，以下の要件に該当する場合には国家賠償責任を負うとした。すなわち，①法律上負担義務を負う者と同等またはこれに近い設置費用を負担し，②実質的には事業を負担義務者と共同して執行していると認められる者であり，③営造物の瑕疵による危険を効果的に防止しうる者，という要件が示されている。

▍(4) 最終的な賠償責任者 ▍

国賠法3条1項により，複数の行政主体が私人との関係で賠償責任を負う場合，最終的な負担はいずれがするのかという問題がある。国賠法3条2項は，私人に賠償した者は，内部関係で（最終的な）賠償責任者に求償しうると定めるが，誰が賠償責任者かは定めていない。この点について争いがあったが，最近の判例は，法令により当該事務の経費を負担することとなっている主体が，賠償費用も事務の経費として負担すべきものとした（最判平成21・10・23民集63巻8号1849頁[百選Ⅱ243]）。

CHECK

① 国賠法1条が適用される「公権力の行使」の範囲について判例はどのように解しているだろうか。

② 国賠法1条による国家賠償責任の要件である違法性は，取消訴訟などの抗告訴訟において判断される違法性と比較して違いがあるだろうか。

③ 国賠法1条における違法性の判断方法につき，立法，裁判，不作為は，通常の行政活動と比較して，どのような違いがあるだろうか。

④ 国賠法1条による責任が生じる場合に，加害公務員は個人としてどのような責任を負うだろうか。

⑤ 国賠法2条にいう「公の営造物」とはどのような物を意味するのだろうか。

⑥ 公の営造物の設置または管理に瑕疵があるかどうかにつき，判例はどのよう

な基準で判断しているだろうか。

⑦　道路と河川との間で，判例による瑕疵の判断基準はどのように異なっている
だろうか。

⑧　公の営造物の設置または管理をしている行政主体とその費用を負担している
行政主体のいずれが国家賠償責任を負うのだろうか。また，法律上の義務なし
に費用を補助している行政主体も責任を負うのだろうか。

CHAPTER

第 **13** 章

損 失 補 償

公益のために私人が被った不平等な損失の補塡

　　第12章で学んだ国家賠償制度は，公務員の違法な加害行為や営造物管理の瑕疵によって生じた損害を賠償する制度である。土地収用法に基づき公共事業のために私有地が収用される場合や，都市緑地法に基づき緑地保全のために私有地の利用を制限されるような場合には，それが適法に行われたなら，国家賠償を求めることはできない。しかし，このような場合にも，負担の平等の見地から，憲法29条3項や個別法に基づいて損失補償を求めることができる。本章では，損失補償制度の対象となる損失の範囲，補償の要件，補償の内容について学ぶ。さらに，国家賠償制度と損失補償制度のいずれによっても救済困難な「国家補償の谷間」といわれる領域の救済についても学ぶ。

1 損失補償とは何だろうか

▶ 国家賠償との違いと共通性

　行政主体が新しい道路を建設しようとする場合，建設予定地が私有地であれば，勝手に道路にすることはできないので，所有者から土地を買収しなければならない。所有者がどうしても売ってくれない場合や所有者が要求する対価があまりに高額で交渉がまとまらない場合には，土地収用法により，土地を強制的に収用することが認められている。この場合，所有者は土地を奪われてしまうことになるが，法律に基づいて適法に行われた場合には，国家賠償を求めることはできない。しかしながら，多数の者に利便をもたらす道路の建設のため，たまたま建設予定地に土地を所有する者のみが重大な損失を被るのは不公平である。このように，公益を実現するため一部の者が不平等な負担を被る場合に，その負担を主として金銭によって調整する法制度が**損失補償**であり，土地収用法は，68 条以下で損失の補償についての規定を置いている。

　国家賠償の憲法上の根拠は 17 条にあるが，損失補償については，財産権を保障する 29 条，そのなかでも 3 項（「私有財産は，正当な補償の下に，これを公共のために用ひることができる。」）が根拠となっている。なお，国家賠償については憲法を具体化する一般法として国家賠償法が存在しているが，損失補償については一般法は存在せず，土地収用法，都市計画法，都市緑地法等の個別の法律に補償規定が置かれるにとどまっている。

　国家賠償は，本来あってはならない誤った行政活動によって損害を被った私人を救済するものであり，違法な行政活動を攻撃する手段であるという点で，行政訴訟との共通性を有する。これに対し，損失補償は，正常な行政活動のプロセスにおいて私人が負う負担を調整しようとするものであって，受益者負担金，補助金などを含む行政上の利害調整制度の一つということもできる。国家賠償と損失補償のもう一つの重要な違いとして，救済の対象となる権利・利益の範囲を挙げることができる。国家賠償が法的保護利益の種類を問わず，その侵害を救済対象とするのに対し，損失補償は，原則として財産権の侵害のみを対象とし，精神的損失についての補償を求めることはできない。憲法 29 条は

1 損失補償とは何だろうか　● 267

財産権を保障する規定であるし，財産権以外の権利を金銭と引き換えに適法に制限するということはできないと考えられているからであろう。

他方，国家賠償と損失補償は，行政活動によって私人に生じた損失を原則として金銭で補塡する制度という点では，共通性を有する。このため，二つの制度をあわせて**国家補償**と称することがある。国家補償という概念は，国家賠償と損失補償のいずれによっても救済困難な私人の損害（いわゆる国家補償の谷間）を発見し，これを救済するための理論の構築や新たな立法措置を促す，という意義を有している。国家補償の谷間の具体例と救済方法については⑤で述べる。

図表 13.1 国家賠償と損失補償の比較

	法的根拠	補償の要件	対象とされる損失
国家賠償	憲法 17 条 国家賠償法	公権力の行使の違法性 公の営造物の設置・管理の瑕疵	法的保護利益の侵害 すべて
損失補償	憲法 29 条 3 項 土地収用法などの個別法	不平等な負担	原則として財産権の 侵害のみ

2 補償規定のない法律に基づく財産権侵害に対する救済の方法

すでに述べたように，損失補償についての一般的な法律は存在せず，土地収用法等の個別の法律に補償規定が置かれているにとどまる。では，憲法 29 条 3 項により補償を要するような財産権侵害が，補償規定のない法律に基づいて行われた場合や，個別法が憲法上必要とされる補償に達しない補償しか認めないような規定を置いている場合，財産権を侵害された者は，どのようにして救済を求めることができるだろうか。

今日の主要な学説として，違憲無効説と直接請求権発生説がある。**違憲無効説**によれば，補償規定がない法律により財産権を制限された者は，この法律が違憲無効であるとして，制限の解除を求めることはできるが，いきなり憲法を根拠にして補償請求をすることはできない。土地の収用や自然保護のための土地利用規制のようなものであれば，違憲無効説により土地を返還または制限を解除するという救済が与えられることになる。もっとも，公益のために私有

268 ● CHAPTER 13 損失補償

物を破壊してしまうようなケースでは問題が生じる。例えば，消防法29条3項は，消火のため，延焼のおそれのない周囲の建物を破壊することを認めた上で，補償規定を置いているが，もし補償規定がなかったとしたらどうなるだろうか。消防法が違憲無効であるとしても破壊された建物は元に戻らないし，違憲性を理由に国家賠償を求めようとしても，消防職員は法律に従って活動したのであるから，過失を認めることは困難である。

これに対し，**直接請求権発生説**は，補償規定がないことを理由に財産権の返還や制限の解除を求めることはできないが，憲法に基づいて補償請求をすることができるとする。この説が通説・判例（最大判昭和43・11・27刑集22巻12号1402頁［百選Ⅱ252］）の立場である。この説に対しては，立法者が想定していなかった莫大な補償負担が不意打ち的に発生するおそれがある，という難点も指摘されている。もっとも，わが国の立法は，財産権には極めて慎重に配慮するのが一般的であり，また，裁判所は直接憲法に基づいて補償を認めることに消極的であるので，懸念されるような事態が生じるおそれは小さいであろう。

図表 13.2 違憲無効説と直接請求権発生説

	法律が違憲無効であるとして財産の返還や制限の解除を求めることができるか	直接憲法に基づいて補償を求めることができるか
違憲無効説	○	×
直接請求権発生説	×	○

3 損失補償の要否の基準

▶ どのような場合に憲法29条3項により補償が義務づけられるか

CASE

①大学生のXは，夏休みに東南アジア等を一人旅して帰国したが，体調が急速に悪化したため，診断を受けたところ，危険な感染症にかかっていることが明らかになった。Xは病院で隔離治療されて健康を回復したが，病原菌が付着しているおそれのある衣類等の身の回りのものを法律に基づいて廃棄させられた。Xは廃棄された衣類等について補償を求めることができるだろうか。

②Y市では，良好な景観の保護・形成のため，都市計画を変更し，建物の高さを従来

よりも厳しく制限する規制を導入した。市内の土地所有者であるＸはこれによっ
て土地の資産価値が低下したと主張し，補償を求めている。Ｘが補償を得られる可
能性はあるだろうか。

1 補償の要否の基準としての「特別の犠牲」

憲法 29 条 3 項は，「私有財産は，正当な補償の下に，これを公共のために用
ひることができる」と定めている。「公共のために用ひる」という文言は，今
日広く解釈されており，宅地開発・分譲のための農地などの収用（私人のため
の収用）も，宅地開発自体に公益性があれば「公共のため」にあたるとされて
いるし，自然保護のための土地利用規制のように，単に土地利用を禁止するだ
けでも「用ひる」にあたると解されている。しかし，そうなると，あらゆる財
産権制限が「公共のために用ひる」にあたることになり，この文言によって補
償を要する場合とそうでない場合との線引きをすることができなくなる。そこ
で，通説は，財産権制限により「特別の犠牲」が生じる場合にのみ補償を要す
るものとしている。「特別の犠牲」の判断は容易ではないが，制限の程度と目
的から総合的に判断するという考え方が一般的である。以下では CASE に沿っ
て具体的に説明しよう。

2 「特別の犠牲」を基準とした補償の要否の判断

(1) 規制の強度が高い場合

規制の強度が，財産権の剝奪や，利用の全面的な禁止に至るような場合であ
っても，その目的が危険を防止するという消極的なものであれば，補償は不要
とされる。CASE ①では，衣類等が廃棄されることになり，制限の程度は大き
いが，他人に感染症の被害を及ぼさないためという目的に加え，病原菌により
衣類等が無価値になっていることに鑑みれば，補償は不要であろう。また，最
大判昭和 38・6・26（刑集 17 巻 5 号 521 頁 [百選Ⅱ251]〔奈良県ため池条例事件〕）
は，ため池の堤での耕作が，災害の防止のため，条例で全面的に禁止されたケ
ースで，災害の防止という目的を重視して，補償を要しないものとしている。

ただし，従来の適法な財産権の行使が変更または禁止される場合には補償す

270 ● CHAPTER **13** 損失補償

べきという考え方もある。この考え方によれば，衣類等が有害・無価値となった CASE①では補償を要しないとしても，奈良県ため池条例事件のような事案で，耕作の禁止によって，それまでに栽培していた野菜などを廃棄せざるをえなくなった場合には，その価値については補償すべきということになる。

(2) 規制の強度が低い場合

　規制の強度が，財産権の剥奪や，利用の全面的な禁止に至らない場合，規制の目的が消極的なものであるときのみならず，財産権が相互に譲り合って調和を保つことを目的とするようなときにも，補償を要しない。例えば，都市計画法に基づき，住居専用地域や工業地域などの用途地域の指定がされると，土地利用が強く制限されるが，全面的に禁止されるわけではないし，このような制限がなく住宅と工場が混在してしまうとトラブルになり，かえってお互いの土地利用に支障が生じるだろうから，補償は不要と解されている。CASE②も，良好な景観の形成が土地所有者にとっても利益になると考えれば補償は不要であろう。

　これに対し，文化財保護法 45 条により，重要文化財の保存のために土地の利用を制限するような場合は，文化財保護という社会全体の利益のために，たまたまそこに土地を所有する者のみが不利益を受けることになるから，補償を要することになる。

　都市計画法により，将来道路を建設する予定地として指定を受けた土地の利用制限については，判例は補償を認めていない（最判平成 17・11・1 判時 1928 号 25 頁［百選Ⅱ253]）。少なくとも木造 2 階建て程度までの建築は許可されることや道路建設までの期間の制限であることなどから，制限の程度はあまり強くないともいえるが，社会全体の利益のためにたまたまそこに土地を所有する者に不平等な負担が課されることになるので，学説においては，とりわけ制限が長期にわたるときは補償すべきという意見が多い。

(3) 行政財産の目的外使用許可の撤回

　やや特殊な事例として，行政財産である土地の目的外使用許可を受けて使用料を支払ってきた者が，使用許可を撤回されたため，借地権に相当する金額の

3　損失補償の要否の基準　●　271

補償を求めた東京都中央卸売市場事件（最判昭和49・2・5民集28巻1号1頁［百選Ｉ90]）がある。最高裁は，行政財産は，本来の用途または目的を妨げない限りで目的外使用を許可できるものであるから（自治238条の4第7項），目的外使用許可による使用権は，期間の定めがない場合は，本来の用途または目的上の必要が生じたときは消滅するという内在的制約を有しており，借地権相当額の補償は認められないと判断している。

4. 損失補償の内容
Ⅲ▶ どのような補償であれば憲法29条3項の「正当な補償」といえるか

CASE

オリンピックを開催することになったＡ県は，競技施設や選手村の建設のため，郊外の山林の任意買収を進めていたが，買収に応じない所有者がいるため，土地収用法により土地を強制的に収用する手続を開始することにした。しかし，その時点では，オリンピック開催の情報が知れ渡っていたため，競技場予定地の周辺の地価が，任意買収を始めた時点よりも大幅に上昇していた。このような場合，早期に任意買収に応じた所有者との公平性のため，オリンピック開催の情報により地価が高騰する前の金額で補償することは許されるだろうか。

---

1 相当補償説と完全補償説

憲法29条3項は，憲法上補償を要する場合には「正当な補償」をしなければならないと定めるが，どのような補償が「正当」といえるのかははっきりしない。この点について，完全補償説と相当補償説という二つの考え方がある。

まず，**相当補償説**をとったとされる判例として，最大判昭和28・12・23（民集7巻13号1523頁［百選Ⅱ248]）がある。第2次大戦後の戦後改革の一つとして，農地の不在地主（農業を行わずに都市で生活する地主）から土地を強制的に買収して小作農に売り渡し，自作農とする農地改革が行われた。この事件は，農地買収処分を受けた地主が，当時の米の政府公定価格に基づいて算定された買収対価があまりに低額であるとして，補償の増額を請求したものである。最高裁は，「正当な補償とは，その当時の経済状態において成立することを考えられる価

272 ● CHAPTER **13** 損失補償

格に基き，合理的に算出された相当な額をいうのであつて，必しも常にかかる価格と完全に一致することを要するものでない」とした。つまり，正当な補償は，「当時の経済状態において成立することを考えられる価格」と一致しなくてもよいとしたのである。他方，土地収用の補償については，最高裁は**完全補償説**をとり，「収用の前後を通じて被収用者の財産価値を等しくならしめるような補償」が必要であるとする（最判昭和 48・10・18 民集 27 巻 9 号 1210 頁［百選 II 250]）。

両説は一見対立するようにみえるが，前掲最大判昭和 28・12・23 は，当時，農地の所有権がすでに他の法律で制限され，市場価格が生じる余地がない状態に至っていたことや，それが合憲であることを前提とするものである。したがって，自由に取引できる土地の収用等に際しては，完全補償説が述べるような補償をしなければならないということになるだろう。以下，土地収用と土地利用規制に分けて，完全な補償の内容について争いのある点の説明をしよう。

2　土地収用による補償 ●

土地収用の場合，収用される土地の価格を補償しなければならないことは当然である。その算定の方法について，土地収用法 71 条は，事業認定の告示の時の価格に収用裁決の時までの物価の変動に応ずる修正率を乗じて得た額とするものとしている。かつては，土地所有権が移転する収用裁決時の価格によって補償がされていたが，公共事業が行われることが知れ渡ると，事業予定地付近の地価が物価上昇率を超えて高騰することが多いため，土地収用法を改正して基準時を前倒ししたものである（最判平成 14・6・11 民集 56 巻 5 号 958 頁は，このような算定方法を合憲と判断している）。CASE のように事業認定より前に地価の高騰が始まっていた場合でも，事業認定時の価格を基準にして補償することになる。早期に買収に応じた者との不公平を避けるためには，なるべく早く事業認定をするしかない。

被収用地本体の価格以外の損失の補償として法律に定めのある主なものとして，土地の一部のみが収用されたため残地が利用しにくい土地になって価値が低下した場合に価値低下分を補償する残地補償（収用 74 条）や，土地上の物件の移転料の補償（77 条）がある。これらは正当な補償に含まれるとみてよいだ

4　損失補償の内容 ● 273

ろう。これに対し，逸失利益（土地利用規制がなかったら得られたであろう利益）や精神的損失は，正当な補償には含まれないと解されている。もっとも，逸失利益については，土地が収用されて移転する期間の営業損失については法律に基づいて補償されるし（88条），精神的損失は，損害賠償でも財産的損害についてはほとんど認められないので，現実には，損害賠償との違いはあまり生じない。

　その他，土地を収用して建設された道路が騒音被害を発生させる場合のように，収用自体ではなく，被収用地で行われる事業が，被収用地以外の土地に発生させる損失を，**事業損失**という。これについては，原則として，損失補償ではなく損害賠償によって救済するというのがわが国の一般的な考え方である。

Column ㉒ 大規模な公共事業と生活権（生存権）補償

　わが国では，水害の防止（治水）や水資源の確保（利水）のため，大規模なダムの建設が繰り返されてきた。しかし，大規模なダムの建設は，しばしば，集落全体を水没させ，住民から故郷や生活の基盤を奪うことになるため，激しい反対運動が起こり，訴訟に発展することも珍しくなかった。代表的な反対運動として，筑後川水系の下筌ダム・松原ダムに反対する住民が建設予定地に砦を築くなどして長年反対運動を行った「蜂の巣城紛争」がある。このように生活の基礎を失う住民に対し，国も，収用される土地の対価を補償するだけでは不十分であると考えるようになり，生活の再建や維持のための生活権（生存権）補償といわれる措置を設けている。

　一つは，土地収用法139条の2などによる生活再建措置であり，生活の基盤を失う住民に，土地・建物の取得や職業の紹介・訓練のあっせんをするものである。もう一つは，公共用地の取得に伴う損失補償基準要綱に基づき行政措置として行われている少数残存者補償や離職者補償である。これは，自分の土地が収用されるわけではないが，集落の他の住民が移転して取り残される者や，雇い主の土地が収用されることにより職を失う者に補償しようとするものである。ただし，以上のような補償は，憲法29条3項による補償の範囲には含まれず，また，直接憲法25条の生存権規定に基づく補償を認めた判例も存在していない。

3 土地利用規制による補償

　土地利用規制を理由に補償をする場合，そもそもどのような内容の補償をするかについて争いがある。法律が補償についての定めを置いている場合でも，ほとんどは，「通常生ずべき損失を補償する」と規定するにとどまり（いわゆる通損補償），具体的な補償の中身は解釈に委ねられている。この点に関する学説を，補償の額が大きい順に挙げると，Ａ：土地利用規制と相当因果関係のある損失すべてについて補償すべきとする相当因果関係説，Ｂ：制限された土地利用の対価に相当する額を補償すべきとする見解（そのなかにも，地価低落説，地役権設定説，地代説といわれるものがあるが詳細な説明は省略する），Ｃ：物件の移転費用のような積極的出費が生じた場合のみ補償すべきとする積極的実損説がある。これらの考え方には一長一短があり，また，土地利用規制による補償が認められることが少ないこともあって，通説といえる見解は存在しないが，土地利用規制が土地所有権を部分的に剝奪するものであることからすれば，Ｂ説を基本にすべきではないかと思われる。

5　国家補償の谷間

▶国家賠償でも損失補償でも救済が困難な損害をどうするか

　国家活動によって私人に損害が生じても，国家賠償制度や損失補償制度による救済が困難な場合がある。国家賠償は違法性や故意・過失を要件としており，他方，損失補償は原則として財産権の侵害のみを補償するという制度的限界を有しているからである。このような「国家補償の谷間」については，複数の法律が補償規定を置いている。一例として，刑事補償法が定める，誤判に基づく刑の執行や未決勾留に対する補償の定めがある。

　こうした補償規定がない場合や，補償規定があってもその内容が極めて不十分である場合には，国家賠償法や憲法29条3項の解釈により救済を拡大することが試みられている。その代表的なものとして，予防接種被害がある。かつては，予防接種は，予防接種法に基づき強制されていたが，副作用による死亡事故や重大な健康被害が生じることがあった。このような被害について予防接

5　国家補償の谷間　●　275

種法の定める救済措置が不十分であるとして，多くの被害者が損害賠償または損失補償を求める訴えを提起した。しかし，損害賠償については過失の立証が困難であり，損失補償については財産権の侵害ではないことがネックになっていた。こうしたなか，一部の下級審裁判例は，生命・身体は財産権よりも尊重されるべきものであることや，一部の者が感染症の流行から社会を守るための犠牲にされたという点で損失補償制度の適用になじむことを理由に，憲法29条3項による財産権の保障を生命・身体に類推適用し，または，勿論解釈により，財産権より尊重されるべき生命・身体の犠牲は当然補償の対象になるとした（東京地判昭和59・5・18判時1118号28頁，大阪地判昭和62・9・30判時1255号45頁）。これらの裁判例は学説により高く評価されたが，その後，小樽種痘禍訴訟判決（最判平成3・4・19民集45巻4号367頁［百選Ⅱ217］）が，過失の認定を容易にすることにより，国家賠償による救済を拡大し，実務上は国家賠償制度による救済が定着することになった。

CHECK

① 憲法29条3項により損失補償を要するような財産権制限が，補償規定のない法律に基づいて行われた場合，どのような救済を求めることができるだろうか。

② 憲法29条3項により損失補償を求めることができる「特別の犠牲」とは，どのような損失を意味するのだろうか。

③ 憲法29条3項にいう「正当な補償」とはどのような補償だろうか。また，法律ではどのように具体化されているだろうか。

事 項 索 引

あ 行

委員会 ……………………………19, 25
意見公募手続 …………………………55, 142
違憲無効説 ……………………………268
医師法 ……………………………………75
一定の処分 …………………………209, 211
　　――がされる蓋然性 ……………211
一般廃棄物処理計画 …………………130
移転料の補償 …………………………273
委任（権限の）……………………………23
委任命令 ……………………………………52
違法行為の転換 ……………………………88
違法性一元説 ……………………………249
違法性の承継（行政行為の）…………69, 70
インカメラ審理 …………………………162
訴えの客観的利益 ……………………191
営造物管理責任 ………………………257
公の営造物 ……………………………257
　　――の設置・管理者 ……………263
　　――の設置又は管理の瑕疵 ……241, 257
公の施設 …………………………………245

か 行

外見上一見明白説 ……………………90
開示請求権 …………………………160, 163
解釈基準 ……………………………………57
回避可能性 ……………………………260
加害公務員の個人責任 ……………255
加害公務員の選任・監督者 …………263
確認 ……………………………………………66
確認訴訟 …………………………………215
加算税 ……………………………………124
過失 ……………………………………………247
瑕疵の治癒 ……………………………………87
課税処分 ……………………………………70
河川管理の瑕疵 ………………………261

課徴金 ……………………………………124
学校施設使用不許可処分……………82
学校施設の確保に関する政令 …………116
過渡的な安全性 ………………………261
下命 ……………………………………………65
仮処分 ……………………………………220
仮の義務付け …………………………223
仮の救済 …………………………………220
仮の差止め ……………………………224
過料 …………………………………116, 123
管轄 ……………………………………………196
完結型計画 ……………………………136
監獄法 ……………………………………………54
監査委員 …………………………18, 19, 28, 218
監査機関 ……………………………………18
慣習法 ……………………………………………34
間接強制調査 …………………………154
感染症の予防及び感染症の患者に対する
　　医療に関する法律 …………………128
完全補償説 ……………………………273
換地処分 ……………………………………136
機関委任事務 ……………………………30
機関訴訟 …………………………………175, 219
棄却裁決 …………………………………238, 239
期限 ……………………………………………73
危険責任 …………………………………257, 258
規制緩和 ……………………………………5
規制規範 ……………………………………38
規制行政 ……………………………………2
規制契約 ……………………………………99
規制権限の不行使の違法 ………………252
規則 …………………………………………34, 52
覊束行為 ……………………………………75
既判力 ……………………………………200
義務付け訴訟 …………………173, 206, 223
　　規制権限発動型の―― ……………208
　　申請型―― …………………207, 223

● 277

非申請型—— ………………208, 223	——の無効 …………………68, 89
却下裁決 ……………………238, 239	授益的—— ……………………66
客観訴訟 …………………………174	侵害的—— ……………………66
給付行政 ……………………………3	争訟裁断的性質をもつ—— …72
給付契約…………………………97	二重効果的—— ………………66
旧薬事法……………………………55	行政行為から契約へ……………93
狭義説（公権力の行使）………243	行政裁量 …………………………74
狭義の訴えの利益 ………………191	行政作用法………………………6, 38
行政委員会 ………………………20	行政指導 ……………104, 108, 125, 177
行政機関…………………………17	——に従わない者に対する不利益取扱
国の—— ……………………25	いの禁止 …………………109
合議制—— …………………20	——の中止ないし発動の求め ……112
作用法的—— ………………19	——の任意の協力の原則 ………109
事務配分的—— ……………19	規制的—— …………………104
独任制—— …………………20	許認可等の権限を背景とする—— …111
行政機関相互間における行為 ………177	事前型—— …………………105
行政機関の保有する個人情報の保護に関	助成的—— …………………105
する法律（行政機関個人情報保護法）	申請に対する応答を留保して行う——
…………………………………165	…………………………………110
行政機関の保有する情報の公開に関する	調整的—— …………………105
法律（行政機関情報公開法）………158	法律の不備を補うための—— …105
行政機関非識別加工情報提供制度 ……167	行政指導指針 ……………………112
行政規則 …………………………57, 58	行政主体 …………………………15, 17
行政救済法 …………………………6	行政上の強制執行 ………………114
行政計画 ……………………130, 178	行政上の秩序罰 ……………121, 123
——の処分性 …………………138	——と行政刑罰との併科 …………123
——の変更・中止 ……………138	行政組織…………………………24
——の法律の根拠 ……………133	行政組織法………………………6, 38
行政刑罰 …………………………121	行政訴訟 …………………………171
行政契約……………………………93, 177	行政代執行　→　代執行
行政決定の民主化 ………………142	行政代執行法………………………71, 116
行政行為 ……………………63, 64, 176	行政庁……………………………18
——の瑕疵 ……………………83	——の処分 ……………………64
——の違法な瑕疵……………83	行政調査 …………………………153
——の撤回 ……………………85	——で得られた情報の目的外利用 …155
——の取消しの制限……………86	強制徴収 ……………………117, 123
——の不可争力……………………69	行政手続 …………………………141
——の不可変更力………………72	——の違法 ……………………150
——の附款………………………72	申請に対する処分の—— …………145
——の不当な瑕疵………………83	不利益処分の—— …………………146

行政手続条例 …………………………148
行政手続における特定の個人を識別する
　ための番号の利用等に関する法律（番
　号法）………………………………167
行政手続法 …………108, 141, 143, 144
行政内部行為 …………………………177
行政罰 …………………………………121
行政不服審査会 ………………………235
行政不服審査会等への諮問 …………235
行政不服審査法 ………………………227
行政文書 ………………………………160
競争入札
　一般————…………………………95
　指名————…………………………95
競争の導入による公共サービスの改革に
　関する法律（市場化テスト法）………101
許　可……………………………………65
禁　止……………………………………65
国の関与 ………………………………219
訓　令………………………………21, 22
計　画
　拘束的——……………………………132
　土地区画整理事業——
　　…………………135, 136, 138, 178
　非拘束的——…………………………132
計画間調整 ……………………………132
計画行政 ………………………………132
計画裁量 ………………………………137
計画策定手続 …………………137, 142
計画担保責任 …………………………139
景観利益 ………………………………189
警察官による逮捕や検察官による起訴の
　違法 …………………………………251
形式的意味の法律…………………………35
形式的当事者訴訟 ………………174, 214
形式的法治主義……………………………39
形成的行為………………………………65
形成力（取消判決の）…………………200
原告適格 …………………………183, 187
原処分主義 ……………………………194

原子炉設置許可…………………………81, 186
現代的契約 ……………………………101
建築協定 ………………………………100
権利取得裁決 …………………………67, 214
権力説（公法・私法二分論における）…36
権力的行為 ………………………………9
権力留保説………………………………41
故　意 …………………………………247
行為形式論 ………………………………8
公　益 …………………………………184
公害防止協定……………………………99
効果裁量…………………………………76
広義説（公権力の行使）………………243
公共調達契約……………………………94
公権力の行使（国家賠償法上の）………241
抗告訴訟…………………………………36, 172
工作物責任 ……………………………257
公私協働 ………………………………5, 102
公　証……………………………………66
公正競争規約 …………………………184
拘束力（取消判決の）…………………201
交通反則金制度 ………………………122
公定力（行政行為の）…………………67
　——の限界……………………………68
公　表 …………………………………125
　——の法律の根拠……………………126
公文書等の管理に関する法律（公文書管
　理法）…………………………………158
公法・私法二分論………………………35
公法上の当事者訴訟……………………37
公法上の法律関係に関する確認の訴え
　………………………………181, 215
公務員 …………………………17, 20, 245
　国家賠償法上の——…………………245
公有水面埋立免許 ……………………189
考慮不尽…………………………………80
告　示……………………………………57
国税徴収法 ……………………………117
国税通則法 ……………………………155, 156
国立大学法人……………………………16

事項索引　●　279

個人情報 ·····················160, 165
　——の開示の請求 ·····················166
　——の訂正の請求 ·····················166
　——の停止の請求 ·····················166
個人情報の保護に関する法律 ·····165
国会議員の立法行為の違法 ·····250
国家行政組織法 ·····················19, 25
国家公務員法 ·····················50, 53
国家賠償 ·····························241
国家賠償法 ···························241
国家補償 ···························268
　——の谷間 ·······················275
国家無答責 ·························241
個別的利益 ·························184

さ　行 ————————————●

裁　決 ·······························172
判決時説（違法判断の基準時について
　の）·······························199
裁決主義 ···························195
裁決取消訴訟 ·················172, 175
最上級行政庁 ·····················232
再審査請求 ·························230
再調査の請求 ·····················229
裁判官による裁判の違法 ·········251
裁判規範·····························33
裁量基準·························58, 59
裁量権の逸脱・濫用 ···········77, 78
裁量行為·····························75
　——の実体的審査·················78
　——の司法審査·················76
　——の手続的審査·············78, 79
　——の判断過程審査 ·········78, 80
罪刑法定主義 ·····················121
差止訴訟 ·················173, 211, 225
砂防法 ·····························116
参加人（審査請求の）·············234
3段階構造モデル ···················10
残地補償 ···························273
3面関係 ·····························12

参与機関·····························18
事業損失 ···························274
事業認定·····························80
施行規則·····························53
施行令·····························53
事後行政手続 ·····················141
自己情報コントロール権 ·········164
自己責任説 ·························242
自己の法律上の利益に関係のない違法
　·······························197
自己負罪拒否特権 ·················155
事実行為 ·························9, 127
事実誤認·····························79
市場化テスト法　→　競争の導入による
　公共サービスの改革に関する法律
事情判決 ·················179, 200
私人による行政·················21, 101
史跡指定解除処分 ·················185
事前行政手続 ·····················141
自然公物 ···························257
自治事務·····························30
市町村合併·····························31
執行機関·····························18
　地方自治法上の——···············19
執行停止 ·················221, 237
執行罰 ·····························116
執行不停止原則 ·············221, 237
執行命令·····························52
執行力·····························71
実質的意味の法律·················35
実質的当事者訴訟 ·········174, 214
実質的法治主義 ·····················39
実体的審査（裁量行為の）·········78
指定確認検査機関·················21
司法上の強制執行 ·················119
諮問機関·····························18
自由裁量·····························76
自由選択主義·························193
重大な損害 ·················209, 211, 221
重大明白説·····························90

280 ●

銃砲刀剣類所持等取締法……………54
住民監査請求 ……………………218
住民自治……………………………27
住民訴訟……………………………28, 217
収用裁決……………………………62
重要事項留保説（本質性理論）…………42
主観訴訟 …………………………174
授権規範……………………………38
主体説（公法・私法二分論における）…36
出訴期間 …………………………195
　　取消訴訟の――………………69
守備範囲論 ………………………259
受　理……………………………66, 146
準法律行為的行政行為……………66
省……………………………………19, 25
場外車券発売施設設置許可 ………188
条　件………………………………73
使用者責任 ………………………244
情報公開・個人情報保護審査会 …162, 235
情報公開条例 ……………………158
情報公開制度 ……………………157
条　理………………………………34
省　令………………………………52
条　例………………………34, 113, 116, 121
条例制定行為の処分性 ……………180
職務関連性 ………………………246
職務行為基準説 …………………249
職務命令……………………………22
職権取消し（行政行為の）…………83, 84
　　――の制限……………………86
　　授益的処分の――……………86
処　分………………………………64
　　――についての審査請求 ………229
処分基準………………………57, 146, 150
処分時説（違法判断の基準時について
　の）……………………………199
処分性…………………………138, 176, 180
処分等の求め……………………147
処分取消訴訟 ……………………171, 175
処分の理由の提示　→　理由提示

処分理由の追加・差替え …………198
書面交付請求制度（行政指導に関する）
　………………………………112
自力執行力（行政行為の）…………71
侵害留保説…………………………40
審議会 ……………………………20
信義則………………………………44
　　――違反………………………79
人工公物 …………………………257
審査応答義務 ……………………145
審査基準…………………………57, 145
審査請求 …………………………173, 193, 229
審査請求期間 ……………………231
審査請求前置主義 ………………193
審査請求人 ………………………233
審査庁 ……………………………233
人事院規則 ………………………50, 53
申請型義務付け訴訟 ……………207, 223
申請拒否処分の執行停止 …………223
申請に対する処分…………………66, 145
申請に対する不作為の違法 …………252
信頼保護原則………………………44
審理員 ……………………………233
審理員意見書 ……………………235
随意契約……………………………95
生活権（生存権）補償 ……………274
精神保健及び精神障害者福祉に関する法
　律……………………………128
正当な補償 ………………………272
正当の理由（給水拒否の）……97, 110, 125
政府関係法人 ……………………16
税務調査 …………………………154
政　令………………………………52
説明責任 …………………………126, 157, 158
選挙無効訴訟 ……………………217
専　決………………………………23
全部留保説…………………………41
騒音・振動による被害 ……………187
争訟取消し（行政行為の）…………83
相当の期間 ………………………206

事項索引　● 281

相当補償説 …………………272
ゾーニング …………………134
即時強制 …………127, 154, 176
組織規範……………………17, 109
組織共用文書………………160
訴訟要件……………………175
租税法律主義………………45
措置入院……………………128
損失補償……………128, 214, 267
存否応答拒否………………161

た 行 ———————●

代位責任説 …………………242
退学処分（公立学校の学生の）…………81
退去強制令書発布処分 …………222
代　決………………………23
第三者効（取消判決の）…………200
代執行（行政上の）…………115, 117, 176
　——の戒告…………………118
　——の通知…………………118
　——の費用徴収……………119
代執行・代行（下級機関の権限の）……22
代替的作為義務…………115, 118
滞納処分……………………70, 117
代理（権限の）………………23
他事考慮……………………80
縦割り行政…………………26
団体自治……………………27
団体訴訟制度………………190
地方公共団体の長と議会の間の訴訟 …219
地方自治の本旨……………27
地方分権改革………………30
注意義務違反 ………………248
中央省庁改革………………26
庁 ……………………………19, 25
調査義務違反説……………90
調達行政 ……………………3
調達契約……………………94
聴　聞………………………147
直接強制 …………116, 127, 176

直接強制調査 ………………154
直接請求権発生説 …………269
直接民主主義 ………………28
通損補償……………………275
通　達………………………22, 57
通　知………………………66
償うことのできない損害 ……224, 225
定期航空運送事業免許 ……185
停止（下級機関の行為の）…………22
適正手続の保障 ……………142
撤　回………………………85
　——の制限…………………86
　——の留保…………………73
　授益的処分の——…………87
　目的外使用許可の——…………271
手続的瑕疵の効果 …………148
手続的審査（裁量行為の）…………78, 79
電磁的記録 …………………160
動機違反……………………79
当事者訴訟 …………174, 203, 214
　公法上の——………………37
道州制………………………31
到達主義……………………145, 146
道路交通法…………………121, 122
特殊法人……………………16
特定管轄裁判所 ……………196
特定秘密の保護に関する法律 …………159
特別区………………………28
特別地方公共団体 …………15, 28
特別の犠牲…………………270
独立行政法人………………16
独立行政法人等の保有する個人情報の保
　護に関する法律……………165
独立行政法人等の保有する情報の公開に
　関する法律…………………158
独立命令の禁止 ……………52
都市計画……………………131, 133
　事業型——…………………135
　土地利用規制型——…………134
都市計画事業の認可 ………187

都市計画争訟制度 ……………………182
都市計画法 ……………………………133
土地区画整理事業計画 …135, 136, 138, 178
土地収用 ………………………………273
　——制度 …………………………………62
土地収用法 ………………………………62
土地の工作物 …………………………257
土地利用規制 ……………………134, 275
特　許 ……………………………………65
届　出 …………………………………146
取消し（下級機関の行為の）…………22
取消裁決 ………………………………238
取消訴訟 ………118, 128, 171, 175, 193, 221
　——の排他的管轄 ……………………68, 171
　申請型義務付け訴訟と——…………207

な　行 ────────────────●

内　閣 ……………………………………24, 27
内閣総理大臣の異議 …………………222
内閣府 ……………………………………24, 27
内閣府令 …………………………………52
内閣法 ……………………………………24
成田国際空港の安全確保に関する緊急措
　置法（成田新法）……………………116
二元代表制 ………………………………29
二重効果的行政行為 ……………………66
二重処罰禁止 …………………………122
2面関係 …………………………………10
任意調査 ………………………………154
任意の協力の原則（行政指導の）…109, 125
認　可 ……………………………………66
　上級機関の—— ………………………22
　都市計画事業の—— …………………187
農地改革 ………………………………272
農地法 ……………………………………54

は　行 ────────────────●

廃棄物の処理及び清掃に関する法律（廃
　棄物処理法）…………………………99, 130
破壊消防 ………………………………127

白紙委任 …………………………………52
　——の禁止 ………………………………53
番号法　→　行政手続における特定の個
　人を識別するための番号の利用等に関
　する法律
PFI ……………………………………101
非完結型計画 …………………………136
非権力的行為 ……………………9, 93, 108
被告適格 ………………………………195
非申請型義務付け訴訟 …………208, 223
非代替的作為義務 ……………………118
標準処理期間 ……………………145, 206
平等原則 …………………………………47
　——違反 …………………………………79
費用負担者 ……………………………263
比例原則 …………………………47, 118, 155
　——違反 …………………………………78
不開示情報 ……………………………160
不確定概念 ………………………………75
不可争力（行政行為の）………………69
不可変更力（行政行為の）……………72
附　款
　行政行為の—— …………………………72
不作為
　——についての審査請求 ……………229
　——の違法確認訴訟 ……………173, 205
不作為義務 ………………………116, 118
負　担 ……………………………………73
普通地方公共団体 ………………………15, 28
不当な瑕疵（行政行為の）……………83
不当な処分の取消し …………………228
不服申立て ………………162, 172, 227
不服申立前置主義 ……………………193
部分開示 ………………………………161
プライバシー権 ………………………164
不利益処分 ………………………………66, 146
変更裁決 ………………………………238
弁明の機会の付与 ……………………147
包括委任 …………………………………52
法　規 ……………………………………35, 58

事項索引 ● 283

法規裁量…………………………76
法規命令………………51, 52, 53, 178
　　──の制定についての法律の委任……52
　　──の法律による委任の範囲の逸脱…53
法　源…………………………33
法行為…………………………9
法治国家…………………………39
法定受託事務…………………………30
法的保護に関する利益説……………185
法の支配…………………………39
法　律…………………………33
　　形式的意味の──………………35
　　実質的意味の──………………35
法律行為的行政行為………………65
法律上の争訟……………………119
法律上の利益………183, 203, 210, 212
法律上保護された利益説…………184, 231
法律による委任の範囲の逸脱（法規命令
　の）…………………………53
法律の法規創造力の原則………………40
法律の優先原則…………………………39
法律の留保の原則………………………40
法　令…………………………34
法令に基づく申請………………205
補充性（義務付け訴訟・差止訴訟の訴訟
　要件としての）…………209, 212
補助機関…………………………18
墓地，埋葬等に関する法律…………56
本案審理…………………………197

ま　行 ━━━━━━━━━━━━━●

民営化…………………………5
民間資金等の活用による公共施設等の整

備等の促進に関する法律（PFI法）…101
民事訴訟………………37, 171, 203, 213
民事保全法…………………………220
民衆訴訟…………………………174, 216
無過失責任…………………………257
無効（行政行為の）………………68, 89
無効等確認訴訟…………………173, 202
無名抗告訴訟…………………………172
明確性の原則（行政指導に関する）……112
明白性補充要件説…………………90
命　令…………………………33
命令的行為…………………………65
免　除…………………………65
目的違反…………………………79
目的外使用許可の撤回………………271

や　行 ━━━━━━━━━━━━━●

要件裁量…………………………75
要件審理…………………………197
要綱行政…………………………106, 113, 125
用途地域の指定…………………134, 178
予測可能性…………………………259
予防接種被害…………………………275

ら　行 ━━━━━━━━━━━━━●

利益説（公法・私法二分論における）…36
理由提示………………146, 147, 198
理由提示（付記）の不備……………149
理由の追完…………………………88
良好な生活環境………………………188
旅券法…………………………150
例　規…………………………34
令状主義…………………………128, 155

284 ●

判 例 索 引

最高裁判所

最判昭和 27・1・25 民集 6 巻 1 号 22 頁［百選Ⅱ193］‥‥‥‥‥‥‥‥‥‥‥‥‥‥199

最大判昭和 28・12・23 民集 7 巻 13 号 1523 頁［百選Ⅱ248］‥‥‥‥‥‥‥‥‥272, 273

最判昭和 29・1・21 民集 8 巻 1 号 102 頁［百選Ⅰ69］‥‥‥‥‥‥‥‥‥‥‥‥‥‥‥72

最大判昭和 29・7・19 民集 8 巻 7 号 1387 頁［百選Ⅰ87］‥‥‥‥‥‥‥‥‥‥‥‥‥88

最判昭和 29・7・30 民集 8 巻 7 号 1463 頁 ‥‥‥‥‥‥‥‥‥‥‥‥‥‥‥‥‥‥‥79

最判昭和 30・4・19 民集 9 巻 5 号 534 頁［百選Ⅱ234］‥‥‥‥‥‥‥‥‥‥‥‥‥255

最判昭和 30・6・24 民集 9 巻 7 号 930 頁‥‥‥‥‥‥‥‥‥‥‥‥‥‥‥‥‥‥‥‥79

最判昭和 31・7・18 民集 10 巻 7 号 890 頁 ‥‥‥‥‥‥‥‥‥‥‥‥‥‥‥‥‥‥‥90

最判昭和 31・11・30 民集 10 巻 11 号 1502 頁［百選Ⅱ229］〔川崎駅非番警察官強盗殺人事
件〕‥‥‥‥‥‥‥‥‥‥‥‥‥‥‥‥‥‥‥‥‥‥‥‥‥‥‥‥‥‥‥‥‥‥‥‥247

最判昭和 33・3・28 民集 12 巻 4 号 624 頁 ‥‥‥‥‥‥‥‥‥‥‥‥‥‥‥‥‥‥‥58

最判昭和 33・5・1 刑集 12 巻 7 号 1272 頁‥‥‥‥‥‥‥‥‥‥‥‥‥‥‥‥‥52, 54

最判昭和 34・1・29 民集 13 巻 1 号 32 頁［百選Ⅰ20］〔消防長同意取消事件〕‥‥‥‥177

最判昭和 34・9・22 民集 13 巻 11 号 1426 頁［百選Ⅰ82］‥‥‥‥‥‥‥‥‥‥‥‥‥90

最判昭和 36・2・16 民集 15 巻 2 号 244 頁 ‥‥‥‥‥‥‥‥‥‥‥‥‥‥‥‥‥‥‥244

最判昭和 36・3・7 民集 15 巻 3 号 381 頁‥‥‥‥‥‥‥‥‥‥‥‥‥‥‥‥‥‥‥‥90

最判昭和 36・7・14 民集 15 巻 7 号 1814 頁［百選Ⅰ85］‥‥‥‥‥‥‥‥‥‥‥‥‥87

最判昭和 37・1・19 民集 16 巻 1 号 57 頁［百選Ⅱ170］‥‥‥‥‥‥‥‥‥‥‥184, 190

最大判昭和 38・6・26 刑集 17 巻 5 号 521 頁［百選Ⅱ251］〔奈良県ため池条例事件〕‥270, 271

最判昭和 39・6・5 刑集 18 巻 5 号 189 頁 ‥‥‥‥‥‥‥‥‥‥‥‥‥‥‥‥‥‥‥124

最大判昭和 39・10・29 民集 18 巻 8 号 1809 頁［百選Ⅱ148］〔東京都ごみ焼却場事件〕‥‥‥64, 176

最大判昭和 40・4・28 民集 19 巻 3 号 721 頁‥‥‥‥‥‥‥‥‥‥‥‥‥‥‥‥‥‥192

最大判昭和 41・2・23 民集 20 巻 2 号 271 頁‥‥‥‥‥‥‥‥‥‥‥‥‥‥‥‥‥‥178

最大判昭和 41・7・20 民集 20 巻 6 号 1217 頁 ‥‥‥‥‥‥‥‥‥‥‥‥‥‥‥‥‥215

最大判昭和 43・11・27 刑集 22 巻 12 号 1402 頁［百選Ⅱ252］‥‥‥‥‥‥‥‥‥‥269

最判昭和 43・12・24 民集 22 巻 13 号 3147 頁［百選Ⅰ55］〔墓地埋葬法通達事件〕‥‥‥‥58, 177

最判昭和 45・8・20 民集 24 巻 9 号 1268 頁［百選Ⅱ235］〔高知落石事件〕‥‥‥‥‥‥258, 260

最大判昭和 46・1・20 民集 25 巻 1 号 1 頁［百選Ⅰ47］〔農地売渡処分取消等請求事件〕‥‥‥‥54

最判昭和 46・10・28 民集 25 巻 7 号 1037 頁［百選Ⅰ117］〔個人タクシー事業免許申請事件〕
‥‥‥‥‥‥‥‥‥‥‥‥‥‥‥‥‥‥‥‥‥‥‥‥‥‥‥‥‥‥‥‥‥‥‥‥149

最判昭和 47・11・16 民集 26 巻 9 号 1573 頁［百選Ⅰ122］‥‥‥‥‥‥‥‥‥‥‥‥205

最大判昭和 47・11・22 刑集 26 巻 9 号 554 頁［百選Ⅰ103］‥‥‥‥‥‥‥‥‥‥‥‥155

最判昭和 47・12・5 民集 26 巻 10 号 1795 頁［百選Ⅰ86］‥‥‥‥‥‥‥‥‥‥‥‥‥88

最判昭和 48・4・26 民集 27 巻 3 号 629 頁［百選Ⅰ83］‥‥‥‥‥‥‥‥‥‥‥‥‥‥91

最決昭和 48・7・10 刑集 27 巻 7 号 1205 頁［百選Ⅰ104］‥‥‥‥‥‥‥‥‥‥‥‥‥155

● 285

最判昭和 48・10・18 民集 27 巻 9 号 1210 頁［百選Ⅱ250］……………………273

最判昭和 49・2・5 民集 28 巻 1 号 1 頁［百選Ⅰ90］〔東京都中央卸売市場事件〕……………272

最大判昭和 49・11・6 刑集 28 巻 9 号 393 頁……………………………………………52, 54

最判昭和 50・5・29 民集 29 巻 5 号 662 頁［百選Ⅰ118］〔群馬中央バス事件〕………149

最判昭和 50・6・26 民集 29 巻 6 号 851 頁……………………………………………260

最判昭和 50・6・27 訟月 21 巻 8 号 1749 頁 ……………………………………………177

最判昭和 50・11・28 民集 29 巻 10 号 1754 頁［百選Ⅱ242］…………………………264

最判昭和 51・4・27 民集 30 巻 3 号 384 頁……………………………………………204

最判昭和 53・3・14 民集 32 巻 2 号 211 頁［百選Ⅱ132］〔主婦連ジュース事件〕

………………………………………………………………183, 184, 190, 231

最判昭和 53・5・26 民集 32 巻 3 号 689 頁［百選Ⅰ29］…………………………………79

最判昭和 53・7・4 民集 32 巻 5 号 809 頁 ……………………………………………259

最大判昭和 53・10・4 民集 32 巻 7 号 1223 頁［百選Ⅰ76］〔マクリーン事件〕……………77

最判昭和 53・10・20 民集 32 巻 7 号 1367 頁［百選Ⅱ228］〔芦別事件〕……………251

最判昭和 53・12・8 民集 32 巻 9 号 1617 頁［百選Ⅰ2］〔成田新幹線事件〕……………178

最判昭和 54・7・10 民集 33 巻 5 号 481 頁［百選Ⅱ231］…………………………243, 263

最決昭和 55・9・22 刑集 34 巻 5 号 272 頁［百選Ⅰ107］〔飲酒運転一斉検問事件〕…………42

最判昭和 55・11・25 民集 34 巻 6 号 781 頁［百選Ⅱ176］…………………………192

最判昭和 56・1・27 民集 35 巻 1 号 35 頁［百選Ⅰ25］〔宜野座村工場誘致政策変更事件〕

………………………………………………………………………46, 47

最判昭和 56・4・14 民集 35 巻 3 号 620 頁［百選Ⅰ42］……………………………243

最大判昭和 56・12・16 民集 35 巻 10 号 1369 頁［百選Ⅱ149］〔大阪国際空港訴訟〕……213

最大判昭和 56・12・16 民集 35 巻 10 号 1369 頁［百選Ⅱ241］〔大阪国際空港訴訟〕……258

最判昭和 57・3・12 民集 36 巻 3 号 329 頁［百選Ⅱ227］……………………………251

最判昭和 57・4・1 民集 36 巻 4 号 519 頁［百選Ⅱ230］〔岡山税務署健康診断事件〕……246

最判昭和 57・4・22 民集 36 巻 4 号 705 頁［百選Ⅱ153］……………………………178

最判昭和 57・7・15 民集 36 巻 6 号 1169 頁［百選Ⅱ151］……………………………122

最判昭和 57・9・9 民集 36 巻 9 号 1679 頁［百選Ⅱ177］〔長沼ナイキ基地事件〕…………184

最判昭和 58・2・18 民集 37 巻 1 号 101 頁……………………………………………243, 248

最判昭和 59・1・26 民集 38 巻 2 号 53 頁［百選Ⅱ237］〔大東水害訴訟〕……………261

最判昭和 59・10・26 民集 38 巻 10 号 1169 頁［百選Ⅱ174］…………………………193

最判昭和 59・11・29 民集 38 巻 11 号 1260 頁 …………………………………………258

最大判昭和 59・12・12 民集 38 巻 12 号 1308 頁［百選Ⅱ159］………………………180

最判昭和 60・1・22 民集 39 巻 1 号 1 頁［百選Ⅰ121］〔一般旅券発給拒否処分事件〕………150

最判昭和 60・7・16 民集 39 巻 5 号 989 頁［百選Ⅰ124］〔品川マンション事件〕…110, 125, 252

最判昭和 60・11・21 民集 39 巻 7 号 1512 頁〔在宅投票事件〕…………………………250

最判昭和 61・3・25 民集 40 巻 2 号 472 頁［百選Ⅱ239］……………………………260

最判昭和 62・2・6 判時 1232 号 100 頁［百選Ⅱ215］………………………………248

最判昭和 62・10・30 判時 1262 号 91 頁［百選Ⅰ24］…………………………………45, 47

最判昭和 63・6・17 判時 1289 号 39 頁［百選Ⅰ89］〔菊田医師事件〕…………………86

最判平成元・2・17民集43巻2号56頁［百選Ⅱ192］〔新潟空港事件〕‥‥‥‥‥‥185
最判平成元・4・13判時1313号121頁［百選Ⅱ168］〔近鉄特急事件〕‥‥‥‥‥189
最判平成元・6・20判時1334号201頁［百選Ⅱ169］〔伊場遺跡事件〕‥‥‥‥‥185
最判平成元・11・8判時1328号16頁［百選Ⅰ92］‥‥‥‥‥‥‥‥‥‥‥‥‥‥125
最判平成2・2・1民集44巻2号369頁〔サーベル登録拒否事件〕‥‥‥‥‥‥‥‥54
最判平成2・2・20判時1380号94頁‥‥‥‥‥‥‥‥‥‥‥‥‥‥‥‥‥‥‥‥254
最判平成2・7・20民集44巻5号938頁‥‥‥‥‥‥‥‥‥‥‥‥‥‥‥‥‥‥251
最判平成2・12・13民集44巻9号1186頁［百選Ⅱ238］〔多摩川水害訴訟〕‥‥‥262
最判平成3・4・19民集45巻4号367頁［百選Ⅱ217］〔小樽種痘禍訴訟〕‥‥‥‥276
最判平成3・4・26民集45巻4号653頁［百選Ⅱ218］〔水俣病認定遅延事件〕‥‥252
最判平成3・7・9民集45巻6号1049頁［百選Ⅰ48］‥‥‥‥‥‥‥‥‥‥‥‥‥55
最大判平成4・7・1民集46巻5号437頁［百選Ⅰ116］〔成田新法事件〕‥‥‥‥‥143
最判平成4・9・22民集46巻6号571頁［百選Ⅱ162］〔もんじゅ事件〕‥‥‥‥185, 186, 203
最判平成4・9・22民集46巻6号1090頁［百選Ⅱ181］〔もんじゅ事件〕‥‥‥‥‥204
最判平成4・10・29民集46巻7号1174頁［百選Ⅰ77］〔伊方原発訴訟〕‥‥‥‥‥59, 81
最判平成5・2・18民集47巻2号574頁［百選Ⅰ98］‥‥‥‥‥‥‥‥110, 125, 243
最判平成5・2・25民集47巻2号643頁〔第1次厚木基地訴訟〕‥‥‥‥‥‥‥‥213
最判平成5・3・11民集47巻4号2863頁［百選Ⅱ219］‥‥‥‥‥‥‥‥‥‥‥‥249
最判平成5・3・16民集47巻5号3483頁［百選Ⅰ79①］〔家永教科書事件〕‥‥‥‥77
最判平成5・3・30民集47巻4号3226頁［百選Ⅱ240］‥‥‥‥‥‥‥‥‥‥‥‥257
最判平成7・7・7民集49巻7号2599頁〔国道43号線事件〕‥‥‥‥‥‥‥‥‥213
最判平成8・3・8民集50巻3号469頁［百選Ⅰ81］〔剣道実技拒否事件〕‥‥‥‥82
最判平成8・7・2判時1578号51頁‥‥‥‥‥‥‥‥‥‥‥‥‥‥‥‥‥‥‥‥79
最判平成9・1・28民集51巻1号250頁‥‥‥‥‥‥‥‥‥‥‥‥‥‥‥‥‥‥186
最判平成11・1・21民集53巻1号13頁‥‥‥‥‥‥‥‥‥‥‥‥‥‥‥‥‥‥110
最判平成11・11・19民集53巻8号1862頁［百選Ⅱ189］‥‥‥‥‥‥‥‥‥‥‥198
最判平成13・3・13民集55巻2号283頁［百選Ⅱ163］‥‥‥‥‥‥‥‥‥‥‥186
最判平成14・1・22民集56巻1号46頁［百選Ⅱ164］‥‥‥‥‥‥‥‥‥‥‥‥186
最判平成14・6・11民集56巻5号958頁‥‥‥‥‥‥‥‥‥‥‥‥‥‥‥‥‥273
最判平成14・7・9民集56巻6号1134頁［百選Ⅰ109］〔宝塚市パチンコ店建築中止命令事
　件〕‥‥‥‥‥‥‥‥‥‥‥‥‥‥‥‥‥‥‥‥‥‥‥‥‥‥‥‥‥‥‥‥119, 120
最判平成16・1・15民集58巻1号226頁‥‥‥‥‥‥‥‥‥‥‥‥‥‥‥‥‥248
最判平成16・4・27民集58巻4号1032頁〔筑豊じん肺訴訟〕‥‥‥‥‥‥‥‥‥253
最判平成16・10・15民集58巻7号1802頁［百選Ⅱ225］〔熊本水俣病関西訴訟〕‥‥253
最判平成17・7・15民集59巻6号1661頁［百選Ⅱ160］‥‥‥‥‥‥‥‥‥‥‥181
最大判平成17・9・14民集59巻7号2087頁［百選Ⅱ208］〔在外国民選挙権事件〕‥‥‥215, 251
最判平成17・11・1判時1928号25頁［百選Ⅱ253］‥‥‥‥‥‥‥‥‥‥‥‥271
最大判平成17・12・7民集59巻10号2645頁［百選Ⅱ165］〔小田急事件〕‥‥‥‥‥187
最判平成18・2・7民集60巻2号401頁［百選Ⅰ73］〔呉市学校施設使用不許可事件〕‥‥‥82
最判平成18・7・14民集60巻6号2369頁［百選Ⅱ155］〔高根町給水条例事件〕‥‥‥‥180

判例索引 ● 287

最判平成 18・10・26 判時 1953 号 122 頁〔百選 I 94〕……………………………96
最判平成 19・1・25 民集 61 巻 1 号 1 頁〔百選 II 232〕……………………………245
最判平成 20・2・19 民集 62 巻 2 号 445 頁〔メイプルソープ事件〕…………………249
最大判平成 20・9・10 民集 62 巻 8 号 2029 頁〔百選 II 152〕〔浜松市土地区画整理事業計画事件〕……………………………………………………………………………138, 179
最決平成 21・1・15 民集 63 巻 1 号 46 頁〔百選 I 39〕……………………………162
最判平成 21・7・10 判時 2058 号 53 頁〔百選 I 93〕………………………………100
最判平成 21・10・15 民集 63 巻 8 号 1711 頁〔百選 II 167〕〔サテライト大阪事件〕……188
最判平成 21・10・23 民集 63 巻 8 号 1849 頁〔百選 II 243〕………………………264
最判平成 21・11・26 民集 63 巻 9 号 2124 頁〔百選 II 204〕…………………180, 182
最判平成 21・12・17 民集 63 巻 10 号 2631 頁〔百選 I 84〕〔たぬきの森事件〕…………70
最判平成 22・3・2 判時 2076 号 44 頁………………………………………………261
最判平成 22・4・20 集民 234 号 63 頁………………………………………………243
最判平成 23・6・7 民集 65 巻 4 号 2081 頁〔百選 I 120〕〔一級建築士免許取消処分取消事件〕
…………………………………………………………………………………………150
最判平成 24・1・16 判時 2147 号 127 頁……………………………………………79
最判平成 24・2・9 民集 66 巻 2 号 183 頁〔百選 II 207〕〔東京都教職員国旗国歌事件〕
……………………………………………………………………………211, 212, 216
最判平成 25・1・11 民集 67 巻 1 号 1 頁〔百選 I 50〕〔医薬品ネット販売規制省令事件〕……55
最判平成 25・7・12 判時 2203 号 22 頁……………………………………………187
最判平成 26・1・28 民集 68 巻 1 号 49 頁〔百選 II 171〕…………………………190
最判平成 27・3・3 民集 69 巻 2 号 143 頁〔百選 II 175〕…………………………60, 192
最決平成 27・4・21 判例集未登載〔北総鉄道事件〕………………………………190
最大判平成 27・11・25 民集 69 巻 7 号 2035 頁……………………………………217
最判平成 28・12・6 民集 70 巻 8 号 1833 頁〔百選 II 150〕〔第 4 次厚木基地訴訟〕…………213
最判平成 28・12・20 民集 70 巻 9 号 2281 頁〔辺野古訴訟〕…………………85, 219

高等裁判所

東京高判昭和 48・7・13 判時 710 号 23 頁〔日光太郎杉事件〕…………………80, 81
東京高判昭和 58・10・20 行集 34 巻 10 号 1777 頁…………………………………45
東京高判平成 9・6・26 判時 1617 号 35 頁〔神奈川県警共産党幹部宅盗聴事件〕…………256
東京高判平成 13・7・4 判時 1754 号 35 頁…………………………………………198
福岡高那覇支決平成 22・3・19 判タ 1324 号 84 頁…………………………………224
福岡高判平成 23・2・7 判時 2122 号 45 頁………………………………208, 209, 210
東京高判平成 26・2・19 訟月 60 巻 6 号 1367 頁〔北総鉄道事件〕………………190

地方裁判所

東京地判昭和 40・5・26 行集 16 巻 6 号 1033 頁〔文化学院非課税通知事件〕……………45
熊本地玉名支判昭和 44・4・30 判時 574 号 60 頁〔荒尾市市営団地建設計画事件〕…………139
広島地決昭和 46・4・16 行集 22 巻 4 号 531 頁……………………………………223

東京地判昭和 59・5・18 判時 1118 号 28 頁 ……………………………276
大阪地判昭和 62・9・30 判時 1255 号 45 頁 …………………………276
東京地判平成 6・9・6 判時 1504 号 41 頁〔神奈川県警共産党幹部宅盗聴事件〕……………256
東京地判平成 19・5・31 判時 1981 号 9 頁…………………………208
大阪地判平成 20・1・31 判タ 1268 号 152 頁………………………225
広島地判平成 21・10・1 判時 2060 号 3 頁…………………………189
東京地判平成 25・3・26 判時 2209 号 79 頁〔北総鉄道事件〕………………189

行政法〔第2版〕
Administrative Law, 2nd ed.

2017年2月5日　初　版第1刷発行
2020年3月25日　第2版第1刷発行
2021年10月25日　第2版第3刷発行

著　者	野　呂　　　充	
	野　口　貴公美	
	飯　島　淳　子	
	湊　　　二　郎	
発行者	江　草　貞　治	
発行所	株式会社　有　斐　閣	

郵便番号 101-0051
東京都千代田区神田神保町2-17
http://www.yuhikaku.co.jp/

印刷・大日本法令印刷株式会社／製本・大口製本印刷株式会社
© 2020, Mitsuru Noro, Kikumi Noguchi, Junko Iijima, Jiro Minato.
Printed in Japan
落丁・乱丁本はお取替えいたします。
★定価はカバーに表示してあります。
ISBN 978-4-641-15074-4

[JCOPY] 本書の無断複写（コピー）は、著作権法上での例外を除き、禁じられています。複写される場合は、そのつど事前に（一社）出版者著作権管理機構（電話03-5244-5088, FAX03-5244-5089, e-mail：info@jcopy.or.jp）の許諾を得てください。

本書のコピー，スキャン，デジタル化等の無断複製は著作権法上での例外を
除き禁じられています。本書を代行業者等の第三者に依頼してスキャンや
デジタル化することは，たとえ個人や家庭内での利用でも著作権法違反です。